卓越工程师教育培养机械类创新系列规划教材

机械电气控制与 PLC

主　编　平雪良　孙　进　吴景春
副主编　刘　洁　宿　磊　郭丽华
编　委　蒋　毅　涂正宏　邓运生

科学出版社
北　京

内 容 简 介

本书从教学和工程应用出发介绍了常用低压控制电器和电气控制电路的基本知识、可编程序控制器的基本概念、典型 PLC 指令系统和工程应用。

全书分为两篇共 7 章。第一篇为电气控制技术，包括第 1 章常用低压控制电器、第 2 章继电器控制基本电路、第 3 章典型生产机械电气控制；第二篇为可编程序控制器及其应用，包括第 4 章可编程序控制器的基本结构与工作原理、第 5 和第 6 章三菱 FX 系列与西门子 S7 系列可编程序控制器及其编程方法、第 7 章 PLC 控制系统设计与应用实例。本书每章配有练习题，并可为任课教师提供电子课件。

本书可作为高等院校机械类各专业包括机械工程、机械设计制造及其自动化、机械电子工程、过程装备与控制工程等专业的相应课程教材，也可供从事机械电气控制与 PLC 的工程技术人员和研究人员学习参考。

图书在版编目（CIP）数据

机械电气控制与 PLC/平雪良，孙进，吴景春主编. —北京：科学出版社，2017.6

卓越工程师教育培养机械类创新系列规划教材

ISBN 978-7-03-052965-7

Ⅰ. ①机…　Ⅱ. ①平…②孙…③吴…　Ⅲ. ①工程机械-电气控制-高等学校-教材　②PLC 技术-高等学校-教材　Ⅳ. ①TU6　②TM571.61

中国版本图书馆 CIP 数据核字（2017）第 116418 号

责任编辑：邓　静　张丽花 / 责任校对：郭瑞芝
责任印制：吴兆东 / 封面设计：迷底书装

科学出版社 出版
北京东黄城根北街 16 号
邮政编码：100717
http://www.sciencep.com
北京中石油彩色印刷有限责任公司印刷
科学出版社发行　各地新华书店经销
*
2017 年 6 月第　一　版　开本：787×1092　1/16
2025 年12月第九次印刷　印张：12 1/4
字数：320 000

定　价：49.00 元

（如有印装质量问题，我社负责调换）

《卓越工程师教育培养机械类创新系列规划教材》

总　序

“卓越工程师教育培养计划”是贯彻落实《国家中长期教育改革和发展规划纲要（2010—2020年）》和《国家中长期人才发展规划纲要（2010—2020年）》的重大改革项目，也是促进我国由工程教育大国迈向工程教育强国的重大举措。旨在培养造就一大批创新能力强、适应经济社会发展需要的高质量各类型工程技术人才，为国家走新型工业化发展道路、建设创新型国家和人才强国战略服务，对促进高等教育面向社会需求培养人才，全面提高工程教育、人才培养质量具有十分重要的示范和引导作用。

科学出版社以教育部“卓越工程师教育培养计划”为准则，以面向工业、面向世界、面向未来，培养造就具有工程创新能力强、适应经济社会发展需要的卓越工程技术人才为培养目标，组织有关专家、学者、教授编写了本套《卓越工程师教育培养机械类创新系列规划教材》。

本系列教材力求体现的最大特点是，在每本教材的编写过程中，根据授课内容，引入许多相关工程实践案例，这些工程实践案例具有知识性、典型性、启发性、真实性等特点，它可以弥补传统教材森严乏味的局限性，充分调动学生学习的积极性和创造性，引导学生拓宽视野、重视工程实践、培养解决实际问题的能力。通过编者精心收集组织的实际工程案例让学生明白为什么学习、学成能做什么，从而激发学生学习的内在动力和热情，使学生感到学有所用。

本系列教材除了主教材之外，还配套有多媒体课件，以后还将逐步完善建设配套的学习指导书、教师参考书，最终形成立体化教学资源网，方便教师教学，同时有助于学生更好的学习。

我们相信《卓越工程师教育培养机械类创新系列规划教材》的出版，将对我国普通高等教育的发展起到创新探索的推动作用，对机械工程人才的培养以及机械工业的发展产生积极有效的促进作用。

中国科学院院士、东北大学教授　闻邦椿

2014年5月10日

前　　言

机械电气控制与 PLC 作为高等院校机械类各专业包括机械工程、机械设计制造及其自动化、机械电子工程、过程装备与控制工程等专业的重要专业课程，包含了过去的“机械电气控制技术”和“可编程序控制器原理及应用”两门课程的内容。随着科学技术的飞速发展，可编程序控制器(PLC)技术得到了进一步发展，并以其可靠性高、灵活性强、使用方便等优势在工业控制领域中得到了越来越广泛的应用，这使得传统电气控制技术的内容发生了根本的变化。

为满足培养工程技术人才的需求，充分反映我国机械电气控制与 PLC 技术的发展，更好地为教学和工程实际服务，适应教育部“卓越工程师教育培养计划”，编者在总结多年教学、科研和生产实践的基础上，采用《卓越工程师教育培养机械类创新系列规划教材》的编写理念和模式，汲取同类教材的优点以及本学科国内外最新教学和科研成果，精心组织编写了本书，旨在弥补传统教材的局限性，充分调动学生的积极性和创造性，激发学生学习的内在动机和热情，提高学生的实践创新能力以及国际竞争力。

本书内容具有如下特点。

(1) 以继电接触器控制基础逐步展开，从单元个体到单元组合再到系统控制，从继电器控制到 PLC 控制的方式，全书由浅入深，知识内容安排合理。

(2) 每章开始，用工程实例作为引子，提高学生的学习兴趣。

(3) 全书各处采用实物图片配合各类其他图片、表格、文字等形式，布置有启发性和趣味性的小思考来引导学生思考，有助于加快学生对知识点的理解和掌握。

(4) 正文中设置工程案例，注重工程特色，辅助学生理解抽象的理论知识，学会将理论与实际相结合。

(5) 每章最后一节以项目单元形式给出工程实际应用案例，综合本章知识点，使学生能够应用理论知识解决实际问题。

(6) 第 7 章用几个典型系统教会学生综合运用本书所学知识，一方面总结并巩固前面所学内容，另一方面达到学以致用的目的。

本书由江南大学平雪良统编，无锡太湖学院吴景春和刘洁编写第 1 章、第 6 章，苏州科技大学郭丽华编写第 2 章，扬州大学孙进编写第 3 章，江南大学平雪良、宿磊和蒋毅编写第 4 章、第 5 章、附录，蚌埠学院涂正宏和邓运生编写第 7 章。本书由平雪良、孙进和吴景春担任主编。

由于编者能力有限，疏漏和不当之处在所难免，敬请读者批评指正！

编　者

2017 年 3 月

目　　录

第一篇　电气控制技术

第一篇　电气控制技术

第 1 章　常用低压控制电器

科技进步与经济发展使电能的应用越来越广泛，各类电器在机械生产自动控制系统中的应用也越来越广泛，并起着控制、调节、检测和保护的作用。

随着电子技术、自控技术和计算机应用的迅猛发展，一些电器正逐渐被电子线路所取代，但电器本身也正朝着新的领域发展(如电器性能的提高、生产新型的电器，实现机、电、液一体化，扩展应用范围等)，而且有些电器具有其特殊性，故完全被取代是不可能的。

电器指能够按外界施加的信号或要求，手动或自动地接通或断开电路，断续或连续地改变电路参数，对电路或非电对象进行切换、控制、保护、检测和调节的电气器件或设备。低压电器则通常指工作在额定交流电压 1200V 以下或直流电压 1500V 以下电路中的电器，如图 1-1 所示。

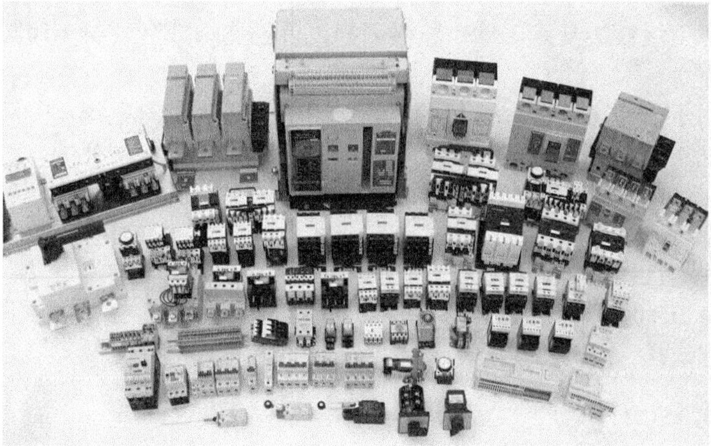

图 1-1　常用低压电器

低压电器种类繁多，其分类方法很多。按基本用途一般分为配电电器和控制电器两类。配电电器主要有刀开关、低压断路器、熔断器和变压器等；控制电器主要有接触器、继电器和主令电器(包括按钮、行程开关和转换开关)等。

低压电器分类方法还有：按操作方式分为自动电器和手动电器；按工作原理分为电磁式电器和非电量控制电器；按有无触点分为有触点电器、无触点电器和混合式电器；按电器配置分为单个电器和成套电器；按使用场合分为一般工业电器、化工电器、矿用电器、牵引电器、航空电器和船用电器等。

本书介绍的低压控制电器，多数由专业化的电器制造厂家生产，作为机械工程及自动化设计师，主要是要了解各类常用低压电器以及正确地选用电器，因此本书不涉及电器的设计，而着重其应用。

本章知识要点

(1) 熟悉常用低压电器的结构、分类、工作原理及用途；

(2) 熟悉常用低压电器的图形和文字符号；

(3) 掌握常用低压电器的正确选择、使用及适用场合。

1.1 开 关 电 器

开关电器常用来不频繁地接通或分断控制电路或直接控制小容量电动机，这类电器也可以用来隔离电源或自动切断电源而起到保护作用。这类电器包括组合开关、低压断路器等。

1.1.1 刀开关

刀开关又称闸刀，是低压配电电器中结构最简单、应用最广泛的电器，一般用于不频繁地手动接通与断开交直流低压电路或作为隔离开关用。

刀开关的典型结构如图 1-2 所示，由手柄、触刀、静插座、铰链支座和绝缘底板组成。操作手柄时，使触刀绕铰链支座转动，将触刀插入静插座内或者使触刀脱离静插座，从而实现接通或断开操作。

一般刀开关由于分断速度慢、灭弧困难，仅用于切断小电流电路。若用刀开关切断较大电流的电路，特别是切断直流电路时，为了使电弧迅速熄灭以保护开关，可采用带有快速断弧刀片的刀开关。

刀开关按级数可分为单极式、双极式和三极式；按转换方式可分为单投式和双投式；按操作方式可分为手柄直接操作式和杠杆式。

刀开关型号有 HD(单极) 和 HS(双投) 等系列。刀开关的选择应根据工作电流、电压等级、需要极数等要求来选择。刀开关的图形及文字符号如图 1-3 所示。

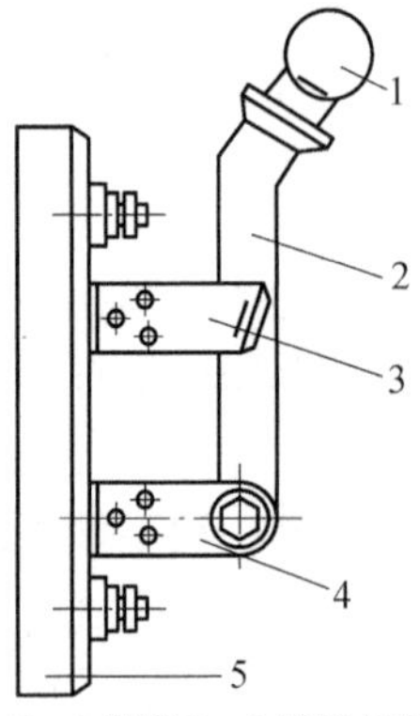

1-手柄；2-触刀；3-静插座；4-铰链支座；5-绝缘底板

图 1-2 刀开关结构

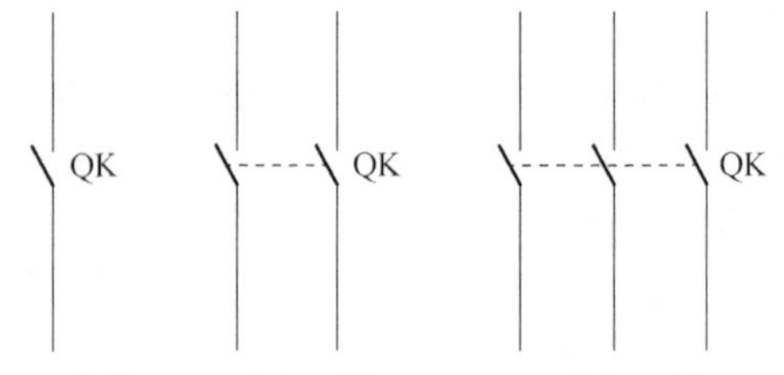

（a）单极　（b）双极　（c）三极

图 1-3 刀开关的图形及文字符号

随着低压电器的更新换代，目前刀开关已不常用，被组合开关和低压断路器替代。

1.1.2　组合开关

刀开关作为隔电用的配电电器是恰当的，但在小电流的情况下用它来作为线路的接通、断开和换接控制时就显得不太灵巧和方便，所以，在机床上广泛地用组合开关代替刀开关。

组合开关又称转换开关，与刀开关的操作不同，它采用左右旋转的平面操作。具有多触点、体积小、性能可靠、操作方便、安装灵活等优点，多用于机床电气控制线路中电源的引入开关，起着隔离电源作用，还可作为直接控制小容量异步电动机不频繁启动和停止的控制开关。转换开关同样也有单极、双极和三极。常用组合开关有 HZ 系列等，HZ-10 系列组合开关实物如图 1-4 所示。

图 1-4　HZ-10 系列组合开关实物

HZ-10/3 组合开关的结构如图 1-5 所示，它由多极触点组合而成，由动触点(动触片)、静触点(静触片)、绝缘方轴、手柄及接线端等部分组成，其动触点、静触点分别叠装于数层绝缘壳内。当转动手柄时(即换挡时)，每层的动触片随转轴一起转动并改变其与静触点的分、合位置。所以转换开关实际上是一个多触点、多位置、可以控制多个回路的开关电器。

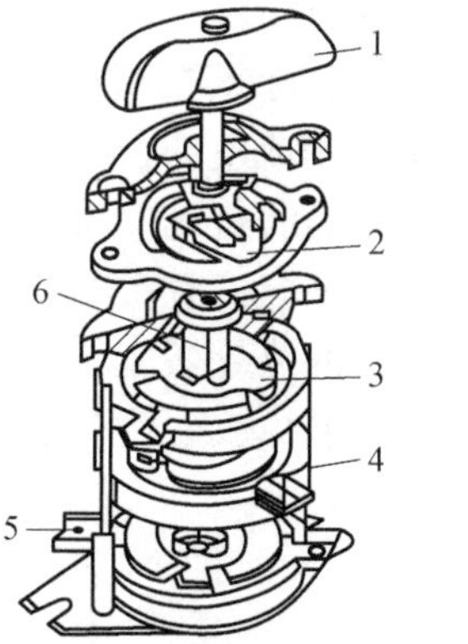

1-手柄；2-凸轮；3-动触点；4-静触点；5-接线端；6-绝缘方轴

图 1-5　HZ-10/3 组合开关的结构

组合开关的主要参数有额定电压、额定电流、极数等，其额定电流有 10A、20A、40A、60A 等几级。常用的产品有 HZ10 和 HZ15 系列，其图形符号和文字符号如图 1-6 所示。其中图 1-6(a)中虚线表示操作位置，若在其相应触点右侧涂黑圆点，即表示该触点在此操作位置是接通的，否则表示该触点断开。另一种方法是用通断状态表来表示，如图 1-6(b)中以“+”(或“×”)表示触点闭合，以“−”(或无记号)表示分断。图 1-6(c)为组合开关的图形符号及文字符号(根据国标多采用控制开关或无自动复位的手动旋转开关的符号)。

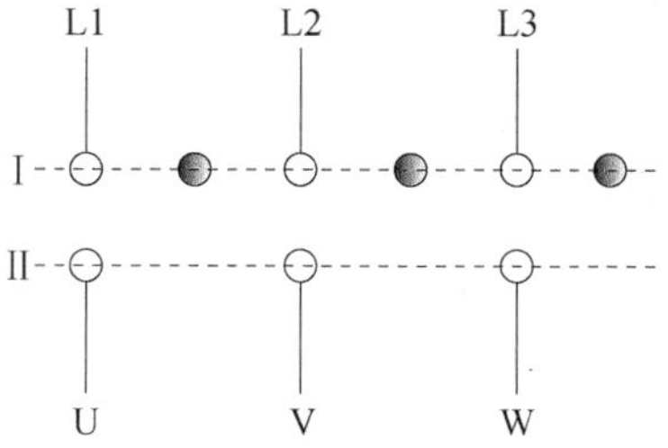

(a)

触点 \ 开关位置	I	II
L1-U	+	−
L2-V	+	−
L3-W	+	−

(b)

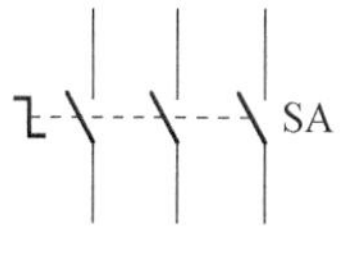

(c)

图 1-6　组合开关的图形符号和文字符号

1.1.3　低压断路器

低压断路器又称为空气开关或自动空气断路器，它多用于低压配电电路不频繁地转换及启动电动机，在线路、电器设备及电动机发生严重过载、短路或欠(失)电压等故障时能自动切断电路。其功能相当于刀开关、熔断器、热继电器、过电流继电器和欠电压继电器的组合，是低压配电网系统中非常重要的开关电器和保护电器，具有操作安全、工作可靠，而且在分断故障电流后不需要更换零部件等优点，因而获得了广泛的应用。低压断路器的实物外形、图形符号及文字符号如图 1-7 所示。

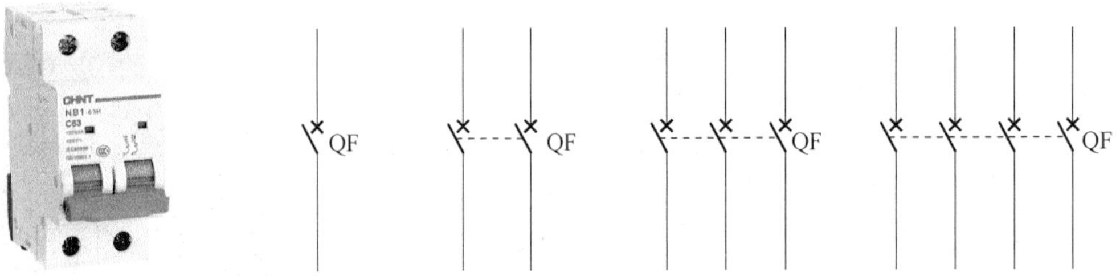

（a）实物外形　（b）单极　（c）双极　（d）三极　（e）四极

图 1-7　低压断路器的实物外形、图形符号及文字符号

低压断路器主要由触点、灭弧装置、各种可供选择的脱扣器与操作机构、自由脱扣机构等几部分组成。各种脱扣器包括分励、过流、欠压(失压)脱扣器和热脱扣器等。但不是每种断路器都具有上述四种脱扣器，在使用时根据体积和具体使用场合的不同来选择断路器。

低压断路器的结构如图 1-8 所示，开关的主触点是靠操作机构手动或电动合闸的，并由自由脱扣器将主触点锁在合闸位置上。过电流脱扣器的线圈和热脱扣器的热元件与主电路串联；失压脱扣器的线圈与电路并联。当电路发生短路或严重过载时，过电流脱扣器的衔铁被吸合，使自由脱扣机构动作。当电路过载时，热脱扣器的热元件产生的热量增加，使双金属片向上弯曲，推动自由脱扣器动作。当电路失压时，失压脱扣器的衔铁释放，使自由脱扣器动作。分励脱扣器则作为远距离控制分断电路之用。

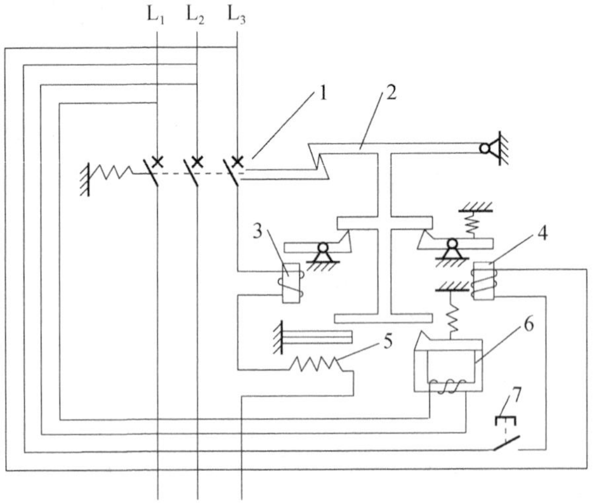

1-主触点；2-自由触点；3-过流脱扣器；4-分励脱扣器；5-热脱扣器；6-失压脱扣器；7-按钮

图 1-8　低压断路器的结构

低压断路器的主要技术参数有：额定电压、额定电流、极数、脱扣器类型及其整定电流范围、通断能力、分断时间等。其中通断能力是指在一特定实验条件下，断路器能够接通和分断的最大电流值。分断时间是指断路器从断开到燃弧结束为止的时间间隔。选用断路器时，

其额定电压和额定电流应大于或等于线路、设备的正常工作电压和工作电流。

1.2 接　触　器

接触器是电力拖动和自动控制系统中使用广泛的一种低压控制电器，用来频繁地接通和分断交直流主回路和大容量控制电路。主要控制对象是电动机，也可以用于控制其他电力负载、电热器、电照明、电焊机与电容器等，能实现远距离控制，并且有欠(零)电压保护。接触器具有操作频率高、使用寿命长、工作可靠、性能稳定、维护方便等优点，同时还具有低电压释放保护功能，在电力拖动自动控制系统中被广泛应用。

1.2.1 接触器的分类

接触器按照驱动方式不同可分为电磁式、永磁式、气动式和液压式，其中以电磁式接触器应用最为广泛，本书主要介绍电磁式接触器。

接触器按其主触头控制的电路中电流的种类分类，有直流接触器和交流接触器。接触器的线圈电流种类既有与各自主触头电流种类相同的，也有不同的。对于重要场合使用的交流接触器，多采用直流励磁方式，使工作更可靠。

按其主触头的极数来分，则直流接触器有单极和双极两种，交流接触器有三极、四极和五极三种。

按控制电路操作电压的种类分类，接触器有交流操作、直流操作和交直流两用操作三种。

小思考 1-1

交流电磁线圈误接入直流电源，直流电磁线圈误接入交流电源，会发生什么问题，为什么？

1.2.2 接触器的结构及工作原理

1. 接触器的结构

交流接触器常用于远距离、频繁地接通和分断电压为380V以下、电流为600A以下的交流电路。图 1-9 所示为交流接触器实物外形、结构示意图及符号，它分别由电磁系统、触头系统、灭弧装置和其他部件等组成。

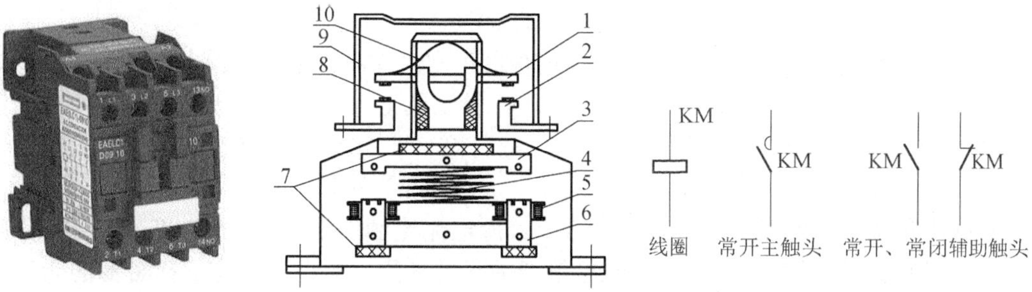

(a) 实物外形　(b) 结构示意图　(c) 图形与文字符号

1-动触头；2-静触头；3-衔铁；4-缓冲弹簧；5-电磁线圈；6-铁心；7-垫毡；8-触头弹簧；9-灭弧罩；10-触头压力簧片

图 1-9　交流接触器

(1) 电磁系统：由吸引线圈、动铁心(衔铁)、静铁心组成，主要完成电能向机械能的转换。

(2) 触头系统：包括主触头和辅助触头。主触头用于通断主电路，辅助触头用于控制辅助电路。主触头容量大，有三对或四对常开触头；辅助触头容量小，通常有两对常开、常闭触头，且分布在主触头两侧。

(3) 灭弧装置：容量在10A以上的接触器都有灭弧装置，对于小容量的接触器，常采用双断口桥形触头以利灭弧，其上有陶土灭弧罩。对于大容量的接触器常采用纵缝灭弧罩及栅片灭弧结构。

(4) 其他部件包括反作用弹簧、缓冲弹簧、触头压力弹簧、传动机构及接线端子、外壳等。

2. 接触器的工作原理

掌握了接触器的结构，就容易了解其工作原理。当电磁线圈通电后，线圈电流产生磁场，使静铁心产生电磁吸引衔铁，衔铁带动触头动作。触点动作时，常闭触头断开，常开触头闭合。当线圈中的电压值降低到某一数值(正常断电或者欠电压、失电压故障)时，电磁吸力消失，衔铁在释放弹簧的作用下释放，使触头复原，常开触头恢复断开，常闭触头恢复闭合。

1.2.3 接触器的主要技术参数及型号

1. 接触器的主要技术参数

(1) 额定电压：指主触点之间额定工作电压值，也就是指主触头所在电路的电源电压。直流接触器额定电压有110V、220V、440V、660V；交流接触器额定电压有127V、220V、380V、500V、660V等几种。

(2) 额定电流：接触器主触点在额定工作电压下的允许额定电流值。交、直流接触器额定电流均有5A、10A、20A、40A、60A、100A、150A、250A、400A及600A几个等级。

(3) 通断能力：通断能力可分为最大接通电流和最大分断电流的能力。最大接通电流是指触点闭合时不会造成触点熔焊时的最大电流值；最大分断电流是指触点断开时能可靠灭弧的最大电流。一般通断能力是额定电流的5～10倍。当然，这一数值与开断电路的电压等级有关，电压越高，通断能力越小。

(4) 动作值：动作值可分为吸合电压和释放电压动作值。吸合电压是指接触器吸合时，缓慢增加吸合线圈两端的电压，接触器可以吸合时的最小电压。释放电压是指接触器吸合后，缓慢降低吸合线圈的电压，接触器释放时的最大电压。一般规定，吸合电压不低于线圈额定电压的85%，释放电压不高于线圈额定电压的70%。

(5) 吸引线圈额定电压：该额定电压指接触器正常工作时，吸引线圈上所加的电压值。一般线圈额定电压值、线圈匝数、线径等数据均标于线包上，而不是标于接触器铭牌上，使用时应加以注意。直流接触器线圈电压等级有24V、48V、110V、220V、440V；交流接触器线圈电压等级有36V、127V、220V、380V。

(6) 操作频率：接触器在吸合瞬间，吸引线圈电流比额定电流大5～7倍，如果操作频率过高，则会使线圈严重发热，直接影响接触器的正常使用。为此，规定了接触器的允许操作频率，一般为每小时允许操作次数的最大值。交、直流接触器最高操作频率分别为600次/h、1200次/h。

(7) 机械寿命和电气寿命：机械寿命是指接触器在需要修理或更换机构零件前所能承受的无载操作次数，目前接触器的机械寿命已达一千万次以上。电气寿命是指在规定的正常工作条件下，接触器不需要修理或更换的有载操作次数，电气寿命是机械寿命的5%～20%。

2. **接触器的型号及代表意义**

(1) 交流接触器的型号及其代表的意义如图 1-10 所示。

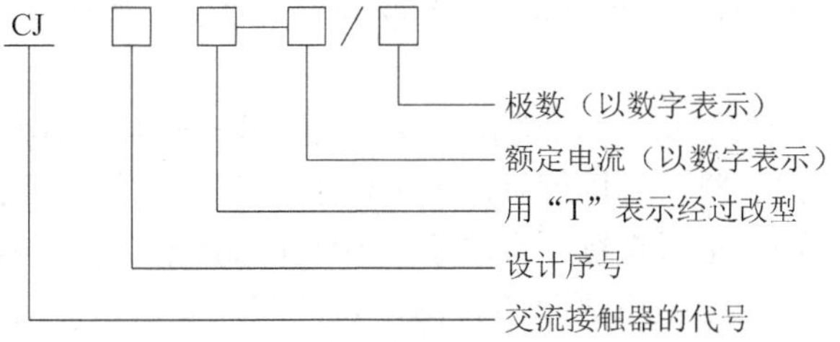

图 1-10　交流接触器的型号及其代表的意义

例如，CJ12-250/3 为 CJ12 系列交流接触器，额定电流为 250A，有三个主触点。CJ12T-250/3 为 CJ12 系列改型后的交流接触器，额定电流为 250A，有三个主触点。

我国生产的交流接触器常用的有 CJ10、CJ12、CJ20、CJX1、NSFC1-5、NSFC12、NSFC19、CJ40J 等系列产品。CJ0 系列及其改型产品已逐步被 CJ20、CJX 系列产品取代。CJ20 可供远距离接通及分断电路用，并适宜于频繁地启动及控制交流电机。永磁式交流接触器是利用磁极的同性相斥、异性相吸的原理，用永磁驱动机构取代传统的电磁铁驱动机构而形成的一种微功耗接触器。

(2) 直流接触器的型号及其代表的意义如图 1-11 所示。

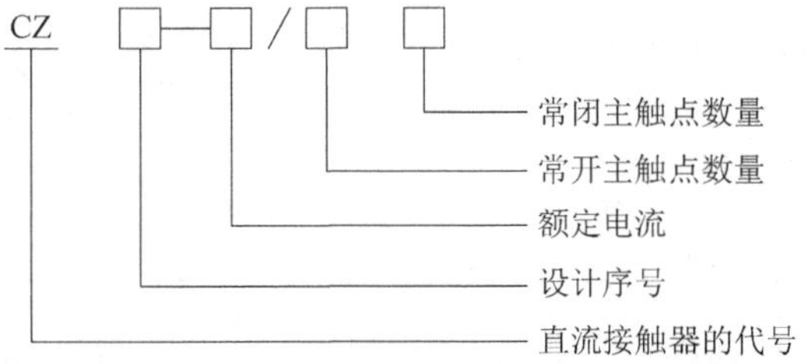

图 1-11　直流接触器的型号及其代表的意义

例如，CZ0-100/20 为 CZ0 系列直流接触器，额定电流为 100A，两个常开主触点。

直流接触器常用的有 CZ0、CZ5、CZ18、CZ22 等系列。CZ0 系列分单极和双极两大类，常开、常闭辅助触点各不超过两对。

3. **接触器的选用原则**

接触器是控制功能较强、应用广泛的自动切换电器，其额定工作电流或额定功率是随使用条件及控制对象的不同而变化的。为尽可能经济、正确地使用接触器，必须对控制对象的工作情况及接触器的性能有较全面的了解，选用时应根据具体使用条件正确选择。主要考虑以下几方面。

(1) 根据负载性质和负载电流的类型选择接触器类型。

(2) 接触器的额定电压应不小于负载电路工作电压。

(3) 接触器的额定电流应不小于被控电路额定电流。对于电动机负载还应根据其运行方式适当增减。

(4) 吸引线圈的额定电压、频率与所控制电路的电压、频率相一致。

1.2.4 接触器的维护、常见故障及处理

(1)应定期检查接触器的各部件，要求可动部分不卡住、紧固无松脱，零部件若有损坏应及时检修。

(2)触头表面应经常保持清洁，当触头表面因电弧作用而形成金属小球时应及时铲除。当触头严重磨损后，超程应及时调整，当厚度只剩下1/3时，应及时调换触头。银合金触头表面因电弧而生成黑色氧化膜时，不会造成接触不良现象，因此不必锉修，否则将会大大缩短触头寿命。

(3)有灭弧罩的接触器一定要带灭弧罩使用，以免发生短路事故。

表1-1列出了接触器使用的常见故障、原因及处理方法。

表1-1 接触器使用的常见故障、原因及处理方法

故障现象	可能原因	处理方法
1. 触点已经闭合，但铁心却没有完全闭合	(1)电源电压过低或波动太大； (2)操作回路电源容量不足或出现断线、配线错误或控制点接触不良； (3)线圈技术参数及使用技术条件不符； (4)产品本身受损，如线圈断线或烧毁、机械可动部分被卡住、转轴生锈或歪斜等； (5)触头弹簧压力与超程过大	(1)调高电源电压； (2)增加电源容量，更换线路，修理控制触头； (3)更换线圈； (4)更换线圈，排除卡住故障，修理受损零件； (5)按要求调整触头参数
2. 不释放或释放缓慢	(1)触头弹簧压力过小； (2)触点熔焊； (3)机械可动部分被卡住，转轴生锈或歪斜； (4)反力弹簧损坏； (5)铁心极面有污物或尘埃黏着； (6)E形铁心，当寿命终了时，因去磁气隙消失，剩磁增大，使铁心释放	(1)调整触头参数； (2)排除熔焊故障，修理或更换触头； (3)排除卡住现象，修理受损零件； (4)更换反力弹簧； (5)清理铁心极面； (6)更换铁心
3. 电磁(交流)噪声大	(1)电源电压过低； (2)触头弹簧压力过大； (3)磁系统歪斜或机械上卡住，使铁心不能吸平； (4)极面生锈或因异物(如油垢、尘埃)侵入铁心极面； (5)短路环断裂； (6)铁心极面磨损过度而不平	(1)提高操作回路电压； (2)调整触头弹簧压力； (3)排除机械卡住现象； (4)清理铁心极面； (5)调换铁心或短路环； (6)更换铁心
4. 线圈过热或烧毁	(1)电源电压过高或过低； (2)线圈技术参数与实际使用条件不符； (3)操作频率(交流)过高； (4)线圈制造不良或由于机械损伤，绝缘损坏等； (5)使用环境条件特殊：如空气潮湿；含有腐蚀性气体或环境温度过高； (6)运动部分被卡住； (7)交流铁心极面不平或中间气隙过大； (8)交流接触器派生直流操作的双线圈，因常闭联锁触头熔焊不释放，使线圈过热	(1)调整电源电压； (2)调换线圈或接触器； (3)选择其他合适的接触器； (4)更换线圈，排除引起线圈机械损伤的故障； (5)采用特殊设计的线圈； (6)排除卡住现象； (7)清除极面或调换铁心； (8)调整联锁触头参数及更换烧坏线圈
5. 触点熔焊	(1)操作频率过高或产品超负载使用； (2)负载侧短路； (3)触头弹簧压力过小； (4)触头表面有金属颗粒突起或异物； (5)操作回路电压过低或机械上卡住，致使吸合过程中有停滞现象，触头停顿在刚接触位置上	(1)调换合适的接触器； (2)排除短路故障，更换触头； (3)调整触头弹簧压力； (4)清理触点表面； (5)提高操作电源电压，排除机械卡住故障，使接触器吸合可靠

续表

故障现象	可能原因	处理方法
6. 触点过热或灼伤	(1)触头弹簧压力过小； (2)触点上有油污，或表面高低不平，有金属颗粒突起； (3)环境温度过高或使用在密闭的控制箱中； (4)铜触点用于长期工作制； (5)操作频率过高，或工作电流过大，触点的断开容量不够； (6)触点的超程太小	(1)提高触头弹簧压力； (2)清理触点表面； (3)接触器降容使用； (4)调换容量较大的接触器； (5)调整触点超程或更换触点
7. 触头过度磨损	(1)接触器选用欠妥，在以下场合时容量不足： ① 反接制动； ② 有较多密接操作； ③ 操作频率较高； (2)三相触头动作不同步； (3)负载侧短路	(1)接触器降容使用或改用适合于繁重任务的接触器； (2)调整至同步； (3)排除短路故障，更换触头
8. 相间短路	(1)可逆转换的接触器联锁不可靠，由于误动作，致使两接触器同时投入运行而造成相间短路，或因接触器动作过快，转换时间短，在转换过程中发生电弧短路； (2)产品零部件损坏(如灭弧室破碎)； (3)尘埃堆积或粘有水汽、油垢，使绝缘变坏	(1)检查电器联锁与机械联锁，在控制线路上加中间环节或调换动作时间长的接触器，延长可逆转换时间； (2)经常清理，保持清洁； (3)更换损坏的零部件

1.3　继　电　器

继电器是一种根据外界某种特定输入信号的变化来控制小电流电路通断的自动控制电器。其输入信号可以是电量参数(如电压、电流等)，也可以是非电量参数(如温度、压力、转速、时间等)，而其输出信号通常是触头的动作。继电器一般不直接控制负载电路，而是通过接触器等其他电器来实现对负载电路的控制。

根据继电器的作用，要求继电器反应灵敏准确、动作迅速、工作可靠、结构坚固、控制路数多、使用耐久等。

为了适应各种不同的需要，继电器的种类和形式有很多。

(1)按用途可分为控制继电器和保护继电器。

(2)按工作原理可分为电磁式继电器、感应式继电器、电动式继电器、热力式继电器、电子式继电器等。

(3)按反应的物理参数(动作信号)可分为电流继电器、电压继电器、时间继电器、速度继电器、温度继电器、压力继电器等。

(4)按动作时间可分为瞬时继电器(动作时间为 0.05s 以下)和延时继电器(动作时间为 0.15s 以上)。

(5)按输出形式可分为有触点继电器和无触点继电器。

本节主要介绍电力拖动系统中应用最多的电磁式(电压、电流、中间)继电器以及时间继电器、热继电器、速度继电器和固态继电器等。

继电器的主要特性是输入-输出特性。电磁式继电器的特性曲线，如图 1-12 所示，这一矩

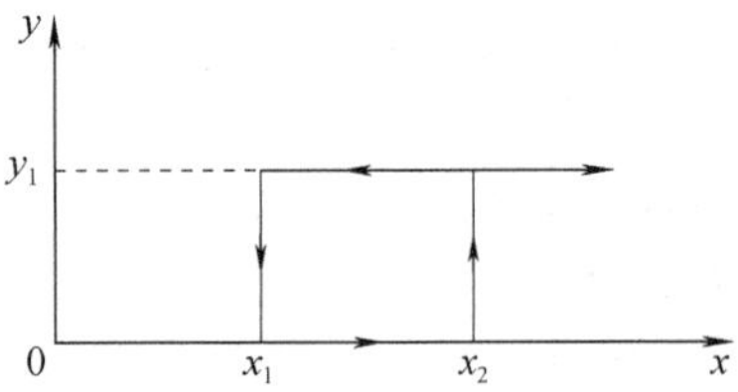

图 1-12 电磁式继电器的特征曲线

形曲线统称为继电特性曲线。

当继电器输入量 x 由 0 增至 x_1 前，继电器输出量 y 为 0。当输入量增加到 x_2 时，继电器吸合，通过其触点的输出量为 y_1，若 x 再增加，y 值不变。当 x 减少到 x_1 时，继电器释放，输出由 y_1 降到 0，x 再减小，y 值一直为 0。

在图 1-12 中，x_2 称为继电器吸合值，欲使继电器动作，输入量必须大于此值。x_1 称为继电器释放值，欲使继电器释放，输入量必须小于此值。$K=x_1/x_2$ 称为继电器的返回因数。它是继电器重要参数之一，不同场合要求不同的 K 值。例如，一般继电器要求低返回值，K 值为 0.1～0.4，这样当继电器吸合后，输入值波动较大时不致引起误动作；欠电压继电器则要求高返回因数，K 值在 0.6 以上。设某继电器 K=0.66，吸合电压为额定电压的 90%，则电压低于额定电压的 60%时继电器释放，起到欠电压保护作用。K 值是可以调节的，具体方法随着继电器结构的不同而有所差异。

另一个重要参数是吸合时间和释放时间。吸合时间是从线圈接收电信号到衔铁完全吸合时所需要的时间；释放时间是从线圈失电到衔铁释放时所需的时间。一般继电器的吸合时间与释放时间为 0.05～0.15s，快速继电器为 0.005～0.05s，它的大小影响着继电器的操作频率。

1.3.1 电磁式继电器

1. 电磁式继电器的结构

以电磁力为驱动力的继电器称为电磁式继电器。电磁式继电器的结构和工作原理与接触器相似，由静铁心、动铁心(衔铁)、线圈、释放弹簧和触点等部分组成，其实物外形及结构如图 1-13 所示。但也有不同之处，电磁式继电器控制的是小功率信号系统，流过触头的电流很弱，所以不需要灭弧装置；电磁式继电器可以对各种输入量的变化作出反应，而接触器只有在一定的电压信号下动作。常用的电磁式继电器有电压继电器、电流继电器和中间继电器。

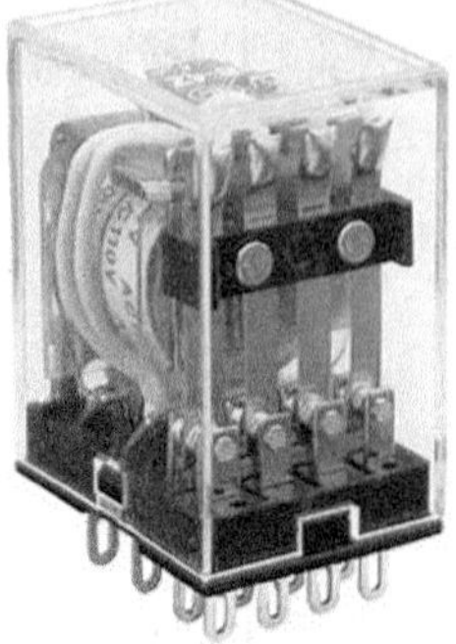

(a)实物外形

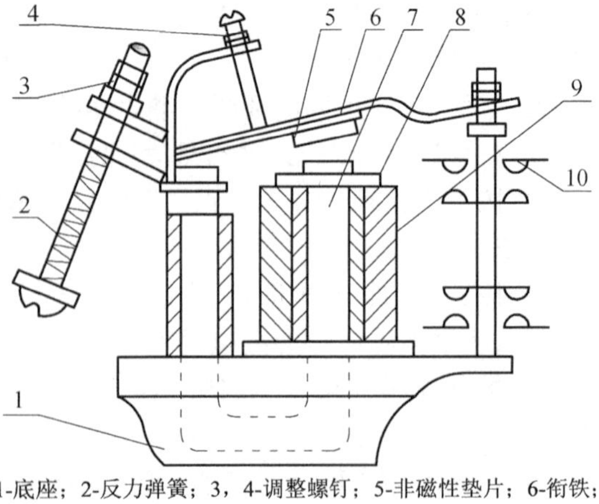

1-底座；2-反力弹簧；3，4-调整螺钉；5-非磁性垫片；6-衔铁；7-铁心；8-极靴；9-线圈；10-触点系统

(b)结构

图 1-13 电磁式继电器的外形及结构

1) 电压继电器

电压继电器用于电力拖动系统的电压保护和控制。其线圈并联接入被测电路，感测被测电路的线路电压；其触点接于控制电路，为执行元件。

按动作电压的大小，电压继电器可分为过电压继电器和欠电压继电器。

过电压继电器用于线路的过电压保护，其吸合整定值为被保护线路额定电压的 110%～120%。当被保护的线路电压正常时，衔铁不动作；当被保护线路的电压高于额定值，达到过电压继电器的整定值时，衔铁吸合，触点机构动作，切断控制电路，使接触器线圈失电及时分断电路，起到保护电路的作用。

欠电压继电器用于线路的欠电压保护，其释放整定值为线路额定电压的 10%～60%。当被保护线路电压正常时，衔铁可靠吸合；当被保护线路电压降至欠电压继电器的释放整定值时，衔铁释放，触点机构复位，控制接触器及时分断被保护电路。

另外，还有一种零电压继电器，当电路电压降低到额定电压的 5%～25%时释放，对电路实现零电压保护，用于线路的失压保护。

电压继电器的图形符号和文字符号如图 1-14 所示。

2) 电流继电器

电流继电器是根据输入电流大小而动作的继电器。电流继电器的线圈串入电路中，以反映电路电流的变化，其线圈匝数少、导线粗、阻抗小。按用途不同电流继电器可分为欠电流继电器、过电流继电器。欠电流继电器的吸引线圈吸合电流为线圈额定电流的 30%～65%，释放电流为额定电流的 10%～20%。因此欠电流继电器正常工作时衔铁是吸合的，当电流降到某一整定值时，继电器释放，输出信号，用于欠电流保护或控制，如电磁吸盘中的欠电流保护。过电流继电器在电路正常工作时不动作，当电流超过某一整定值时才动作，用于过电流保护或控制，如起重机电路中的过电流保护。

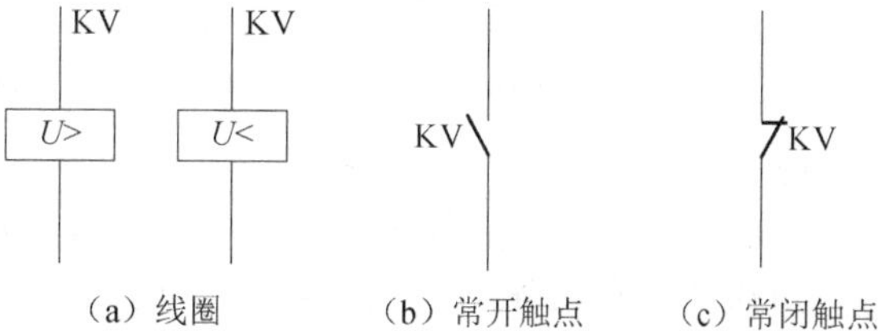

图 1-14　电压继电器的图形符号和文字符号

电流继电器的图形符号和文字符号如图 1-15 所示。

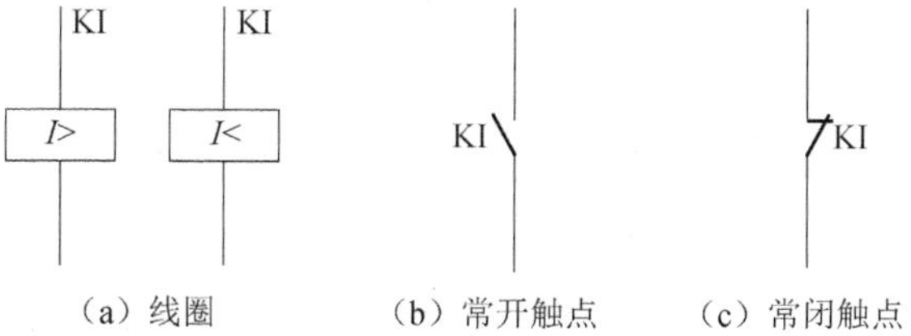

图 1-15　电流继电器的图形符号和文字符号

3) 中间继电器

中间继电器实质上是一个电压继电器，起到中间转换的作用。具有触点多(六对甚至更多)、触点电流小(额定电流为 5～10A)、动作灵敏(动作时间小于 0.05s)等特点。当电动机的额定电流不超过中间继电器的额定电流时，可以替代接触器直接控制电动机。

中间继电器有以下两方面的作用。

(1) 当其他继电器触点容量或触点数量不够时，可以借助中间继电器来扩大触点数量或触点容量，起到中间转换的作用。

(2) 可以用中间继电器控制多条线路。中间继电器也有交直流之分，可分别用于交流控制电路和直流控制电路。

中间继电器的图形符号和文字符号如图 1-16 所示。

（a）线圈　（b）常开触点　（c）常闭触点

图 1-16　中间继电器的图形符号和文字符号

2. 电磁式继电器的主要参数和整定方法

1) 电磁式继电器的主要参数

(1) 灵敏度：使继电器动作的最小功率(该功率越小则灵敏度越高)。

(2) 额定电压和额定电流：指继电器的线圈和触头在正常工作时的电压和电流允许值。

(3) 吸合电压或吸合电流：指继电器衔铁开始运动时线圈的电压(对电压继电器而言)和电流(对电流继电器而言)，分别用 U_{XH} 和 I_{XH} 表示。

(4) 释放电压或释放电流：继电器衔铁开始释放时线圈的电压和电流用 U_{SF} 和 I_{SF} 表示。

(5) 返回系数：释放电压(或电流)对吸合电压(或电流)的比值，用 β 表示。

电压继电器的返回系数：$\beta = \dfrac{U_{SF}}{U_{XH}}$。

电流继电器的返回系数：$\beta = \dfrac{I_{SF}}{I_{XH}}$。

不同的场合要求不同的返回系数，可以通过调整复位弹簧的松紧程度和改变非磁性垫片的厚度来实现。

(6) 整定值：根据控制系统的要求，预选使继电器达到某一个吸合值或释放值，这个吸合值(电压或电流)或释放值(电压或电流)就称为整定值。

在 PLC 系统中，电压继电器、中间继电器常作为输出执行元件。

2) 电磁继电器的整定方法

继电器在投入运行之前，均应预先将它们的吸合值和释放值或返回系数整定到控制系统所需要的值。整定继电器也是电气技术人员应掌握的调试技术。

从继电器结构可以看出，反作用弹簧对衔铁运动产生一个反方向的作用力。当需要衔铁闭合时，线圈电流产生的吸力必须大于这个反作用力。吸合后如需分开衔铁，线圈电流产生的吸力应小于反作用力。电磁式继电器的电磁吸力与弹簧反作用关系如图 1-17 所示。

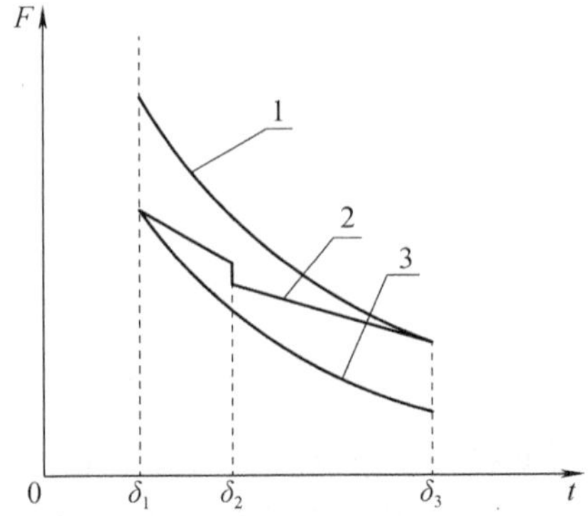

1-吸引时的电磁吸力；2-释放时的电磁吸力；3-弹簧的反作用力

图 1-17　电磁式继电器电磁吸力与弹簧反作用力的关系

由此可见，线圈的吸合电压(或电流)、释放电压(或电流)的大小均受反作用弹簧松紧的影响。在衔铁闭合后，在闭合面内人为地装置了一层非导磁性材料的垫片，这个垫片的厚薄影响着闭合后磁路的磁阻，从而改变释放电流(或电压)的大小。根据上述情况，整定线圈的电流(或电压)就是改变反作用弹簧的松紧和非导磁性垫片的厚薄。

对于电压继电器，用电压表并联线圈两端，用滑线电阻调节加在线圈上的电压，电路如图 1-18 所示(继电器线圈在电路中用一个方框表示)。若欲整定吸合电压，则将电压调节到吸合值，再断开电源(滑线电阻不要改变)，逐步调节反作用弹簧的松紧，每调一次便合上电源看衔铁是否吸合，直到合上电源后衔铁刚好吸合。若欲整定释放电压，应主要改变非导磁性垫片的厚度(如吸合电压没有固定要求，也可调节反作用弹簧)。这是应先使继电器闭合，再改变滑线电阻，将线圈电压减小，直到电压达到所要求的值，在调节非导磁性垫片的厚度(每次调节均应断开线圈电压才能进行)直到达到所要求的释放电压下衔铁打开，整定释放电压时开关 Q1、Q2 应配合使用。

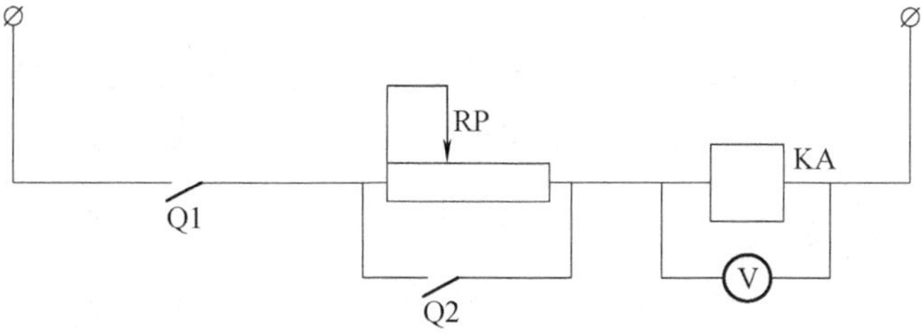

图 1-18　直流电压继电器吸合、释放电压整定电路

对于电流继电器，整定的方法和上面一样，只不过改用电流表串接在线圈上即可。

除了吸合值或释放值要调整，有些继电器要求增大返回系数，提高控制的灵敏度。这时可以采取加非导磁性垫片，增大吸合后气隙；调整调节螺钉减小衔铁释放后气隙；采用薄而窄的铁心，使吸合特征变平坦等方法实现。

1.3.2　时间继电器

在生产中经常需要按一定的时间顺序来对生产机械进行控制，例如，电动机降压启动需要一定延时才能加上额定电压；自动化生产线中的多台电动机分批启动，在第一批电动机启动后，需延时一定时间后，才能启动第二批等。这类自动控制称为时间控制，时间控制通常是利用时间继电器来实现的。

时间继电器是利用电磁原理或机械动作等原理实现触点延时接通或断开的自动控制电器，其种类很多，常用的有电磁式、空气阻尼式、电子式和晶体管式时间继电器等。

根据延时方式不同时间继电器分为通电延时继电器和断电延时继电器两种。通电延时继电器是线圈通电后触点延时动作，线圈断电时触点立即复位；断电延时继电器是线圈通电时触点立即动作，当线圈断电后触点延时动作。时间继电器常开、常闭触点可以通电延时或断电延时，因此延时动作触点共有四种类型，时间继电器也可有瞬时动作触点。时间继电器的实物外形、图形符号及文字符号如图 1-19 所示。

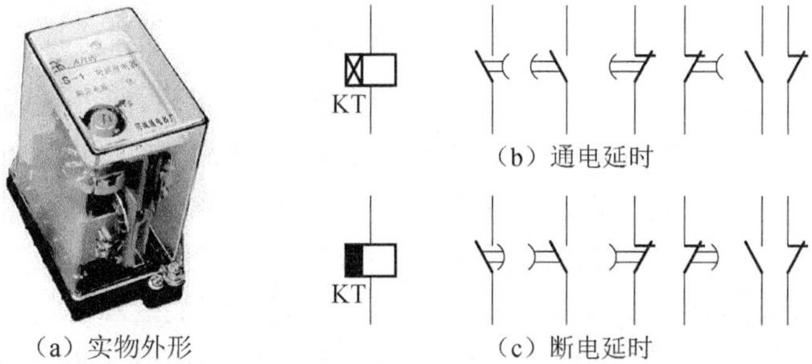

（a）实物外形　（b）通电延时　（c）断电延时

图 1-19　时间继电器的实物外形、图形符号及文字符号

1. 直流电磁式时间继电器

直流电磁式时间继电器是利用电磁系统在电磁线圈断电后磁通延缓变化的原理而工作的。在直流电磁式电压继电器的铁心上增加一个阻尼铜套，构成直流电磁式时间继电器。当线圈通电时，因磁路中气隙大、磁阻大、磁通小，铜套阻尼作用不明显，其固有动作时间约为 0.2s，近乎瞬动。而当线圈断电时，磁通变化量大，铜套阻尼作用显著，使衔铁延时释放，从而实现延时作用。

电磁式时间继电器具有结构简单、运行可靠、寿命长、允许通电次数多等优点，但延时时间短(最长不超过 5s)，延时精度不高，体积大且仅适用于直流电路中作断电延时时间继电器，从而限制了它的应用。

2. 空气阻尼式时间继电器

空气阻尼式时间继电器，是利用空气阻尼原理获得延时，它由电磁系统、延时机构和触头三部分组成。

空气阻尼式时间继电器延时方式有通电延时型和断电延时型两种。图 1-20 为交流电磁系统的结构示意图。其外观区别在于：当衔铁位于铁心和延时机构之间时为通电延时型，如图 1-20(a)所示；当铁心位于衔铁和延时机构之间时为断电延时型，如图 1-20(b)所示。下面以 JS7-2A 系列空气阻尼式时间继电器中通电延时型为例来分析其工作原理。

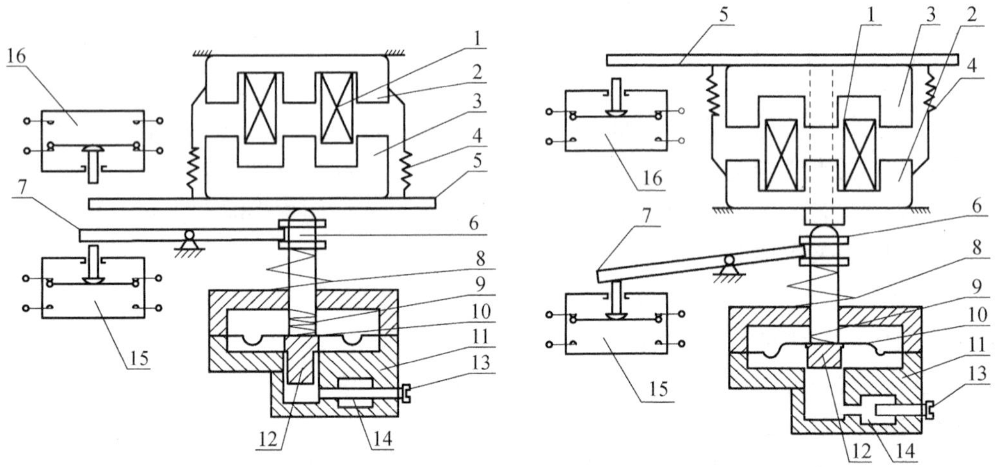

(a) 通电延时型　　(b) 断电延时型

1-线圈；2-铁心；3-衔铁；4-复位弹簧；5-推板；6-活塞杆；7-杠杆；8-塔形弹簧；9-弱弹簧；10-橡皮膜；11-空气室壁；12-活塞；13-调节弹簧；14-进气孔；15，16-微动开关

图 1-20　JS7-2A 系列空气阻尼式时间继电器结构原理图

通电延时型工作原理：如图 1-20(a)所示，当线圈 1 通电后，衔铁 3 连同推板 5 被铁心 2 吸引向上吸合，上方微动开关 16 压下，使微动开关触头迅速转换。同时在空气室内与橡皮膜 10 相连的活塞杆 6 在塔形弹簧 8 作用下也向上移动，由于橡皮膜下方的空气稀薄形成负压，起到空气阻尼的作用，因此活塞杆只能缓慢向上移动，移动速度由进气孔 14 的大小而定，可通过调节弹簧 13 调整。经过一段延时后，活塞 12 才能移到最上端，并通过杠杆 7 压动开关 15，使其常开触点闭合，常闭触点断开。而另一个开关 16 是在衔铁吸合时，通过推板 5 的作用立即动作，故称开关 16 为瞬动触头。当线圈断电时，衔铁在复位弹簧 4 作用下，将活塞推向下端，这时橡皮膜下方气室内的空气通过橡皮膜 10、弱弹簧 9 和活塞 12 的肩部所形成的

单向阀，迅速将空气排掉，使开关 15、16 触头复位。

空气阻尼式时间继电器的延时时间为 0.4～180s，但延时精度不太高。

3. 晶体管式时间继电器

晶体管式时间继电器也称为半导体式时间继电器，主要利用电容对电压变化的阻尼作用作为延时环节而构成。图 1-21 为采用非对称双稳态触发器的晶体管式时间继电器原理图，其工作原理可参考其他相关资料。

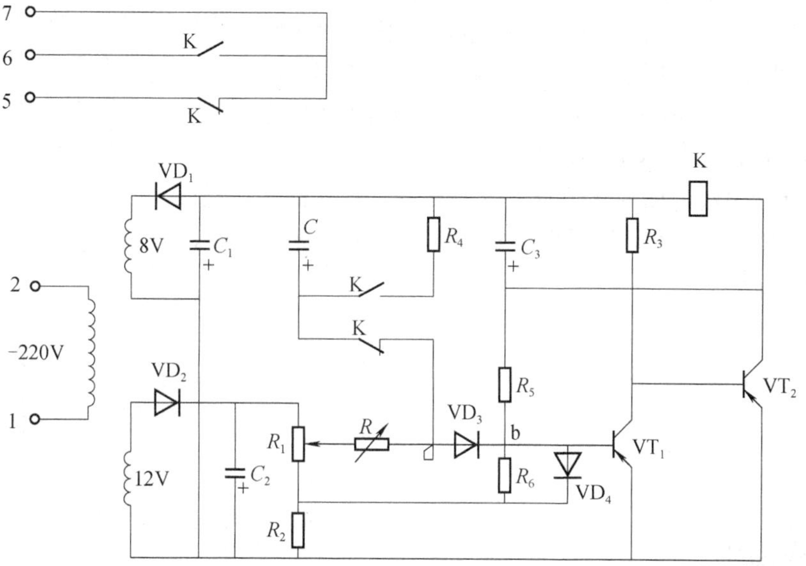

图 1-21　晶体管式时间继电器原理图

空气阻尼式时间继电器具有结构简单、易构成通电延时型和断电延时型、调整简便、价格较低等优点，被广泛应用于电气控制电路中。但空气阻尼式时间继电器的延时精度不高，延时时间短，晶体管式时间继电器在精度和延时时间长度上均优于空气阻尼式时间继电器，但也受到模拟电路本身的限制。

随着微电子技术的发展，出现了很多高精度的电子式、数字式定时器产品。如各个系列的电子式超级时间继电器、数字式时间继电器、数显时间继电器，如图 1-22 中(a)和(b)分别为数字式时间继电器和数显式时间继电器。定时时间以秒、分、时为单位，具有数值预置、复位、启动控制、状态显示等多种功能。

(a)数字式时间继电器　　(b)数显式时间继电器

图 1-22　数字式、数显式时间继电器

1.3.3 热继电器

热继电器是利用电流的热效应和发热元件的热膨胀原理工作，主要用作电动机的过载保护和断相保护。电动机在实际运行中常会遇到过载情况，若过载不严重、时间较短，只要电动机绕组不超过允许的温升，这种过载是允许的。但如果长时间过载，绕组超过允许温升时，将会加剧电动机绕组绝缘的老化，缩短电动机的使用年限，严重时会将电动机烧毁，因此必须对电动机进行过载保护。

> **小思考 1-2**
>
> 电动机启动时，电流很大，当电动机启动时，热继电器会不会动作？为什么？

按相数来分，热继电器有单相、两相和三相式三种类型。三相式热继电器常用于三相交流电动机的过载保护；按功能来分，三相式热继电器又有三相不带断相保护和带断相保护两种类型。

1. 热继电器的结构及工作原理

图 1-23 所示为双金属片式热继电器的实物外形和结构示意图。热继电器主要由双金属片、热元件、复位按钮、传动杆、拉簧、调节旋钮、复位螺钉、触点和接线端子等组成。

(a) 实物外形

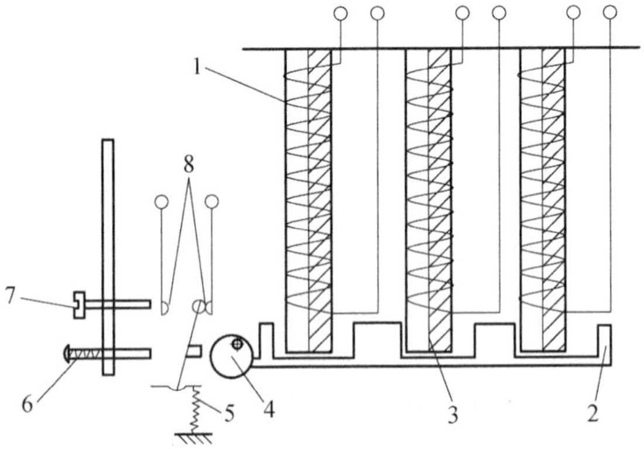

1-热元件；2-传动杆；3-双金属片；4-调节旋钮；5-拉簧；6-复位按钮；7-复位螺钉；8-触点

(b) 热继电器结构示意图

图 1-23 双金属片式热继电器的外形和结构示意图

双金属片是热继电器的感测元件，由两种线膨胀系数不同的金属用机械碾压方法使之形成一体。由于两种线膨胀系数不同的金属紧密地贴合在一起，当产生热效应时，双金属片向膨胀系数小的一侧弯曲，由弯曲产生的位移带动触头动作。

例如，电机的过载保护装置就是将热元件串接于电机的定子电路中，通过热元件的电流就是电动机的工作电流。当电动机正常运行时，其工作电流通过热元件产生的热量使双金属片变形，但变形小不足以使热继电器动作。当电动机发生过电流且超过整定值时，热元件产生的热量增大，使双金属片弯曲位移增大，当变形达到一定程度时，通过传动机构使触点系统动作，切断电动机的控制电路，使电动机停止工作。

热继电器复位方式有自动复位和手动复位两种，将复位螺丝旋入，使常开的静触点向动触点靠近，这样动触点在闭合时处于不稳定状态，在双金属片冷却后动触点也返回，为自动复位方式。若将复位螺丝旋出，触点不能自动复位，为手动复位方式。在手动复位方式下，需在双金属片恢复状态时按下复位按钮才能使触点复位。

热继电器整定动作电流的调节通过调节旋钮来实现。调节旋钮为一个偏心轮，调节旋钮可以改变传动杆和动触点之间的传动距离，距离越长动作电流就越大，反之动作电流就越小。

热继电器由于热惯性，当电路短路时不能立即动作使电路断开，因此不能用作短路保护。同理，当电机短时过载时，热继电器也不会马上动作，从而避免电机不必要的停车。

2. 热继电器的主要参数及常用型号

热继电器的主要参数有额定电流、相数、热元件额定电流、整定电流及调整范围等。

热继电器的整定电流是指热继电器的热元件允许长期工作而不致引起热继电器动作的最大电流值。通常热继电器的整定电流是根据电动机的额定电流整定的，可通过调节电流旋钮，在一定范围内调节其整定电流。

常用的热继电器有 JRl6、JR20、JRSl 等系列，引进产品有德国 BBC 公司的 T 系列、西门子的 3UA 系列和法国 TE 公司的 LRl-D 系列等。

常用的 JRS1 系列和 JR20 系列热继电器的型号含义如图 1-24 所示。

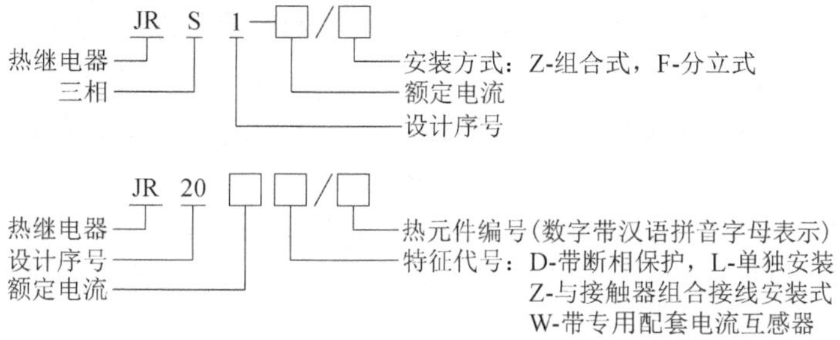

图 1-24　JRS1 系列和 JR20 系列热继电器型号含义

热继电器的图形符号及文字符号如图 1-25 所示。

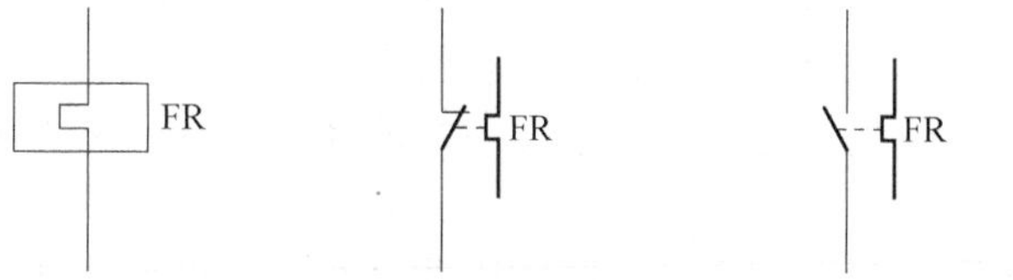

（a）热元件　（b）常闭触点　（c）常开触点

图 1-25　热继电器的图形符号及文字符号

1.3.4　速度继电器

速度继电器主要用于笼型异步电动机的反接制动控制，也称为反接制动继电器。感应式速度继电器是靠电磁感应原理实现触点动作的，其实物外形、结构原理及图形文字符号如图 1-26 所示。

速度继电器主要由定子、转子和触点三部分组成。定子的结构与笼型异步电动机的转子相似，是一个笼型空心圆环，由硅钢片冲压叠成，并嵌有笼型绕组，转子是一个圆柱形永久磁铁。

速度继电器的工作原理：速度继电器转子的轴与电动机的轴相连接，转子固定在轴上，定子与轴同心空套在转子上。当电动机转动时，速度继电器的转子随之转动，绕组切割磁力线产生感应电动势和感生电流，此电流和永久磁铁的磁场作用产生转矩，使定子向轴的转动方向偏摆，通过定子柄拨动触点，使常闭触点断开、常开触点闭合。当电动机转速下降到接近零时，转矩减小，定子柄在弹簧力的作用下恢复原位，触点也复原。

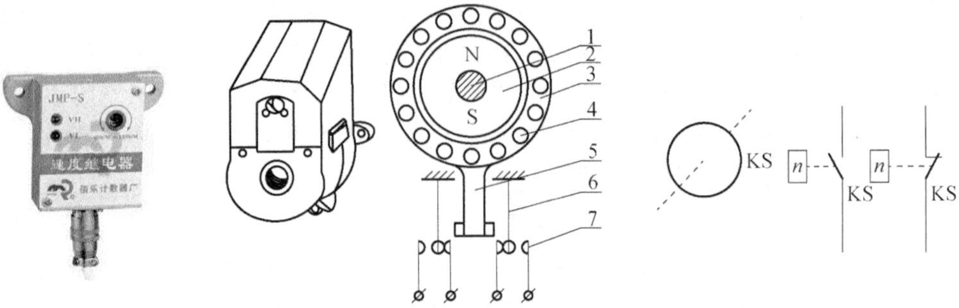

（a）实物外形　　　（b）结构原理　　　（c）图形符号及文字符号

1-电动机轴；2-转子；3-定子；4-定子绕组；5-定子柄；6-簧片；7-静触点

图 1-26　速度继电器实物外形、结构原理、图形符号及文字符号

常用的感应式速度继电器有 JY1 和 JFZ0 系列。JY1 系列能在 3000r/min 的转速下可靠工作。JFZ0 型触点动作速度不受定子柄偏转快慢的影响，触点改用微动开关。JFZ0 系列中 JFZ0-1 型适用于 300～1000r/min，JFZ0-2 型适用于 1000～3000r/min。速度继电器有两对常开、常闭触点，分别对应于被控电动机的正、反转运行。一般情况下，速度继电器的触点，在转速达 120r/min 时能动作，100r/min 左右时能恢复正常位置。

速度继电器主要根据电动机的额定转速进行选择。使用时，速度继电器的转轴应与电动机同轴连接，正反向的触点不能接错，否则不能起到反接制动时接通和断开反向电源的作用。

1.3.5　固态继电器

固态继电器（Solid State Relay，SSR）是采用半导体元器件组装而成的无触点开关，是一种电子式继电器。固态继电器是具有两个输入端和两个输出端的四端有源器件，输入端和输出端都采用光耦合器隔离；输出信号能控制强电电路的执行元件，又为强、弱电之间提供良好的隔离。

固态继电器的接通和断开没有机械接触，因此具有动作可靠、开关速度快、能与逻辑电路兼容、工作频率高、重量轻、使用寿命长、抗干扰能力强、噪声低等优点，在许多自动化装置中代替了传统的电磁式继电器，且进一步扩展到传统继电器无法应用的领域，如广泛应用于数字程控装置、调温装置、数据处理系统及计算机输入 / 输出接口等电路，尤其适用于动作频繁、防爆耐潮和耐腐蚀等特殊场合。但其也存在过载能力低、易受温度和辐射的影响、通断阻抗比小等缺点。

固态继电器有多种产品型号。以负载电源类型可分为直流型和交流型。直流型以功率晶体管作为开关控制器件；交流型以晶闸管作为开关控制器件。按输入端、输出端之间的隔离形式，有光电耦合和变压器耦合两种。按控制触发的信号，可分为过零型和非过零型、有源触发型和无源触发型。

固态继电器由输入电路、隔离（耦合）电路和输出电路等组成，其工作原理如图 1-27 所示。其中，A、B 端为输入端，C、D 为输出端。工作时只要在 A、B 上加上一定的控制信号，就可以控制 C、D 两端之间的“通”和“断”，实现“开关”的功能。其中耦合电路的功能是为 A、B 端输入的控制信号提供一个输入/输出端之间的通道，但又在电气上断开固态继电器中输入端和输出端之间的(电)联系，以防止输出端对输入端的影响。触发电路的功能是产生合乎要求的触发信号，驱动开关电路工作，但由于开关电路在不加特殊控制电路时，将产生射频干扰并以高次谐波或尖峰等污染电网，为此特设“过零控制电路”。所谓“过零”是指，当加入控制信号，交流电压过零时，SSR 即为通态；而当断开控制信号后，SSR 要等待交流电的正半周与负半周的交界点(零电位)时，SSR 才为断态。这种设计能防止高次谐波的干扰和对电网的污染。吸收电路是为防止从电源中传来的尖峰、浪涌(电压)对开关器件双向可控硅管的冲击和干扰(甚至误动作)而设计的，一般是用“R-C”串联吸收电路或非线性电阻(压敏电阻器)。

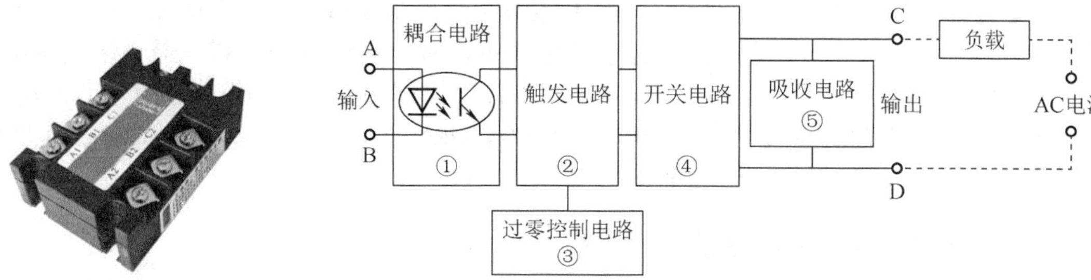

(a) 实物外形　　(b) 工作原理

图 1-27　交流固态继电器的实物外形及工作原理

1.4 熔　断　器

熔断器是低压配电系统和电力拖动系统中起短路保护作用的电器。使用时，熔体串接于被保护的电路中，当电路出现短路故障时，熔体能瞬时熔断，从而自动切断电路，实现短路保护。熔断器具有结构简单、体积小、重量轻、使用维护方便、价格低廉、分断能力较强、限流能力良好等优点，因此在强电系统和弱电系统中得到广泛应用。

1.4.1 熔断器的结构、工作原理及保护特性

1. 熔断器的结构及工作原理

熔断器主要由熔体和安装熔体的熔管(或熔座)两部分组成。熔体是熔断器的主要组成部分，它既是感测元件，又是执行元件。熔体由易熔金属材料铅、锡、锌、银、铜及其合金制成，通常做成丝状、片状、带状或笼状，串联于被保护电路中。熔管一般由硬质纤维或瓷质绝缘材料制成半封闭式或封闭式外壳，其作用是便于安装熔体和熔体熔断时熄灭电弧。

> **小思考 1-3**
>
> 熔断器的额定电流、熔体的额定电流和熔体的极限分断电流三者之间有何区别？

熔断器接入电路时，熔体串接在电路中，负载电流流经熔体。当电路发生短路或过电流时，通过熔体的电流使其发热；当达到熔体金属熔化温度时就自行熔断，期间伴随着燃弧和熄弧过程，随之切断故障电路，起到保护作用。当电路正常工作时，熔体在额定电流下不应熔断，所以其最小熔化电流必须大于额定电流。熔管中的填料广泛应用的是石英砂，它既是灭弧介质又能起到帮助熔体散热的作用。

2. 熔断器的保护特性

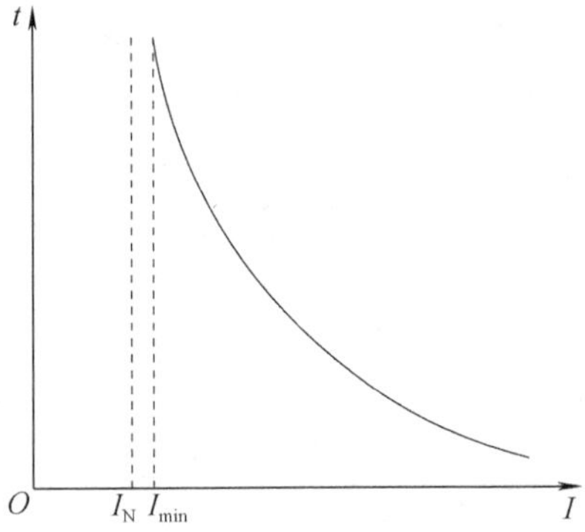

图 1-28 熔断器的保护特性

熔断器的保护特性是指流过熔体的电流与熔体熔断时间的关系曲线，称为“时间-电流特性”曲线或称“安-秒特性”曲线，如图 1-28 所示。熔断器的“时间-电流特性”具有反时限性，流过熔体的电流越大，熔化(或熔断)时间越短。因为熔体在熔化和气化过程中，所需热量是一定的，在一定的过载电流范围内，当电流恢复正常时，熔断器不会熔断，可继续使用。

图 1-28 中 I_{min} 为最小熔化电流或称临界电流。当熔体电流小于临界电流时，熔体不会熔断。最小熔化电流 I_{min} 与熔体额定电流之比称为熔断器的熔化因数，即 $K=I_{min}/I_N$，是表征熔断器保护特性的指标。一般低压熔断器的 K 值为 1.2～1.5。

1.4.2 熔断器的型号和主要技术参数

1. 熔断器的型号和电器符号

熔断器的型号含义及电气图形符号如图 1-29 所示。

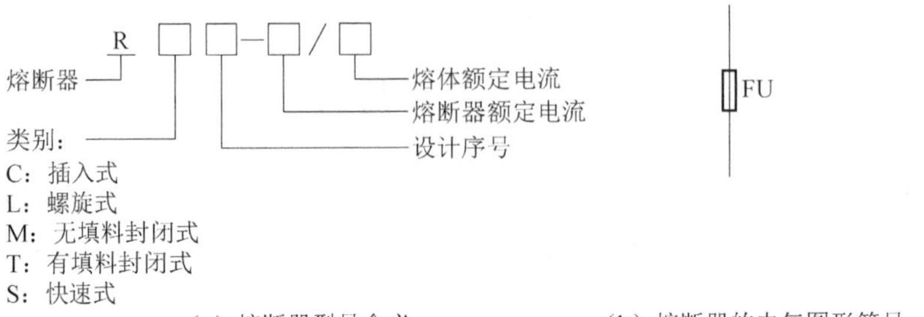

（a）熔断器型号含义　（b）熔断器的电气图形符号

图 1-29 熔断器的型号含义及电气图形符号

熔断器的典型产品有 RL6、RL7、RL96、RLS2 系列螺旋式熔断器，RL1B 系列带断相保护螺旋式熔断器，RT14 系列有填料封闭管式熔断器。此外，还有引进国外技术生产的 NT 系列无填料封闭式刀型触刀熔断器与 NGT 系列半导体器件保护用熔断器。

2. 熔断器的主要技术参数

熔断器主要技术参数包括额定电压、熔体额定电流、熔断器额定电流、极限分断能力等。

(1) 额定电压：保证熔断器能长期正常工作的电压，其值一般等于或大于电气设备的额定电压。

(2) 熔体额定电流：熔体长期通过而不会熔断的电流。

(3) 熔断器额定电流：保证熔断器(指绝缘底座)能长期正常工作的电流。

在实际应用中，熔断器的额定电流等级比较少，而熔体的额定电流等级较多，同一规格的熔断器可以安装不同额定电流规格的熔体。应该注意的是使用过程中，熔断器的额定电流应大于或等于所装熔体的额定电流。

(4) 极限分断能力：熔断器在额定电压下所能开断的最大电流值。在电路中出现的最大电流一般是指短路电流，所以极限分断能力反映了熔断器分断短路电流的能力。

1.4.3　常用的熔断器

熔断器种类很多，按结构分为开启式、半封闭式和封闭式；按有无填料分为有填料式、无填料式；按用途分为工业用熔断器、保护半导体器件熔断器及自复式熔断器等。常用的产品系列有 RC 系列插入式熔断器、RL 系列螺旋式熔断器、RB 系列玻璃管式熔断器、RT 系列有填料密封管式熔断器、RM 系列无填料密封管式熔断器、NT 系列高分断能力熔断器、RLS、RST、RS 系列半导体器件保护用快速熔断器、HG 系列熔断器式隔离器和特殊熔断器等。

1. 插入式熔断器

插入式熔断器如图 1-30 所示，常用产品有 RC1A 系列，主要用于低压分支电路的短路保护，因其分断能力较小，多用于照明电路中。

2. 螺旋式熔断器

螺旋式熔断器如图 1-31 所示，常用产品有 RL6、RL7、RLS2 等系列。该系列产品的熔管内装有石英砂，用于熄灭电弧，分断能力强。熔体上的上端盖有一个熔断指示器，一旦熔体熔断，指示器马上弹出，可透过瓷帽上的玻璃孔观察到。其中 RL6、RL7 多用于机床配电电路中；RLS2 为快速熔断器，主要用于保护半导体元件。

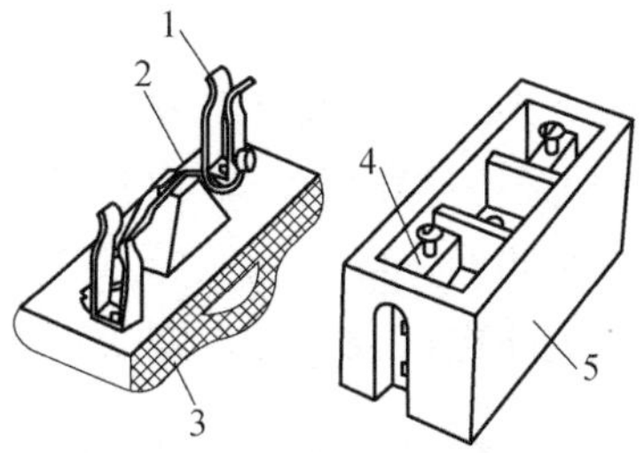

1-动触头；2-熔体；3-瓷盖；4-静触头；5-瓷座

图 1-30　插入式熔断器

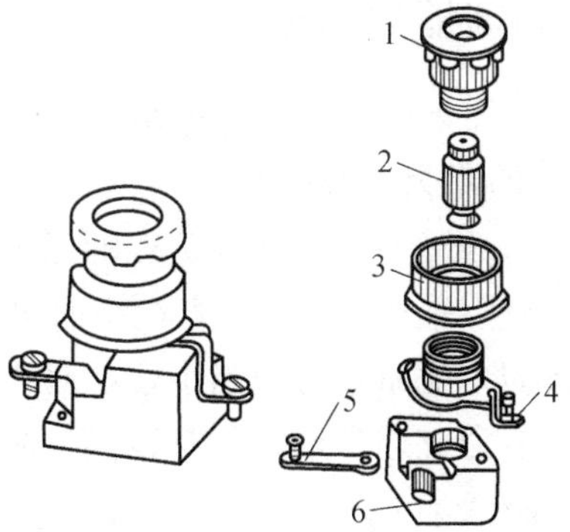

1-瓷帽；2-熔管；3-瓷套；4-上接线端；5-下接线端；6-底座

图 1-31　螺旋式熔断器

3. 封闭管式熔断器

封闭管式熔断器分为无填料封闭管式、有填料封闭管式和快速熔断器三种，前两种如图 1-32 与图 1-33 所示。常用产品有 RM10、RT12、RT14、RT15、RS3 等系列，其中 RM10 为无填料的，常用于低压电力网或成套配电设备中。

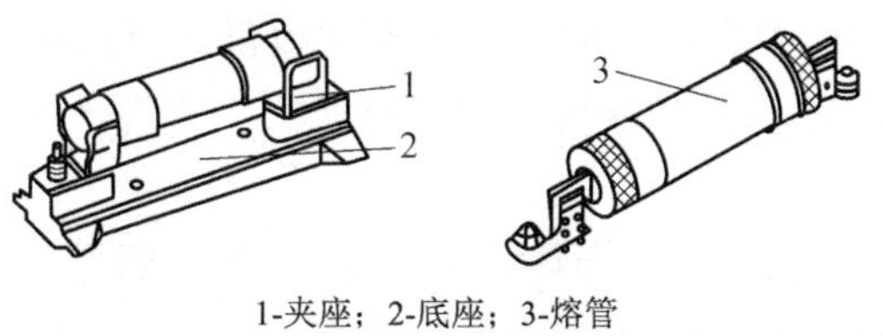

1-夹座；2-底座；3-熔管

图 1-32　无填料封闭管式熔断器

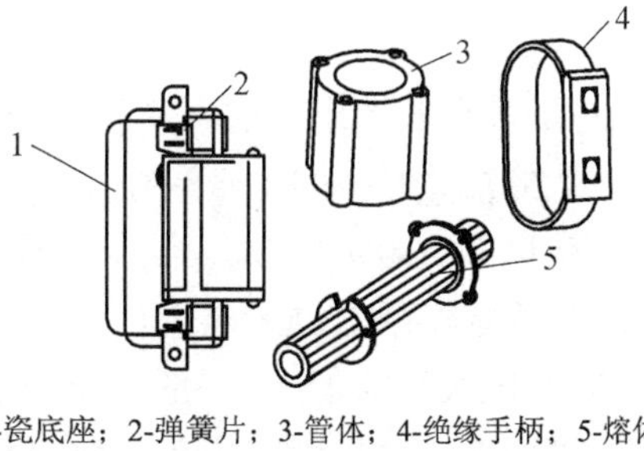

1-瓷底座；2-弹簧片；3-管体；4-绝缘手柄；5-熔体

图 1-33　有填料封闭管式熔断器

RT12、RT13、RT14 系列为有填料的熔断器，填料为石英砂，用来冷却和熄灭电弧，常用于大容量电力网或配电设备中。RS2 系列为快速熔断器，主要用于保护半导体元件。

4. 自复式熔断器

它是一种采用金属钠作熔体的熔断器，在常温下具有高电导率，允许通过正常工作电流。当电路发生短路故障时，短路电流产生高温使金属钠迅速气化、气态钠呈现高阻态，从而限制了短路电流。当故障消除后，温度下降，金属钠重新固化，金属钠恢复其良好的导电性。其优点是不必更换熔体，能重复使用，但由于只能限流而不能切断故障电路，故一般不单独使用，均与断路器配合使用。常用产品有 RZ1 系列。

5. 高分断能力熔断器

随着电网供电容量的不断增加，要求熔断器的性能更好，根据德国 AGC 公司制造技术标准生产的 NT 型系列产品为低压高分断能力熔断器，额定电压至 660V，额定电流至 1000A，分断能力可达 120kA，适用于工业电气设备、配电装置的短路保护。NT 型熔断器规格齐全，具有功率损耗小、性能稳定、限流性能好、体积小等特点。另外，从该公司引进生产的 NGT 型熔断器为快速熔断器，可作为半导体器件保护。

1.4.4 熔断器的选择

选择熔断器时应主要考虑熔断器的类型、额定电压和熔体额定电流等。

1. 熔断器类型的选择

熔断器的类型主要依据负载的保护特性和短路电流的大小、使用场合和安装条件、熔断器的适用范围来选择。对于容量小的电动机和照明支线，常采用熔断器作为过载及短路保护，因此熔体的熔化系数可适当小些；对于较大容量的电动机和照明干线，则应着重考虑短路保护和分断能力，通常选用具有较高分断能力的熔断器；当短路电流很大时，宜采用具有限流作用的熔断器。

2. 熔断器额定电压的选择

熔断器额定电压的选择值一般应等于或大于电器设备的额定工作电压。

3. 熔体额定电流的选择

(1) 对于负载平稳无冲击的照明电路、电阻、电炉等，熔体额定电流略大于或等于负荷电路中的额定电流，即 $I_r \geq I_N$，其中：I_r 为熔体的额定电流；I_N 为负载的额定电流。

(2) 对于单台长期工作的电动机，熔体电流可按最大启动电流选取，也可按下式选取：$I_r \geq (1.5\sim2.5)I_N$。如果电动机频繁启动，式中系数可适当加大至 3～3.5，具体应根据实际情况而定。

(3) 对于多台长期工作的电动机(供电干线)的熔断器，熔体的额定电流应满足下列关系。$I_r \geq (1.5\sim2.5)I_{Nmax}+\cdots+\sum I_N$。其中，$I_{Nmax}$ 为多台电动机中容量最大的一台电动机额定电流；$\sum I_N$ 为其余电动机额定电流之和。当熔体额定电流确定后，根据熔断器额定电流大于或等于熔体额定电流来确定熔断器额定电流。

(4) 熔断器级间的配合。为防止发生越级熔断，上、下级(即供电干、支线)的熔断器之间应有良好的配合。选用时，应使上级(供电干线)熔断器的熔体额定电流比下级(供电支线)的大 1～2 个级差。

1.5　主 令 电 器

控制系统中，主令电器是一种专门发布命令、直接作用或通过电磁式电器间接作用于控制电路的电器。常用来控制电动机的启动、停车、调速及制动等。

常用的主令电器有控制按钮、行程开关、接近开关、万能转换开关、主令控制器，以及其他主令电器如脚踏开关、倒顺开关、紧急开关、钮子开关等。本节仅介绍几种常用的主令电器。

1.5.1　控制按钮

按钮是一种结构简单、使用广泛的手动主令电器，在低压控制电路中，可以与接触器或继电器配合，对电动机等电气部件实现远距离自动控制，也可以用来转换各种信号及构成电气联锁电路。

1．按钮的结构、种类

按钮由按钮帽、复位弹簧、桥式触点和外壳等组成，其结构示意图及图形符号如图 1-34 所示。触点采用桥式结构，额定电流在 5 A 以下。触点又分常开触点(动合触点)和常闭触点(动断触点)两种。当按下按钮时，常闭触点先断开，常开触点后接通。按钮释放后，在复位弹簧作用下使触点复位。按钮接线没有进线和出线之分，直接将所需的触点连入电路即可。

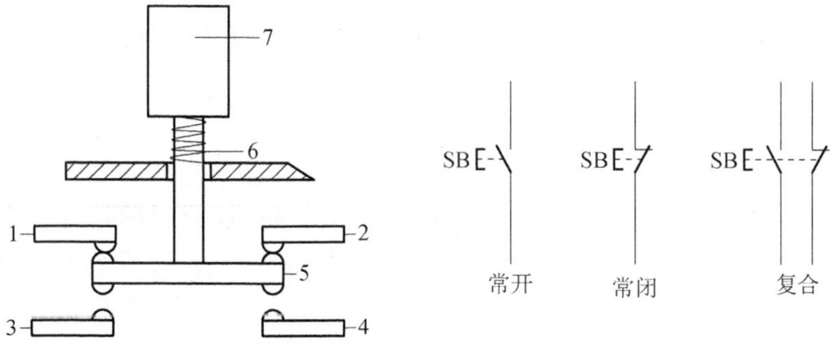

（a）按钮的结构示意图　　（b）按钮的图形符号

1，2，3，4-静触点；5-动触点；6-复位弹簧；7-按钮

图 1-34　按钮的结构示意图及图形符号

按钮从外形和操作方式上可以分为平扭和急停按钮(也称为蘑菇头按钮)，除此之外还有钥匙钮、旋钮、拉式钮、万向操纵杆式、带灯式等多种类型。旋钮式和钥匙式的按钮也称为选择开关，选择开关和一般按钮的区别在于选择开关不能自动复位。

2．按钮的颜色

为便于区分各按钮不同的作用，按钮帽应做成不同的颜色，以避免操作者发生误操作。表 1-2 给出了按钮颜色的含义。

表 1-2　按钮颜色的含义

颜色	含义	举例
红	处理事故	紧急停机； 扑灭燃烧
	“停止”或“断电”	正常停机或切断一个开关； 停止一台或多台电动机； 装置的局部停机； 带有“停止”或“断电”功能的复位
绿	“启动”或“通电”	正常启动； 启动一台或多台电动机； 装置的局部停机； 接通一个开关装置(投入运行)
黄	参与	防止意外情况； 参与控制反常的状态； 避免不需要的变化(事故)
蓝	上述颜色未包含的任何指令用意	凡红、黄和绿色未包含的用意，皆可用蓝色
黑、灰、白	无特定用意	除单功能的“停止”或“断电” 按钮外的任何功能

3. **按钮选择原则**

(1)根据使用场合，选择控制按钮的种类，如开启式、防水式、防腐式等。

(2)根据用途，选用合适的形式，如钥匙式、紧急式、带灯式等。

(3)按控制回路的需要，确定不同的按钮数，如单钮、双钮、三钮、多钮等。

(4)按工作状态指示和工作情况要求，选择按钮及指示灯的颜色。

1.5.2　行程开关

行程开关是一种根据生产机械或运动部件的行程位置切换电路的器件。它的工作原理与按钮类似，所不同的是按钮由人按动，而行程开关由机械挡块或顶标碰撞而动作。

若行程开关安装在工作行程终点处以限制其行程，则称该行程开关为限位开关、终点开关或极限开关。行程开关广泛用于各类机床、起重机等机械上，以控制这些机械行程。当机械到达某预定位置时行程开关可动部分被撞击，机械能转换为电能，其触点动作，实现对生产机械的电气控制。

行程开关主要由操作机构、触头系统和外壳三部分组成。行程开关按其结构可分为直动式(LX1、J1、XK1 系列)、滚动式(LX2、JLXK1 系列)和微动式(IXW-1、JLXK1-11 型)三种。

直动式的缺点是触点分合速度取决于挡块移动速度。当挡块移动速度低于 0.4m/min 时，触点切断太慢，易受电弧烧灼。这时应采用盘形弹簧机构能瞬时动作的滚轮式行程开关，或具有弯形片状弹簧的更为灵敏、轻巧的微动开关。直动式和滚轮式行程开关的外形及动作原理分别示于图 1-35 和图 1-36 中，微动式行程开关原理如图 1-37 所示。这些均为自动复位式，另外还有非自动复位式，它们的动作原理不再详述。行程开关的图形符号和文字符号如图 1-38 所示。

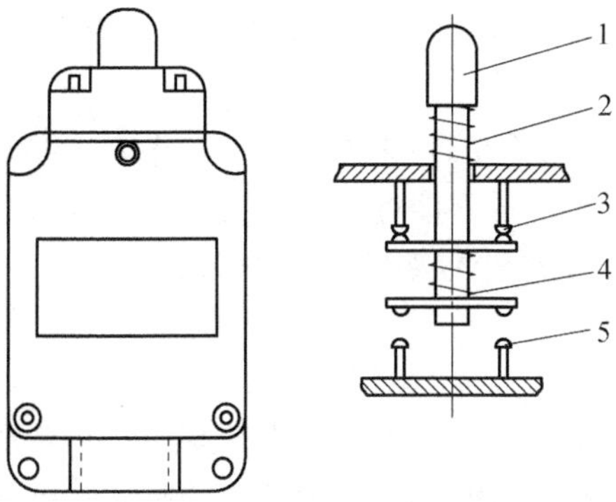

（a）外形图　　（b）原理图

1-顶杆；2-弹簧；3-常闭触点；
4-触点弹簧；5-常开触点

图 1-35　直动式行程开关

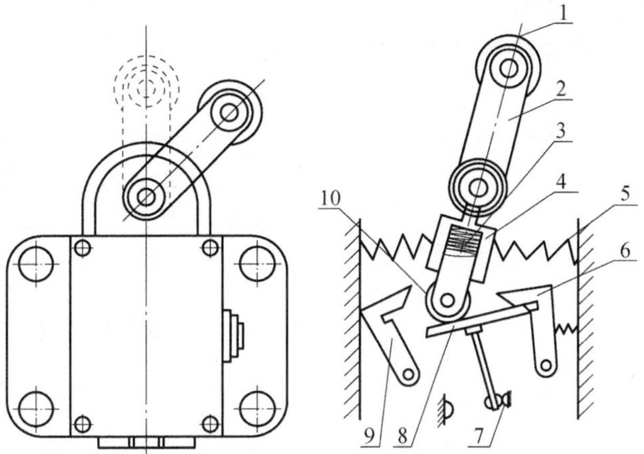

1-滚轮；2-上转臂；3，5-弹簧；4-套架；
6，9-压板；7-触点；8-触点推杆；10-小滑轮

图 1-36　滚轮式行程开关

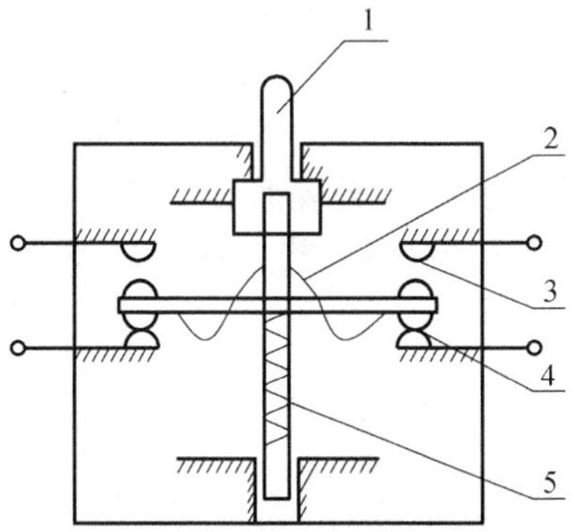

1-推杆；2-弯形片状弹簧；3-常开触点；4-常闭触点；5-恢复弹簧

图 1-37　微动式行程开关原理图

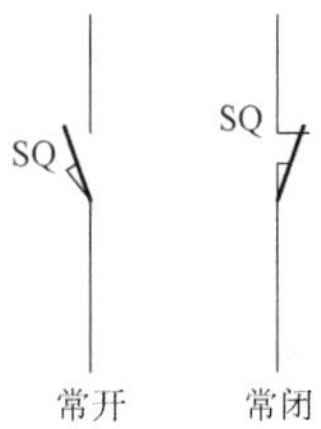

图 1-38　行程开关的图形符号和文字符号

1.5.3　接近开关

接近式位置开关是一种非接触式的位置开关，简称接近开关。它由感应头、高频振荡器、放大器和外壳等组成。当运动部件与接近开关的感应头接近时，就使其输出一个电信号。

常用的接近开关有电感式和电容式两种，其工作原理如图 1-39 所示。

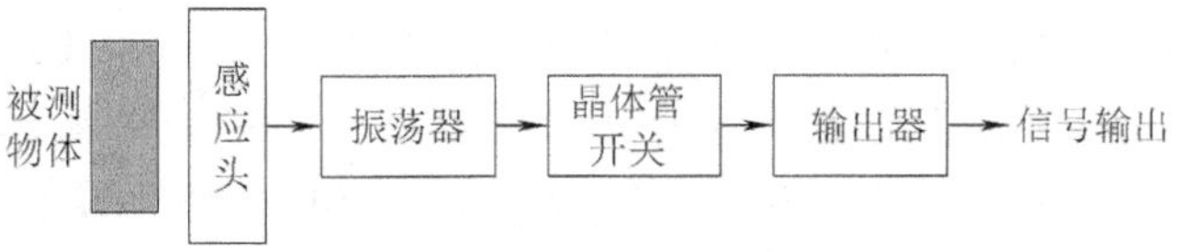

图 1-39　接近开关原理图

电感式接近开关的感应头是一个具有铁氧体磁芯的电感线圈，只能用于检测金属体。振荡器在感应头表面产生一个交变磁场，当金属块接近感应头时，金属中产生的涡流吸收了振荡的能量，使振荡减弱以至停振，因而产生振荡和停振两种信号，经整形放大器转换成二进

制的开关信号，从而起到“开”“关”的控制作用。

电容式接近开关的感应头是一个圆形平板电极，与振荡电路的地线形成一个分布电容，当有导体或其他介质接近感应头时，电容量增大而使振荡器停振，经整形放大后输出电信号。电容式接近开关既能检测金属，又能检测非金属及液体。

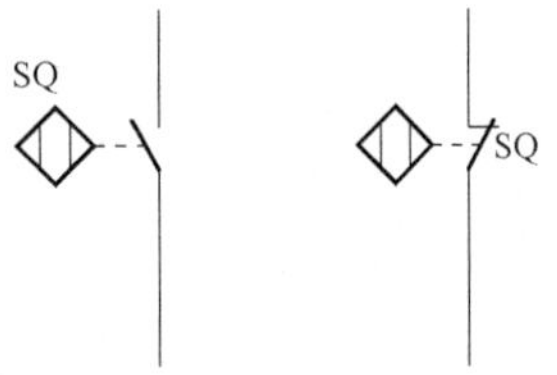

（a）常开触点　（b）常闭触点

图 1-40　接近开关的图形符号

常用的电感式接近开关型号有 LJ1、LJ2 等系列，电容式接近开关型号有 LXJ15、TC 等系列产品。接近开关的文字符号和行程开关文字符号相同均为 SQ，图形符号如图 1-40 所示。

1.5.4　万能转换开关

万能转换开关通常简称转换开关，主要用于控制小容量电动机的启动、制动、反转，双速电动机的调速控制，控制电路的转换、电气测量仪表的转换以及高压断路器、低压空气断路器等配电设备的远距离控制等。因为万能转换开关的触点档次多、转换的电路多、用途广泛，因此被称为“万能转换开关”。

万能转换开关的分类：按手柄分为旋钮型、普通手柄型、带定位可取出钥匙型和带指示灯型等；按定位形式分为复位式和定位式。操作手柄至某一位置，当手松开后，复位式转换开关的手柄自动返回原位，定位式转换开关的手柄保持在该位置上。手柄的角度有 30°、45°、60°、90°等数种；按被控制的接触器系统档次分，如 LW5 分为 1～16 等 16 种单列转换开关。

万能转换开关的结构：转换开关由多组相同结构的触点组件叠装而成，它由操作机构、定位机构和触点机构 3 部分组成。以 LW5 系列转换开关为例，其结构如图 1-41 所示。

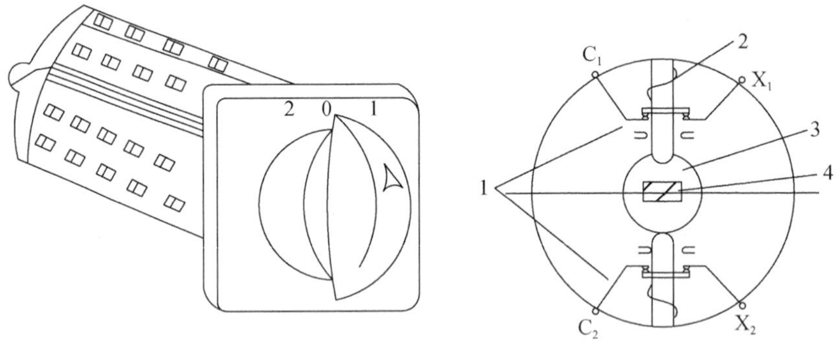

（a）外形图　（b）结构原理图

1-触点；2-触点弹簧；3-凸轮；4-转轴

图 1-41　LW5 系列转换开关结构图

触点为双断点桥式结构，动触点设计成自动调整式以保证通断时的同步性。静触点装在触点座内，每个由胶木压制成的触点座内可装 2～3 对触点，每组触点上均装有隔弧装置。

定位装置采用滚轮式棘轮辐射结构。滚轮与棘轮之间的摩擦在操作时为滚动摩擦，故所需操作力小，定位可靠，寿命长，有速动作用，机构分断能力强，同时增强了触点系统的同步性。触点的通断由凸轮控制。由于凸轮与支架之间为塑料与塑料或塑料与金属的滚动摩擦，所以有助于减小摩擦力和提高使用寿命。

万能转换开关的原理：当操作转换开关时，手柄带动转轴和凸轮一起转动，手柄处于不同位置，通过凸轮控制动触点与静触点的分与合，达到电路断开或接通的目的。万能转换开关的图形符号如图 1-42 所示。由于其触点的分合状态与操作手柄的位置有关，故在图中画出操作手柄与触点分合状态的对应关系。例如，当操作手柄位于“Ⅰ”位置时，触点 1 和触点 3 闭合，其他触点断开。

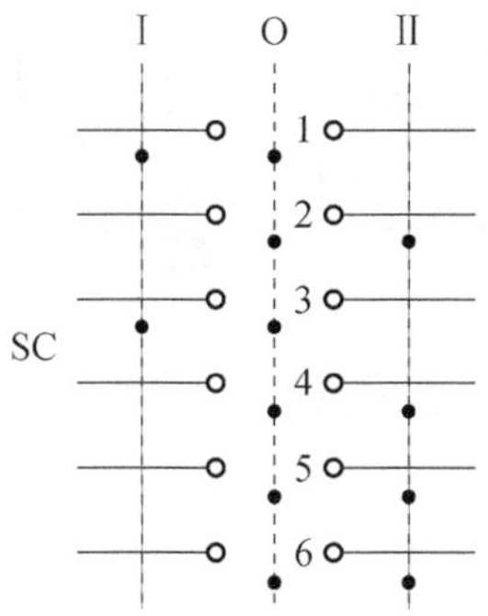

（a）图形符号及位置符号

手柄定位 / 触点编号	Ⅰ	O	Ⅱ
1	×	×	
2		×	×
3	×	×	
4		×	×
5		×	×
6		×	×

（b）触点通断表

图 1-42　万能转换开关的图形符号

万能转换开关的选择原则如下。

(1) 根据额定电压和额定电路选择合适的系列。

(2) 根据操作需要选择手柄形式和定位特性。

(3) 选择面板形式和标法。

(4) 根据控制定位确定触点的数量和接线图编号。

(5) 因转轴开关本身不带任何保护，故必须与其原保护电器配合使用。

1.5.5　主令控制器

主令控制器是用来较为频繁地切换复杂的多回路控制电路的主令电器。主令控制器不是直接控制电动机，而是切换接触器控制电路，再由接触器控制电动机。因此，主令控制器的触头是按小电流设计的，尺寸小，一般不需要灭弧装置。

主令控制器一般由外壳、触点、凸轮、转轴等组成，图 1-43 (a) 为主令控制器的外形图，图 1-43 (b) 为主令控制器的结构原理图。当转动手柄时，凸轮的突出部分顶开装在杠杆上的滚轮，使杠杆克服弹簧力绕轴转动，装在杠杆端部的动触头离开静触头，使电路分断；当凸轮转至凹部时，杠杆在弹簧力的作用下，触点闭合。所有的凸轮都安装在方轴上，方轴的一端与手柄相连，凸轮的形状不一样，手柄处在不同位置时，使相应的触点断开或闭合。

主令控制器按结构形式可分为以下几种。

(1) 凸轮非调整式主令控制器：凸轮不能调整，其触点只能按一定的触点开闭表动作。

(2) 凸轮调整式主令控制器：凸轮片上开有孔和梢，它装在凸轮盘上的位置可以调整，因此其触点开合次序也可以调整。

一般主令控制器的手柄是停留在需要的工作位置上，但在带有特殊反作用弹簧的主令控制器中，它的手柄能自动恢复到零位。

国产主令控制器主要有 LK4、LK14、LK15 和 LK16 等系列产品。其中 LK4 系列是调整式主令控制器，LK14、LK15 和 LK16 系列是非调整式主令控制器，一般情况下采用较多的是非调整式主令控制器。

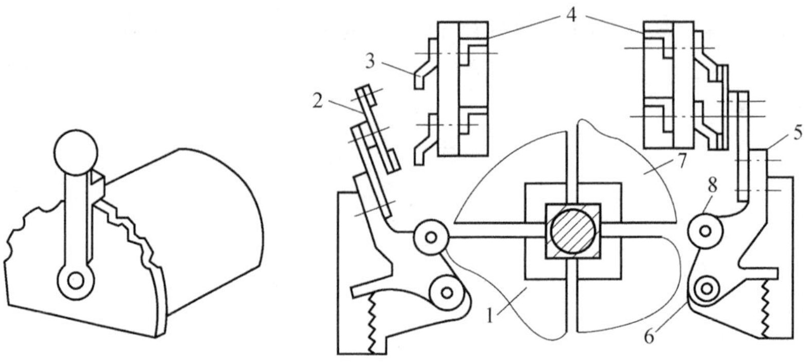

（a）外形图　　　　（b）结构原理图

1，7-凸轮块；2-动触点；3-静触点；4-接线端子；5-支杆；6-转动轴；8-小轮

图 1-43　主令控制器

1.6　项目单元 1：常用低压电器的选型

本项目单元以 CA6140 车床为例介绍常用低压电器的选型。普通车床主要由床身、主轴箱、挂轮箱、进给箱、溜板箱、溜板与刀架、尾架、丝杠、光杆等部分组成。CA6140 车床主要用于加工各种回转表面，在进行车削加工时，工件被夹在卡盘上由主轴带动旋转；加工工具即车刀被装在刀架上，由溜板、溜板箱带动作横向和纵向运动，以改变车削的位置和深度。这样看来，车床的主运动是主轴的旋转运动，进给运动是溜板箱带动刀架的直线运动，辅助运动是刀架的快速移动和工件的被加紧与放松。

CA6140 车床的电器原理图如图 1-44 所示。

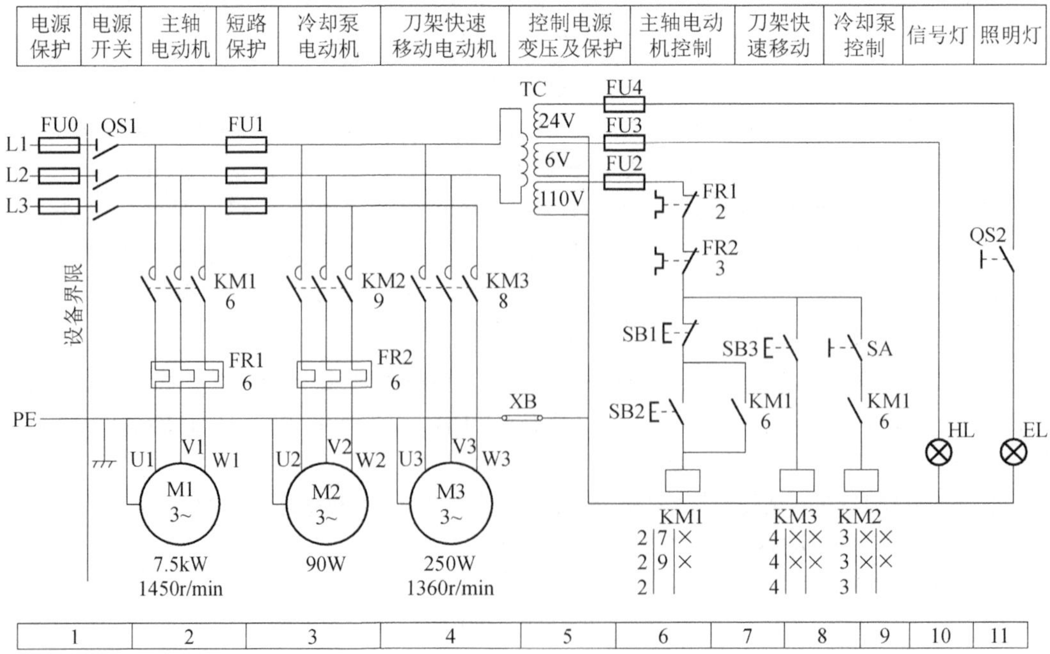

图 1-44　CA6140 车床的电器原理图

CA6140 车床的电器原理图中各电器元件选型如表 1-3 所示。

表 1-3　CA6140 车床的各电器元件选型表

符号	名称	型号	规格说明	数量	用途
M1	主轴电动机	Y132M-4-B3	7.5kW、15.4A、1440r/min	1	主轴、进给动力
M2	冷却泵电动机	AOB-25	90W、2800r/min	1	提供冷却液
M3	刀架快移电动机	AOS5634	250W、1360r/min	1	刀架快速移动
FR1	主电动机热继电器	JR16-20/3D	11 号整定元件、15.4A	1	M1 的过载保护
FR2	冷却泵热继电器	JR16-20/3D	1 号整定元件、0.72A	1	M2 的过载保护
TC	变压器	BK2-100	100VA、380/110、24、6	1	提供辅助电源
FU0	总电源熔断器	RL1-15	380V、40A、配 25A 熔体	1	总电源短路保护
FU1	主电源熔断器	RL1-15	380V、15A、配 2A 熔体	1	M2、M3 短路保护
FU2～FU4	控制、照明、信号灯熔断器	RL1-15	380V、15A、配 1A 熔体	3	控制、照明、信号电路的短路保护
SB1	主轴停止按钮	LAY3.01ZS/1	红色急停	1	M1 的停止按钮
SB2	主轴启动按钮	LAY3.10/3	绿色	1	M1 的启动按钮
SB3	刀架快移点动按钮	LA19-11	500V、5A	1	M3 的点动按钮
QS1	电源总开关	AM1-25	25A、线圈电压 110V	1	电源引入开关
QS2	照明灯开关		250V、5A	1	车床照明灯开关
KM1	主轴接触器	CJ10-40	40A、线圈电压 380V	1	控制 M1
KM2	冷却泵接触器	CJ10-10	10A、线圈电压 380V	1	控制 M2
KM3	刀架快移接触器	CJ10-10	10A、线圈电压 380V	1	控制 M3
SA	冷却泵旋钮开关	LAY3.10/2		1	M2 控制开关
EL	照明灯	JS11	40W、24V	1	工作照明
HL	信号灯	ZSD-0	6V	1	电源正常信号

练　习　题

1-1　吸力特性与反力特性之间应满足怎么样的配合关系？

1-2　简述接触器的工作原理。

1-3　画出继电器的继电特征曲线图，并简述其特性。

1-4　热继电器在电路中的作用是什么？带断相保护和不带断相保护的三相式热继电器各用在什么场合？

1-5　什么是主令电器？常用的主令电器有哪些？

第 2 章　继电器控制基本电路

现代工业中很多生产机械都是由电动机拖动的。各种生产机械对电动机的运转要求不同，要使电动机按照生产机械的要求正常运转，必须采用电气控制系统。生产机械电气控制系统中应用最广泛的控制是继电器-接触器控制。它是由各种有触点的接触器、继电器、按钮、行程开关等组成的控制线路，其作用是实现对生产机械电力拖动系统的启动、反向、制动和调速等运行性能的控制，实现对拖动系统的保护；满足生产工艺的要求，实现生产过程的自动化。

在生产机械中，一台复杂的机床或成套生产设备的控制线路都是由简单的基本控制电路组成的，图 2-1 为数控车/铣床综合实验装置。本章主要介绍由各种低压电器构成的基本电气控制电路。继电器-接触器控制电路虽在灵活性和可靠性方面不及 PLC 控制，但它以其逻辑清楚、结构简单、价格便宜、抗干扰能力强等优点而得到广泛应用。熟练掌握本章内容能对后续 PLC 控制系统的学习提供扎实的基础。

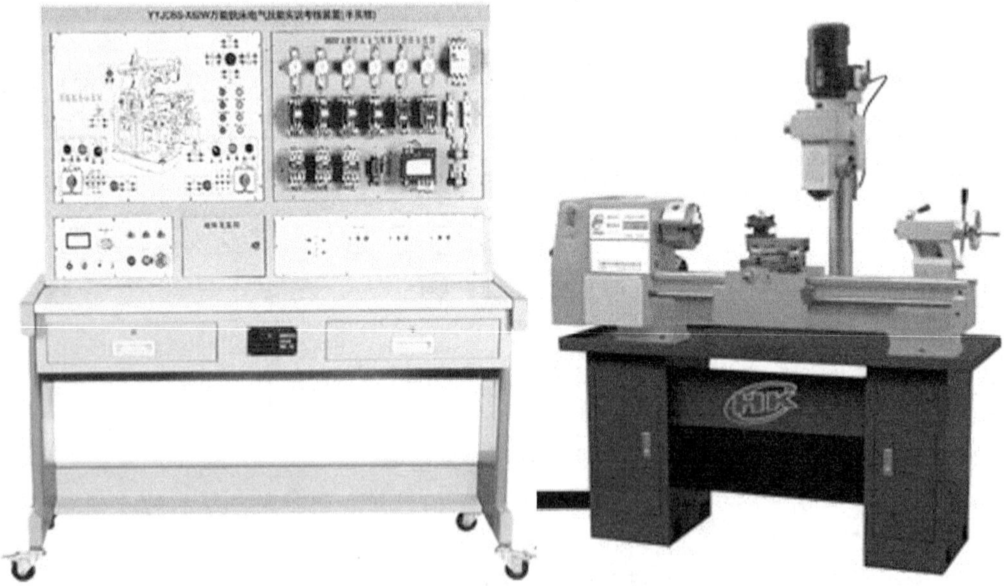

图 2-1　数控车/铣床综合实验装置

本章知识要点

(1) 三相异步电动机的启动、调速和制动控制线路；
(2) 三相异步电动机的点动、长动和正反转控制线路；
(3) 三相异步电动机的顺序控制线路。

2.1　三相异步电动机的启动控制

从异步电动机的启动性能可知，电动机在额定负载下启动时，启动电流一般可达到电动机额定电流的 4～7 倍，过大的启动电流会使电网电压显著降低，直接影响在同一电网工作的其他设备的稳定运行，甚至使其他电动机停转或无法启动。为了限制启动电流，并得到合适的启动转矩，不同容量的异步电动机，应采用不同的启动方法。笼型异步电动机有直接启动和降压启动两种方式。一般 10kW 以下电动机可以采用直接启动。

案例 2-1

自动门广泛应用于银行、超市、医院等公共场所，自动门的往复运动一般由电动机带动，并由控制系统控制。请仔细观察自动门的运动情况，并思考以下问题。

问题：

(1) 自动门的打开信号通常有几种？

(2) 自动门的控制系统包含哪几种基本控制环节？

2.1.1　直接启动控制线路

通过开关或接触器，将额定电压直接加在定子绕组上使电动机启动的方法，称为直接启动，也称全压启动。

1. 开关直接启动

图 2-2 是采用开关直接启动控制线路，是最简单的控制电路，其工作过程为：合上开关 QK，电动机 M 接通电源全电压直接启动；断开开关 QK，电动机 M 断电停转，FU 为熔断器用作短路保护。开关直接启动控制线路只适用于不频繁启动的小容量电动机，且不能实现远距离控制。常见的应用场合如 C620 卧式车床的主电机和冷却泵电动机启动线路、小型台钻和砂轮机的电动机启动线路等。

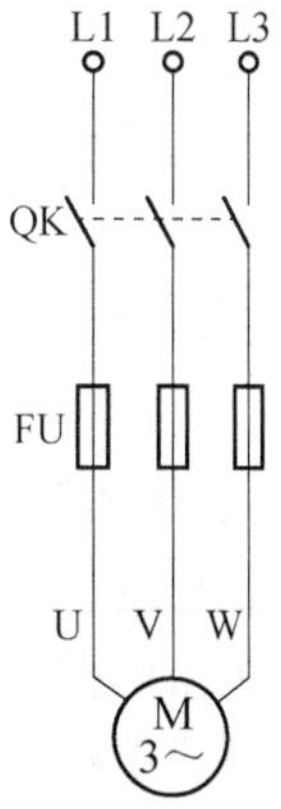

图 2-2　开关直接启动控制线路

2. 接触器直接启动

图 2-3 是电动机采用接触器直接启动控制线路，由接触器主触点来控制电机的启动和停止。该电路由开关 QK、熔断器 FU1 和 FU2、接触器 KM、热继电器 FR、按钮 SB1 和 SB2 组成。其中由 QK、FU1、KM 主触点、FR 发热元件与电动机组成主电路；由停止按钮 SB1、启动按钮 SB2、接触器 KM 线圈和 KM 辅助触点、热继电器常闭触点 FR 及熔断器 FU2 组成控制电路。

1) 电路工作过程

启动：合上开关 QK ⟶ 按下启动按钮 SB2 ⟶ 接触器 KM 线圈通电 ⟶ KM 主触头闭合 / KM 常开辅助触头闭合(松开 SB2) ⟶ 电动机 M 接通电源运转。

停机：按下停止按钮 SB1 ⟶ KM 线圈断电 ⟶ KM 主触头和辅助常开触头断开 ⟶ 电动机 M 断电停转。

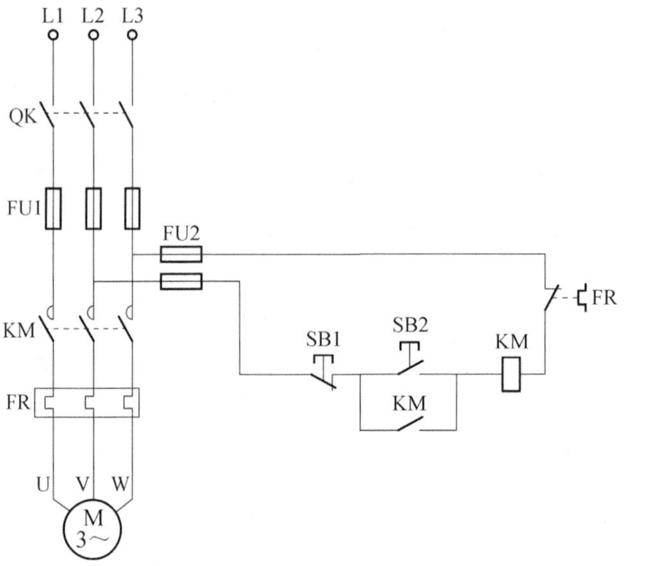

图 2-3 接触器直接启动控制线路

2) 电路工作原理

由以上工作过程可看出，电动机 M 可实现长时间连续转动，即所谓长动控制。在连续控制中，当启动按钮 SB2 松开后，接触器 KM 的线圈通过其辅助常开触头的闭合仍继续保持通电，从而保证电动机的连续运行。这种依靠接触器自身辅助常开触头使线圈保持通电的控制方式，称为自锁或自保。起到自锁作用的辅助常开触点称为自锁触头。

在图 2-3 电路中，把接触器 KM、熔断器 FU、热继电器 FR 和按钮 SB1、SB2 组装成一个控制装置，称为电磁启动器。电磁启动器有可逆与不可逆两种：不可逆电磁启动器可控制电动机单向直接启动、停止；可逆电磁启动器由两个接触器组成，可控制电动机的正、反转。

3) 电路保护环节

电路设有以下保护环节。

(1) 短路保护：短路时熔断器 FU 的熔体熔断而切断电源起保护作用。

(2) 过载保护：采用热继电器 FR 进行长期过载保护。由于热继电器的热惯性较大，即使发热元件流过几倍于额定值的电流，热继电器也不会立即动作。因此在电动机正常工作时，热继电器不会动作，只有在电动机长期过载或严重过载时，热继电器才会动作，常闭触点断开，控制电路断电，电动机停转，实现过载保护。

(3) 欠电压、失电压保护：依靠接触器 KM 自身来实现。当电源电压由于某种原因而严重欠电压或失电压(如停电)时，接触器 KM 断电释放，电动机停止转动。当电源电压恢复正常时，接触器线圈不会自行通电，电动机也不会自行启动，只有重新按下启动按钮后，电动机才能启动。

4) 控制电路优点

本控制电路具有如下三点优点。

(1) 防止电源电压严重下降时电动机欠电压运行。

(2) 防止电源电压恢复时，电动机自行启动而造成设备和人身事故。

(3) 避免多台电动机同时启动造成电网电压的严重下降。

2.1.2　降压启动控制线路

对于大容量的三相笼型异步电动机，因其启动电流较大，会引起电网电压下降，使电动机转矩减小甚至启动困难，而且还会影响同一供电网中其他设备的正常工作，所以容量大(10kW 以上)的笼型异步电动机一般都采用降压启动。所谓降压启动，是指启动时降低加在电动机定子绕组上的电压，待电动机启动后，再将电压恢复到额定值，并在额定电压下运行。常用的降压启动方法有星形-三角形降压启动和定子串电阻降压启动方式，另外还有自耦变压器降压启动等其他启动方式，这里介绍两种常用的方法。

1. 星形-三角形降压启动控制线路

对于正常运行时定子绕组接成三角形的笼型异步电动机来说，均可采用星形-三角形降压启动方法，以达到限制启动电流的目的。启动时，定子绕组先接成星形，此时加在电动机定子绕组上的电压是相电压，待转速上升到接近额定转速时，再将定子绕组换接成三角形，电动机便进入全压正常运行状态。

图 2-4 为星形-三角形降压启动控制线路。当合上开关 QK，按下启动按钮 SB2 时，KM1、KM2、KT 线圈同时通电并自锁，电动机定子绕组接成星形启动，同时时间继电器开始定时。当电动机转速接近额定转速时，KT 延时时间到，KT 的常闭触点断开，KM2 线圈断电，其主触点断开；同时 KT 的常开触点闭合，KM3 线圈通电并自锁，其主触点闭合，使电动机定子绕组接成三角形，进入全压运行状态。当 KM3 通电吸合后，KM3 常闭触点断开，使 KT 线圈断电，避免时间继电器长期工作。KM2、KM3 常闭触点实现互锁控制，防止星形和三角形同时接通造成电源短路。

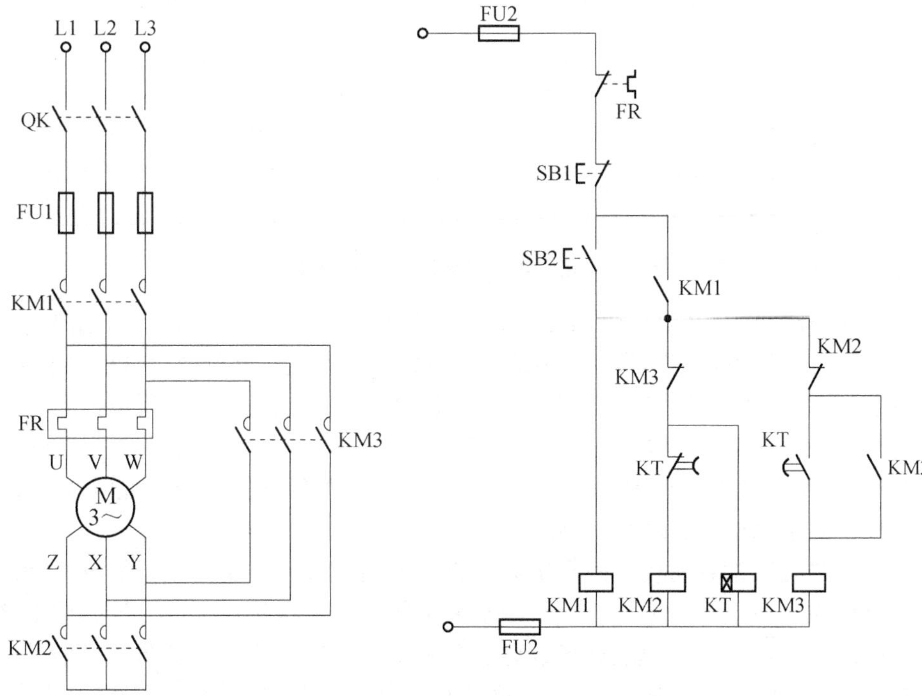

图 2-4　星形-三角形降压启动控制线路

三相笼型异步电动机星形-三角形降压启动具有价格低、线路简单、操作方便的优点，在机床电动机控制中得到普遍应用。星形-三角形降压启动时启动电流为正常工作时 1/3，但是在限制启动电流的同时，启动转矩只有直接启动时的 1/3，转矩特性差。因此，该方法只适用于空载或轻载启动的场合。

2. 定子串电阻降压启动控制线路

图 2-5 是定子串电阻降压启动控制线路。电动机启动时在定子绕组中串入电阻，使定子绕组上的电压降低，电流减小，启动结束后，再将电阻切除，使电动机在额定电压下运行。电路工作原理如下。

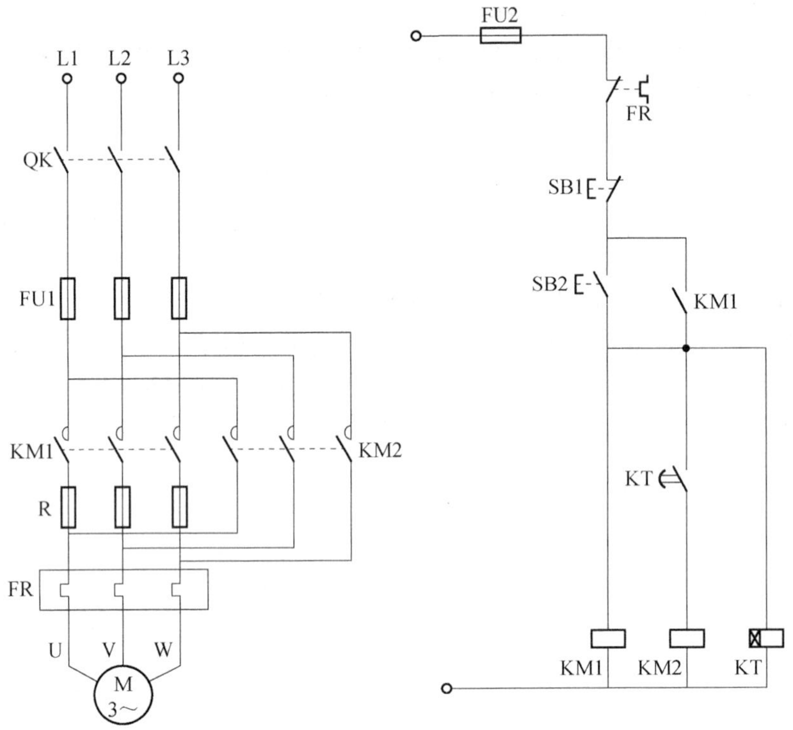

图 2-5　定子串电阻降压启动控制线路

当合上开关 QK，按下启动按钮 SB2 时，KM1 通电并自锁，电动机串入电阻 R 降压启动；同时通电延时型时间继电器 KT 通电开始延时，当延时时间到，其延时闭合的动合触点闭合，使 KM2 线圈通电，KM2 主触点闭合，将启动电阻 R 短接，电动机全电压运行。

该线路正常工作时 KM1、KM2、KT 均工作。若要使启动结束后只需 KM2 工作，而 KM1 和 KT 只在启动时短时工作，这样既可减少能量损耗，又能延长接触器和继电器的使用寿命。请读者自行设计满足此要求的控制线路。

定子串电阻降压启动方法由于不受电动机绕组接线方式的限制，设备简单，因此常用于中小型生产机械中。对于大功率电动机，由于所串的电阻能量消耗大，一般改用串接电抗器实现降压启动。另外，由于串电阻(电抗器)启动时，加到定子绕组上的电压一般只有直接启动时的 1/2，因此其启动转矩只有直接启动时的 1/4。所以定子串电阻(电抗器)降压启动方法，只适用于启动要求平稳、启动次数不频繁的空载或轻载启动。

2.2　三相异步电动机的正反转控制

在实际应用中，往往要求生产机械改变运动方向，如工作台前进、后退；电梯的上升、下降等，这就要求电动机能实现正、反转。对于三相异步电动机来说，将三相电源线中任意两相对调就可以改变电动机的旋转方向。因此，可通过两个接触器来改变电动机定子绕组的电源相序来实现电动机的正反向控制。

2.2.1　正反转控制线路

电动机正、反转控制电路如图 2-6 所示。图中接触器 KM1 为正向接触器，控制电动机 M 正转；接触器 KM2 为反向接触器，控制电动机 M 反转。

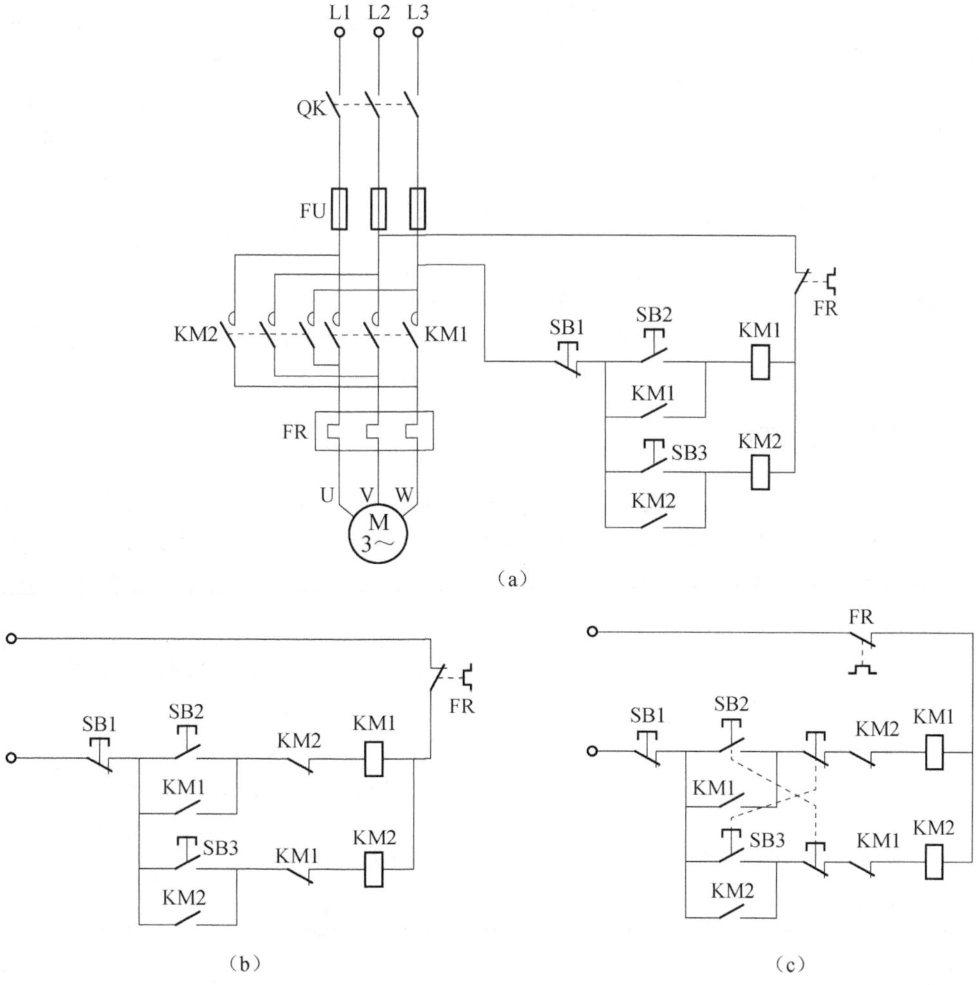

图 2-6　电动机正、反转控制电路图

图 2-6(a)工作过程如下。

正转控制：合上开关 QK ⟶ 按下正向启动按钮 SB2⟶ 正向接触器 KM1 通电⟶ KM1 主触头和自锁触头闭合⟶ 电动机 M 正转。

反转控制：合上开关 QK ⟶ 按下反向启动按钮 SB3 ⟶ 反向接触器 KM2 通电 ⟶ KM2 主触头和自锁触头闭合 ⟶ 电动机 M 反转。

停机：按停止按钮 SB1 ⟶ KM1（或 KM2）断电 ⟶ 电动机 M 停转。

该控制电路必须保证 KM1 与 KM2 不能同时通电，否则会引起主电路电源短路，为此要求电路设置必要的联锁环节。如图 2-6（b）所示，将其中一个接触器的常闭触头串入另一个接触器线圈电路中，则任何一个接触器先通电后，即使按下相反方向的启动按钮，另一个接触器也无法通电，这种利用两个接触器的辅助常闭触头互相控制的方式，称为电气互锁或者电气联锁。起互锁作用的常闭触头称为互锁触头。另外，该电路只能实现“正-停-反”或者“反-停-正”控制，若电动机正转或者反转时必须先按下停止按钮后，再反向或正向启动。这对需要频繁改变电动机运转方向的设备来说，是很不方便的，为了提高生产率，方便正、反向操作，可利用复合按钮组成“正-反-停”或“反-正-停”的互锁控制。如图 2-6（c）所示，复合按钮的常闭触点同样起到互锁的作用，这样的互锁称为机械互锁。该电路既有接触器常闭触头的电气互锁，也有复合按钮常闭触点的机械互锁，即具有双重互锁。该电路操作方便，安全可靠，故应用广泛。

> **案例 2-1 分析**
>
> （1）自动门的打开信号通常有以下几种。
>
> ① 光电束式：在门的附近设置光束发射装置和光电传感装置。
>
> ② 按钮方式：用手按类似开关的按钮使门扇打开。
>
> ③ 刷卡方式：加装读卡装置，读取有效卡信息后门扇打开。
>
> （2）自动门的控制系统包含以下几种。
>
> ① 正反转控制环节：控制自动门的开和关。
>
> ② 调速环节。
>
> ③ 保护环节。

2.2.2 自动往复循环控制线路

生产机械中，有些设备要求工作台自动往复循环工作，例如，龙门刨床的工作台前进、后退。电动机的正、反转是实现工作台自动往复循环的基本环节。自动循环控制电路如图 2-7 所示。其中图 2-7（a）为主电路，图 2-7（b）为控制线路，此种接线可以使设备自动往复运动，实现循环控制。

控制电路按照行程控制原则，利用生产机械运动的行程位置实现控制，通常采用限位开关来实现。

工作过程如下。

合上电源开关 QK ⟶ 按下启动按钮 SB2 ⟶ 接触器 KM1 通电 ⟶ 电动机 M 正转，

工作台向前 ⟶ 工作台前进到一定位置，撞块压动限位开关 SQ2
- ⟶ SQ2 常闭触点断开 ⟶ KM1 断电 ⟶ 工作台停止向前。
- ⟶ SQ2 常开触点闭合 ⟶ KM2 通电 ⟶ 电动机 M 改变电源相序而反转，工作台向后 ⟶ 工作台后退到一定位置，

撞块压动限位开关 SQ1
- ⟶ SQ1 常闭触点断开 ⟶ KM2 断电 ⟶ 工作台停止后退。
- ⟶ SQ1 常开触点闭合 ⟶ KM1 通电 ⟶ 电动机 M 又正转，工作台又前进，如此往复循环工作，直至按下停止按钮 SB1 ⟶ KM1（或 KM2）断电 ⟶ 电动机停止转动。

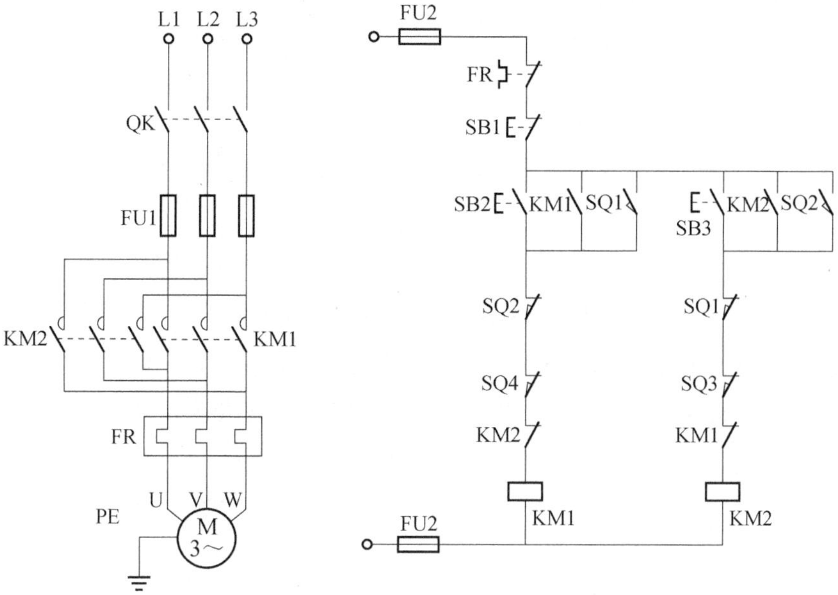

（a）主电路　　　　　（b）控制电路

图 2-7　自动循环控制电路

另外，SQ3、SQ4 分别为反、正向终端保护限位开关，防止限位开关 SQ1 和 SQ2 失灵时造成工作台从床身上冲出事故，起到极限保护的作用。

2.3　三相异步电动机的调速控制

在生产机械电力拖动控制系统中，根据控制设备的工艺要求，经常需要调整电动机的转速。由三相异步电动机的转速公式可知，$n = 60f_1(1-s)/p$，改变电动机的磁极对数、转差率及电源频率都可以实现调速。对笼型异步电动机可采用改变磁极对数，改变定子电压和改变电源频率的方法；而对绕线式异步电动机除可采用变频外，常用的方法是转子串电阻调速或串级调速。下面介绍几种常用的异步电动机调速控制电路。

2.3.1　三相笼型异步电动机的变极调速

三相笼型电动机采用改变磁极对数调速，改变定子极数时，转子极数也同时改变，笼型转子本身没有固定的极数，它的极数随定子极数而定。

改变定子绕组极对数调速取决于电机定子绕组形式。

(1) 装有一套定子绕组，改变它的联结方式，得到不同的极对数。

(2) 定子槽里装有两套极对数不一样的独立绕组，而每套绕组本身又可以改变它的联结方式，得到不同的极对数。

多速电动机一般有双速、三速、四速之分。双速电动机定子装有一套绕组，三速、四速电动机则装有两套绕组。双速电动机三相绕组联结图如图 2-8 所示。图 2-8(a) 为三角形与双星形联结法；图 2-8(b) 为星形与双星形联结法。应注意，当三角形或星形联结时，$P=2$（低速），各相绕组互为 240° 电角度，当双星形联结时，$P=1$（高速），各相绕组互为 120° 电角度，为保持变速前后转向不变，改变磁极对数时必须改变电源相序。

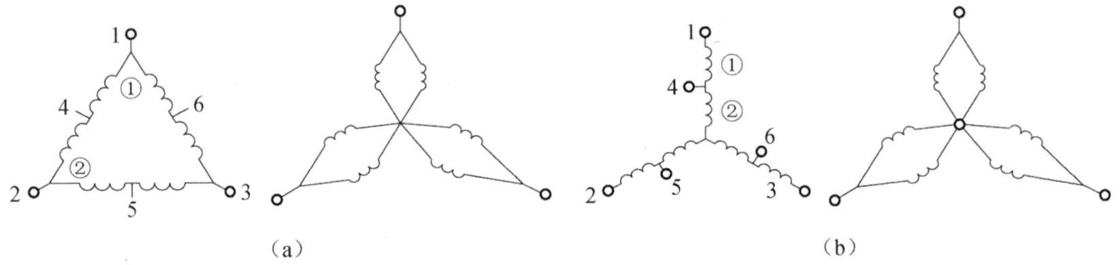

图 2-8 双速电动机三相绕组联结图

双速电动机调速控制电路如图 2-9 所示。图中 SC 为转换开关，置于“低速”位置时，电动机接成三角形，低速运行；SC 置于“高速”位置时，电动机接成双星形，高速运行。

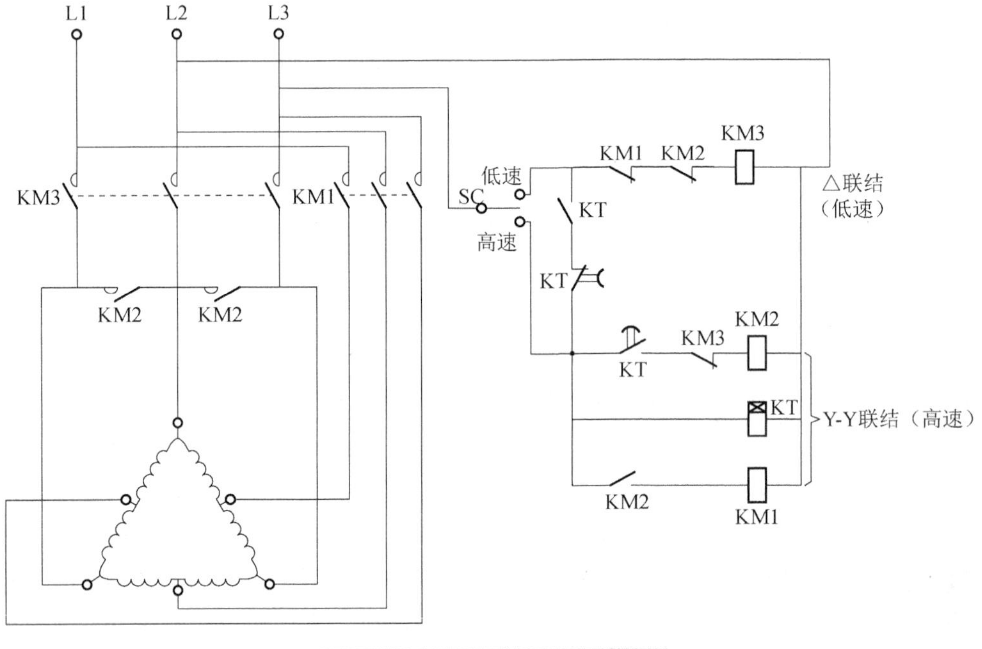

图 2-9 双速电动机调速控制电路

工作过程如下。

低速运行 SC 置于低速位置 ⟶ 接触器 KM3 通电 ⟶KM3 主触头闭合 ⟶电动机 M 接成三角形，低速运行。

高速运行 SC 置于高速位置 ⟶ 时间继电器 KT 通电 ⟶接触器 KM3 通电 ⟶电动机 M 先接成三角形以低速启动(延时时间) ⟶KT 延时打开常闭触点⟶ KM3 断电 ⟶KT 延时闭合常开触点 ⟶接触器 KM2 通电 ⟶接触器 KM1 通电 ⟶电动机接成双星形投入高速运行。

电动机实现先低速后高速的控制，目的是限制启动电流。其中时间继电器 KT 既有瞬时动作触点，也有延时动作触点。

2.3.2 调压调速

调压调速就是通过改变电动机的定子电压来实现调节电动机的转速。由电动机基本原理可知，在相同转速下，电磁转矩与定子电压的平方成正比。因此，改变定子外加电压(最高为其额定电压)就可以改变电动机的机械特性，使其在相同负载转矩下，工作在不同的速度点上，实现调压调速。优点是电机运行在整个调速范围内都平稳；调速范围也最大，从电机的始动电压可以调到额定电压；PWM 调速的优点是效率高，调速范围还行。缺点是在最低转速时电机运行时脉动的，噪声变大，而且负载越大越严重。调压调速主要有三种方法：自耦调压器、饱和电抗器和晶闸管三相交流调压器。目前主要采用晶闸管交流调压器实现变压调速，通过调整晶闸管的触发角来改变调压器的输出电压，使电动机的转速随电压不同而变化。这种调速过程中的转差功率损耗在转子里，所以效率较低。

2.3.3 变频调速

1. 变频调速原理

当三相异步电动机磁极对数不变时，电动机的转速与电源频率成正比，如果能够连续改变电源的频率，就可以连续平滑调节电动机的转速，这就是变频调速的原理。变频调速具有调速范围宽、平滑性好、机械特性较硬等优点，能够获得较好的调速性能。随着交流变频技术的成熟并进入实用化，变频调速已成为异步电动机最主要的调速方式，得到了广泛应用。

由定子电压平衡方程式$U_1 \approx E_1 = 4.44 f_1 N_1 \phi_m$可知，当改变电源频率 f_1 进行调速时，必须同时改变电源电压 U_1，否则将导致磁通ϕ_m变化。如当 f_1 降低时，若 U_1 保持不变，则磁通ϕ_m将增加。因为电动机在设计时其磁通已接近饱和值，所以磁通进一步加大会出现饱和，造成励磁电流和铁损增加；反之，磁通的减少将会造成电动机欠励磁，影响电动机的输出转矩。所以在调节 f_1 时，需同步调节电压 U_1，即保持 U_1/f_1 为常数，以维持磁通恒定。

异步电动机变频调速的控制方式主要有保持 U/f 比恒定的变频调速、恒转矩变频调速、恒功率变频调速和矢量控制变频调速等。目前使用较多的是 U/f 比恒定的控制方式。

2. 变频器简介

变频器是用于改变交流电源的频率来实现变频调速的装置。变频器最早的形式是旋转变频发电动机组，随着电力电子技术的发展，这种变频装置已经被静止式变频电源所取代。目前使用的静止式变频器有很多种类，中小容量的通用变频器多采用 U/f 比恒定控制。变频的基本原理是先将电网的交流电变成直流电(称为整流)，再将直流电变为频率和幅值均可调节的交流电(称为逆变)，即所谓“交-直-交”方式。变频过程用 32 位微处理器芯片控制，使用时可先在变频器数字操作器上进行基本功能的设定，如电动机的运行频率、转向、U/f类型、加速和减速时间等。数字操作器上可以显示电动机的运行基本数据(如电压、电流、转速等)，并在发生故障时显示故障的种类状态等。还可以使用智能端子进行数字或模拟设定，或配用可编程控制器进行控制。有的变频器还备有标准通信接口，用于连接计算机进行上位控制和运行监控，其可控制和可操作的物理量达上百个。因此可以说，一个变频器已构成一个完善的自动控制系统。使用变频器，不仅可以控制电动机按多级速度自动变速、恒速运行，还可以直接控制电动机的正反转；另外，还能根据需要将外界的各种物理量(如压力、流量、温度等)作为设定频率的关联值，组成闭环控制系统，实现复杂的自动化控制。图 2-10 为变频恒压供水控制接线简图。

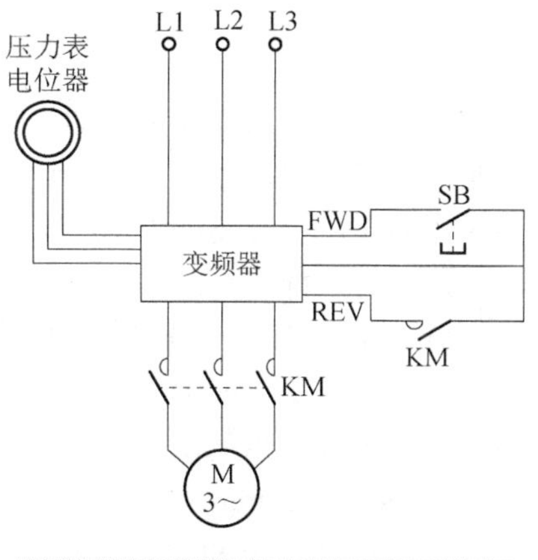

图 2-10 变频恒压供水控制接线简图

2.4　三相异步电动机的制动控制

三相异步电动机的制动方法有机械制动与电气制动两种。

机械制动是利用机械装置使电动机迅速停转。常用的机械装置是电磁抱闸，抱闸装置由制动电磁铁和闸瓦制动器组成。机械制动可分为断电制动和通电制动。制动时，将制动电磁铁的线圈切断或接通电源，通过机械抱闸制动电动机。

电气制动方法有反接制动、能耗制动、发电制动和电容制动等。

2.4.1　三相异步电动机反接制动控制线路

反接制动是利用改变电动机电源相序，使定子绕组产生的旋转磁场与转子旋转方向相反，因而产生制动力矩的一种制动方法。应注意的是，当电动机转速接近零时，必须立即断开电源，否则电动机会反向启动。另外，由于反接制动电流较大，制动时需在定子回路中串入电阻以限制制动电流。反接制动电阻的接法有两种：对称电阻接法和不对称电阻接法，如图 2-11 所示。

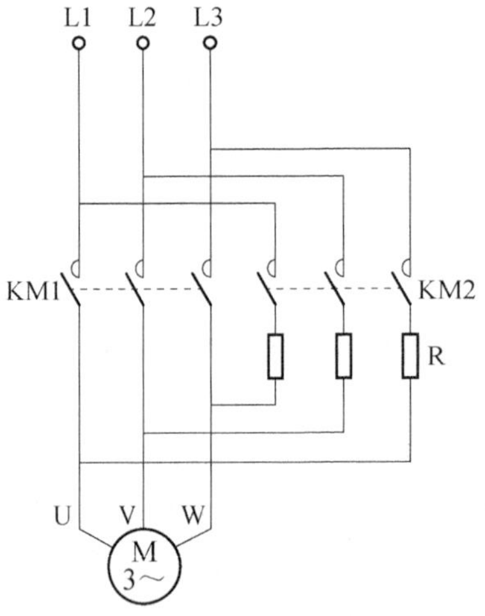

（a）对称电阻接法

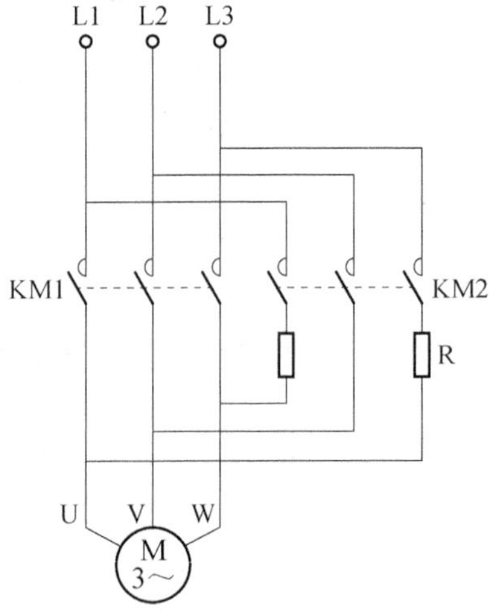

（b）不对称电阻接法

图 2-11　三相异步电动机反接制动电阻接法

单向运行的三相异步电动机反接制动控制电路如图 2-12 所示。控制电路按速度原则实现控制，通常采用速度继电器。速度继电器与电动机同轴相连，在 120～3000r/min 内速度继电器触点动作，当转速低于 100r/min 时，其触点复位。

此工作过程如下。

合上开关 QK ⟶ 按下启动按钮 SB2 ⟶ 接触器 KM1 通电 ⟶ 电动机 M 启动运行 ⟶ 速度继电器 KS 常开触点闭合，为制动做准备。制动时按下停止按钮 SB1 ⟶ KM1 断电 ⟶ KM2 通电（KS 常开触点尚未打开）⟶ KM2 主触头闭合，定子绕组串入限电流电阻 R 进行反接制动 ⟶ $n<100\text{r/min}$ 时，KS 常开触点断开 ⟶ KM2 断电，电动机制动结束。

图 2-13 为电动机可逆运行的反接制动控制电路。图中 KS_F 和 KS_R 是速度继电器 KS 的两组常开触点，正转时 KS_F 闭合，反转时 KS_R 闭合，工作过程请读者自行分析。

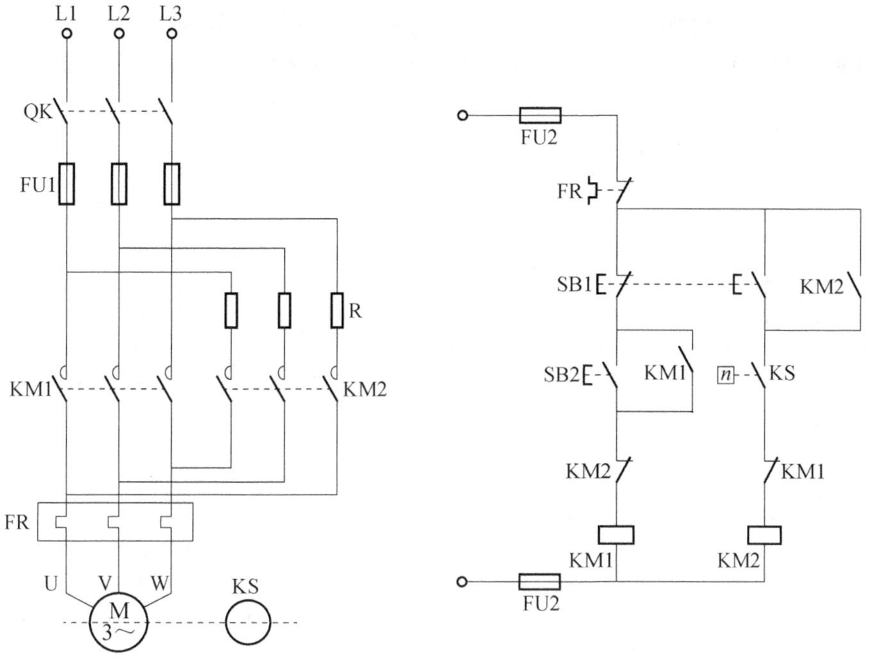

（a）主电路　　　　（b）控制电路

图 2-12　单向运行的三相异步电动机反接制动控制电路

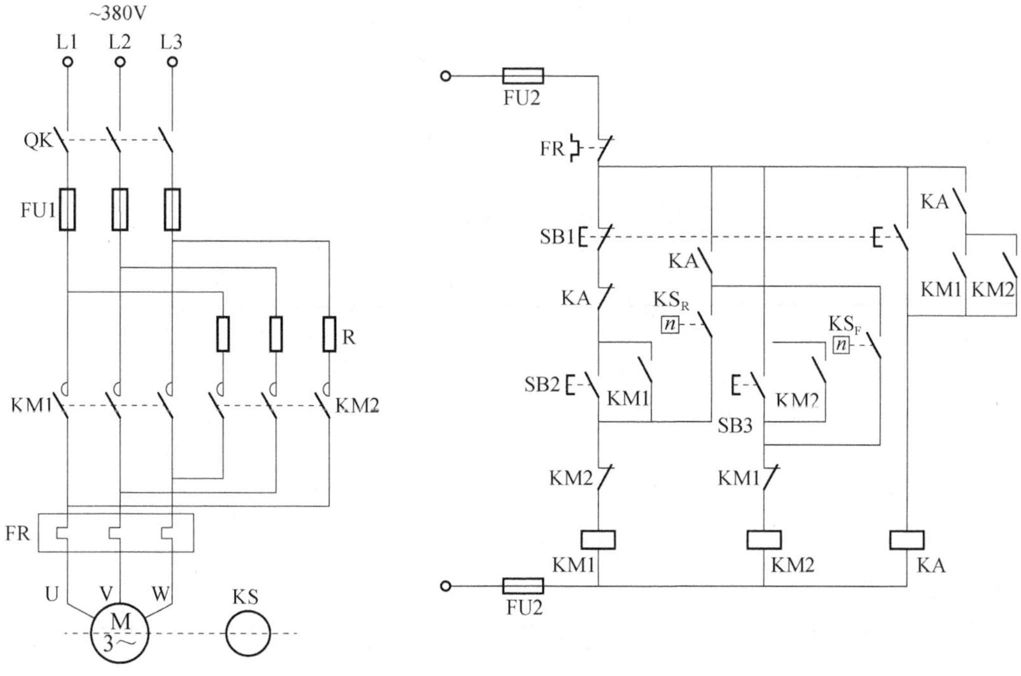

（a）主电路　　　　（b）控制电路

图 2-13　电动机可逆运行的反接制动控制电路

2.4.2　三相异步电动机能耗制动控制线路

三相异步电动机能耗制动时，切断定子绕组的交流电源后，在定子绕组任意两相通入直流电流，形成一个固定磁场，与旋转着的转子中感应电流相互作用产生制动力矩，制动结束切除直流电源。图 2-14(a)为单向运行能耗制动控制主电路，图 2-14(c)为其控制电路。

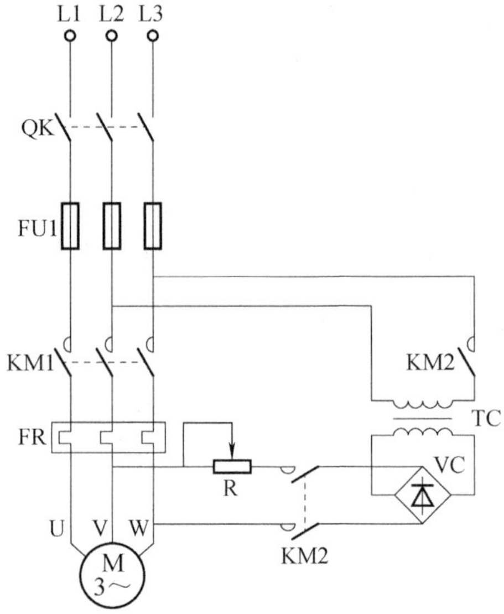

（a）单向运行能耗制动控制主电路

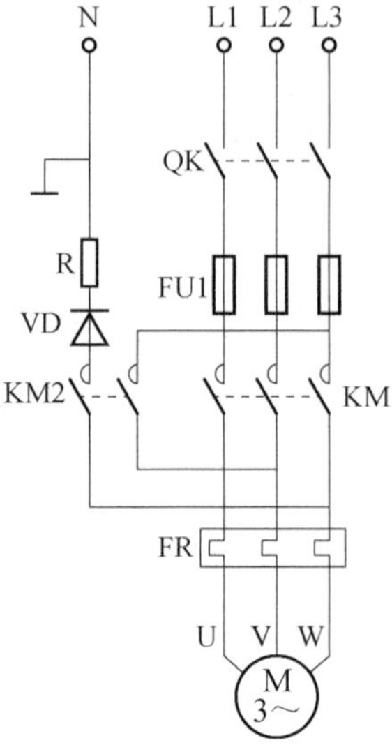

（b）无变压器单相半波整流能耗制动控制主电路

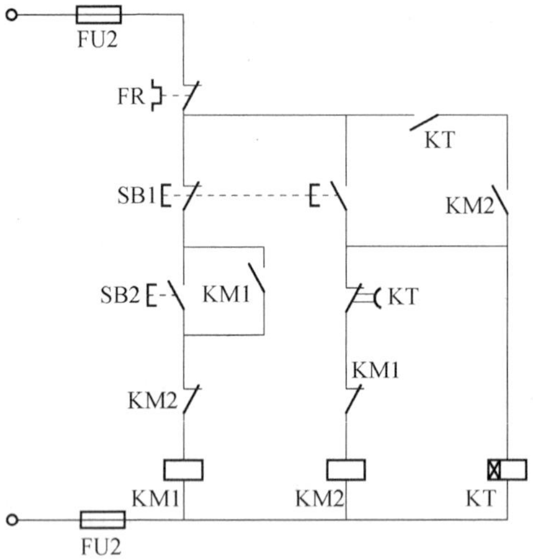

（c）控制电路

图 2-14　能耗制动控制电路

工作过程如下。

合上开关 QK⟶按下启动按钮 SB2 ⟶接触器 KM1 通电⟶电动机 M 启动运行。

制动时，按下复合按钮 SB1 ⟶KM1 断电 ⟶ 电动机 M 断开交流电源 ⟶ KM2 / 时间

KM2 通电⟶M 两相定子绕组通入直流电，开始能耗制动。

时间继电器 KT 通电(延时 *t* 秒)⟶KT 延时打开常闭触点断开⟶KM2 断电 ⟶ M 切断直流电 / KT 断电

⟶能耗制动结束。

该控制电路制动效果好，但对于较大功率的电动机要采用三相整流电路，则所需设备多，投资成本高。对于 10kW 以下的电动机，在制动要求不高的场合，可采用无变压器单相半波整流控制电路，如图 2-14 所示，主电路为图 2-14(b)，控制电路为图 2-14(c)。

2.5 其他典型控制环节

2.5.1 点动控制

生产机械的运转状态有短时瞬时运转与连续运转，所以对电动机的控制也有瞬时与连续两种控制方式，瞬时控制通常称点动控制，连续控制有时也称长动控制，如图 2-15 所示。

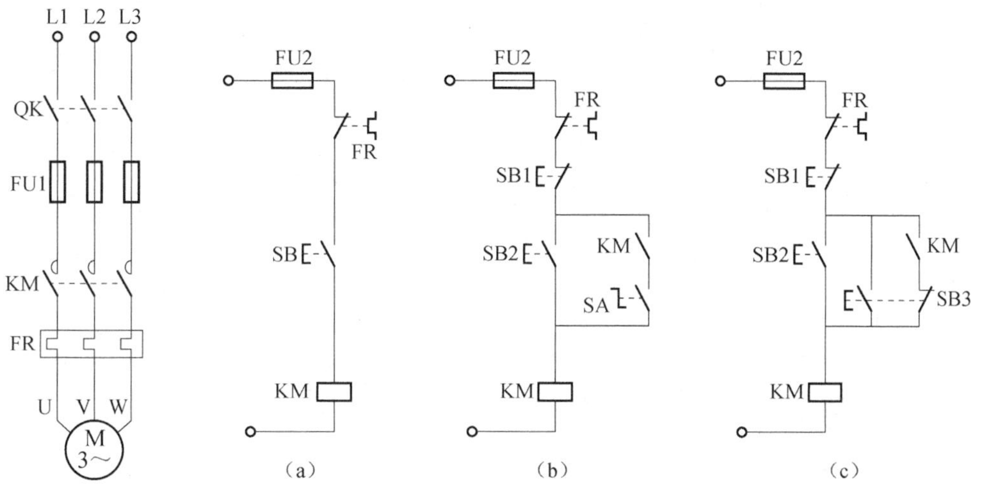

图 2-15 点动与连续运转控制线路

图 2-15(a)是最基本的点动控制线路。当按下点动按钮 SB 时，KM 线圈通电，电动机启动运转；松开按钮 SB，KM 线圈断电释放，电动机停转。这种电路只能实现短时瞬时运转，不能实现连续运转，称为点动控制电路。

图 2-15(b)是用开关 SA 断开或接通自锁回路，是既能实现点动也能实现连续运转的电路。当开关 SA 合上时，可实现连续运转；SA 断开时，可实现点动控制。

图 2-15(c)是用复合按钮 SB3 实现点动控制，SB2 实现连续运转控制的电路。当按下 SB3 时，其常闭触点先将 KM 自锁回路切断，然后其常开触点接通，使 KM 通电，电动机启动运转；松开 SB3，其常开触点先断开，KM 线圈断电，电动机停转，实现点动控制。

2.5.2 顺序控制

在生产实际中，有些设备常常要求多台电动机按一定的顺序实现启动和停止。例如，车床主轴转动时，要求油泵先给润滑油，主轴停止后，油泵方可停止润滑，即要求油泵电动机先启动，主轴电动机后启动，主轴电动机停止后，才允许油泵电动机停止。图 2-16 就是实现该过程的控制线路。

在图 2-16 中，M1 为油泵电动机，M2 为主轴电动机。控制电路中，接触器 KM2 的线圈电路中串入了接触器 KM1 的常开辅助触点，这样只有当接触器 KM1 线圈通电，常开触点闭合后，才允许 KM2 线圈通电，即电动机 M1 启动后才允许电动机 M2 启动。将接触器 KM2 的常开触点并联在电动机 M1 的停止按钮 SB1 两端，这样当接触器 KM2 通电，电动机 M2 运转时，SB1 被 KM2 的常开触点短接，不起作用，只有当接触器 KM2 断电，SB1 才能起作用，油泵电动机 M1 才能停止，即电动机 M2 停止后才允许电动机 M1 停止。这样就实现了按顺序启动、按顺序停止的联锁控制。

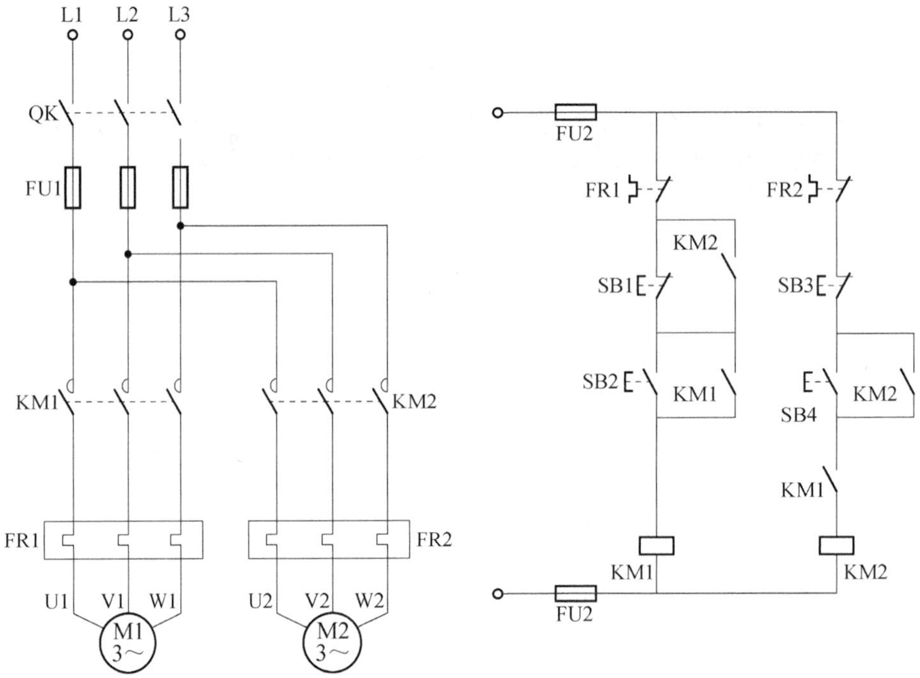

(a) 主电路　　(b) 控制电路

图 2-16　顺序控制线路

2.5.3　多地控制

在大型生产设备上，为使操作人员在不同的方位均能进行操作，常常要求多地控制。图 2-17 所示为多地控制线路，图中 SB2、SB4、SB6 为启动按钮，SB1、SB3、SB5 为停止按钮，分别安装在三个不同的地方。在任意一个地点按下启动按钮，KM 线圈都能通电并自锁；而在任意一个地点按下停止按钮，KM 线圈都会断电。从图中可以看出，实现多地控制时，启动按钮应并联，停止按钮应串联。

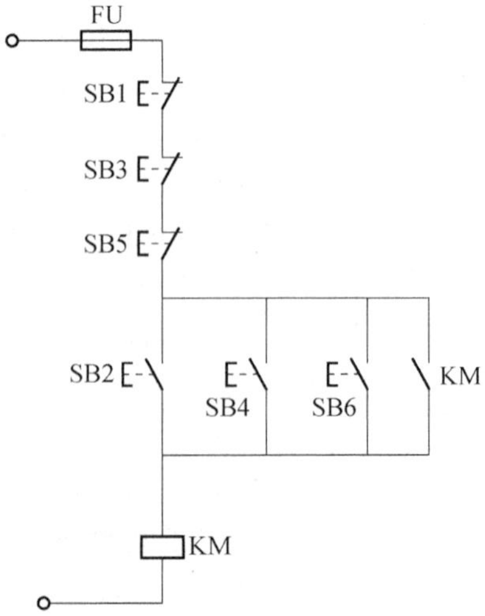

图 2-17　多地控制线路

2.6　项目单元 2：工程实践应用

随着市场经济发展与科技的进步，国内外市场竞争日益激烈，工业生产正向智能化、高速化、自动化方向发展。传统的手工送料已经不能满足要求，自动送料机就应运而生。现应用本章所学知识实现运料小车的自动上下料控制。

根据此应用可以简略设计一个运料小车自动往返运行示意图，如图 2-18(a)所示，控制要求如下：按下右行启动按钮 SB1，小车向右运动到限位开关 SQ1 处停止并立即后退，当左行至限位开关 SQ2 处小车停止并立即又向右运行，不停地往返循环，当按下停止按钮小车立即停止。其中接触器 KM1、KM2 分别控制电动机正转和反转运行，FR 是热继电器。

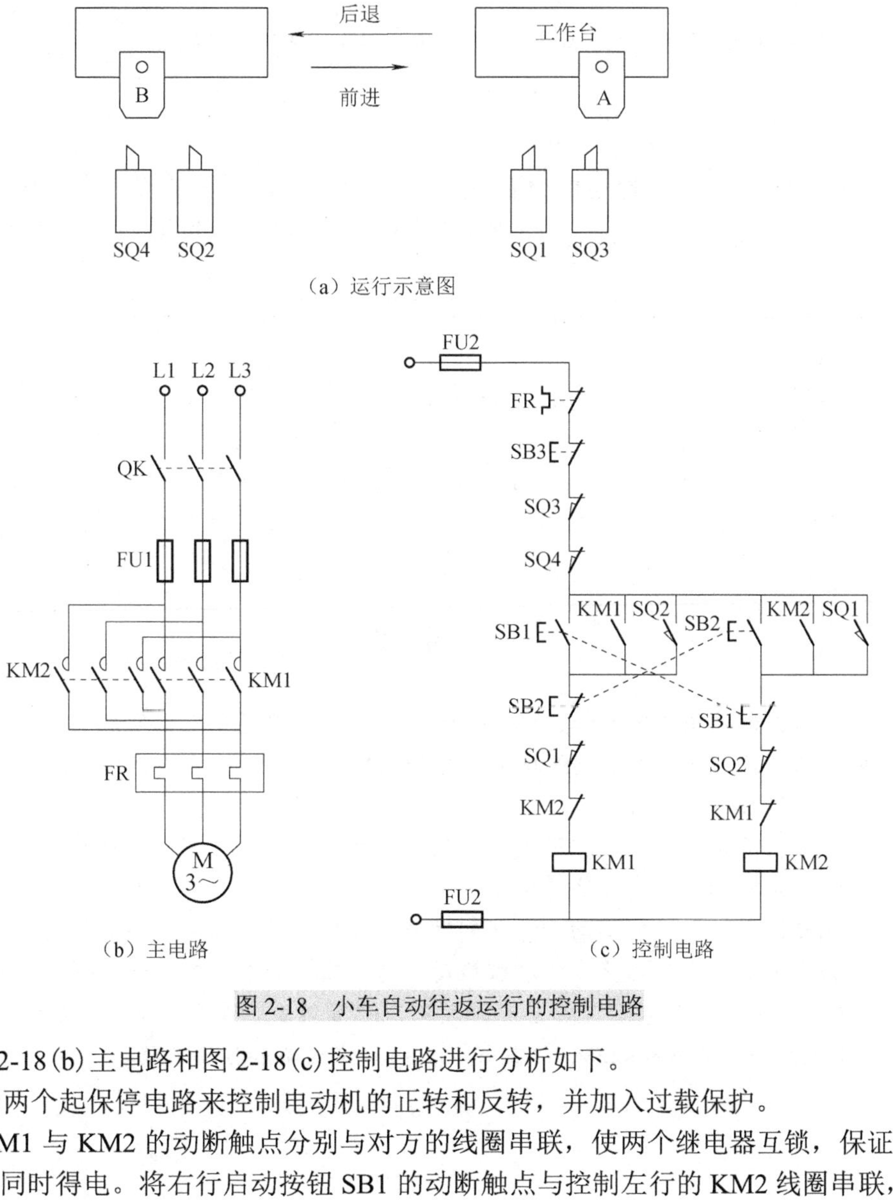

图 2-18　小车自动往返运行的控制电路

对图 2-18(b)主电路和图 2-18(c)控制电路进行分析如下。

(1)用两个起保停电路来控制电动机的正转和反转，并加入过载保护。

(2)KM1 与 KM2 的动断触点分别与对方的线圈串联，使两个继电器互锁，保证 KM1 和 KM2 不会同时得电。将右行启动按钮 SB1 的动断触点与控制左行的 KM2 线圈串联，将左行启动按钮 SB2 的动断触点与控制右行的 KM1 线圈串联。这样，正反转转换时，可以不按停止按钮，直接按启动按钮即可。

(3)为了使小车的运行到极限位置时自动停车，将右限位开关 SQ1 的动断触点与右行的 KM1 线圈串联，将左限位开关 SQ2 的动断触点与左行的 KM2 线圈串联。

(4)为了使小车自动改变运行方向，将左限位开关 SQ2 的动合触点与手动启动右行按钮 SB1 的动合触点并联，将右限位开关 SQ1 的动合触点与手动启动左行按钮 SB2 的动合触点并联。假设按下左行启动按钮 SB2，则 KM2 得电，小车开始左行，碰到左限位开关 SQ2，其动断触点断开，使 KM2 失电，小车停止左行；其动合触点闭合，使 KM1 得电，小车开始右行。以后将这样不断的往返循环运行下去，直到按下停止按钮 SB3。

综上所述，电路工作过程如下。

合上电源开关 QK → 按下右行启动按钮 SB1 → 接触器 KM1 通电 → 电动机 M 正转，小车右行 → 小车右行到一定位置，撞块压动右限位开关 SQ1 → SQ1 常闭触点断开 → KM1 断电 → 小车停止向前。
→ SQ1 常开触点闭合 → KM2 通电 → 电动机 M 改变电源相序而反转，小车自动左行 → 小车左行到一定位置，撞块压动左限位开关 SQ2 → SQ2 常闭触点断开 → KM2 断电 → 小车停止后退。
→ SQ2 常开触点闭合 → KM1 通电 → 电动机 M 又正转，自动小车又左行，如此往复循环工作，直至按下停止按钮 SB3 → KM1（或 KM2）断电 → 电动机停止转动，小车停止。

另外，SQ3、SQ4 分别为右行、左行终端保护限位开关，防止限位开关 SQ1 和 SQ2 失灵时造成小车冲出，引起事故。

练 习 题

2-1 电动机控制系统常用的保护环节有哪些？各用什么低压电器实现？

2-2 电动机“正-反-停”控制线路中，复合按钮已经起到了互锁作用，为什么还要用接触器的常闭触点进行联锁？

2-3 三相笼型异步电动机的常用减压启动方法有哪几种？各有什么优缺点？

2-4 三相异步电动机调速方法有哪些？

2-5 三相交流电动机反接制动和能耗制动分别适用于什么情况？各有何特点？

2-6 一台小车由一台三相异步电动机拖动，动作顺序如下：①小车由原位开始前进，到终点后自动停止。②在终点停留 20s 后自动返回原位并停止。要求在前进或后退途中，任意位置都能停止或启动，并具有短路、过载保护，设计主电路和控制电路。

第 3 章　典型生产机械电气控制

第 2 章介绍了继电器基本控制电路，对于一台生产机械，只要根据它的控制要求，正确地选用相应的继电器基本控制电路，就可以设计出生产机械的电气控制线路。本章是第 1 章和第 2 章知识的综合应用，将通过车床、万能铣床、组合机床、镗床、平面磨床等设备电气控制系统的分析，进一步掌握基本控制电路的组成、典型环节的应用以及控制线路的分析方法。从中找到规律，逐步提高阅读电气原理图的能力，为独立进行电气控制设计以及设备安装、调试、维修打下扎实基础。

如图 3-1(a)的平面磨床电气控制柜所示，我们使用平面磨床加工工件表面时，按下启动按钮后，工作电路接通，从而驱动对应的电动机进行工作。那么按钮是如何实现对电动机的控制的？电气柜里的器件还有哪些？起什么作用？又是如何控制如图 3-1(b)所示的 M7130 型平面磨床实物图中的各个部件的？这就需要我们能够识读电气控制原理图，理解电路的工作原理。因此本章将讲述典型生产机械电器控制问题。

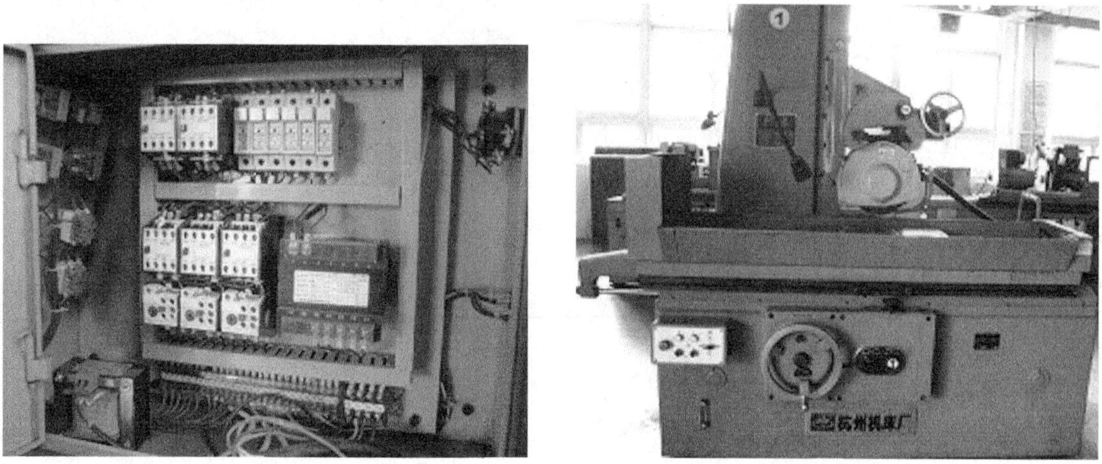

(a)　　　　(b)

图 3-1　平面磨床电气控制系统

本章知识要点

(1) 掌握电气原理图的绘制规则；

(2) 能识读电气原理图、电气元件布置图、电气安装接线图；

(3) 识读典型生产机械电气原理图。

3.1 电气控制线路的绘制

由于生产机械种类繁多，电气控制线路也是千变万化、多种多样，作为设计人员，首先要能够看懂电气控制线路，并且能够结合具体的生产工艺要求设计出合适的电气控制线路，本节内容是分析和设计电气控制线路的基础。

3.1.1 电气图的画法及阅读方法

电气控制线路是用导线将若干电气元件连接起来实现某种要求的控制线路。将这些电气元件及连接用国家规定的图形符号和文字符号，按照一定的制图规则绘制的图形，就是电气控制线路图，简称电气图。电气图包括电气原理图、电气元件布置图、电气安装接线图等。电气图是电气控制系统的设计、安装、调试、使用和维修的主要依据。

案例 3-1

实际生产所用的各种设备，虽然实现的功能各不一样，但很多设备的电气系统都是建立在前面所讲的常用低压电器和基本控制电路基础之上的，现在设想让你分析某生产机械的电气控制线路。

问题：

(1)机械设备电气控制的分析步骤有哪些？

(2)基本控制电路是如何集成实现控制功能的？

1. 电气原理图

电气原理图表示电气控制线路的工作原理，描述电路、设备或成套装置的全部基本组成和连接关系，而不考虑其实际位置的一种简图。电气原理图主要由电气元件、电源电路、主电路、控制电路和辅助电路组成。图 3-2 为 M7130 型平面磨床电气控制原理图。

1) 电气元件

在电气原理图中，电气元件采用国家标准规定的符号来表示，如图 3-3 所示电气元件为熔断器，包括图形符号和文字代号两部分。

2) 电源电路

电源电路用于给主电路、控制电路和辅助电路提供电能，在电气原理图中一般画成水平线，三相交流电源相线 L1、L2、L3 自上而下依次画出，电源开关也应水平画出，如图 3-4 所示。

3) 主电路

主电路用于直接驱动电动机，电气原理图中一般画在电路图左侧并垂直于电源电路，一般由接触器的主触头、熔断器、热继电器的热元件以及电动机等组成，如图 3-5 所示。

4) 控制电路和辅助电路

控制电路用于实现对电动机的控制操作，辅助电路包括指示电路和局部照明电路。指示电路用于提示操作人员电动机运行状态，局部照明电路则用于对控制台提供照明，如图 3-6 所示。一般由主令电器的触头、接触器的线圈及辅助触头、继电器的线圈及辅助触头、指示灯和照明灯等组成。

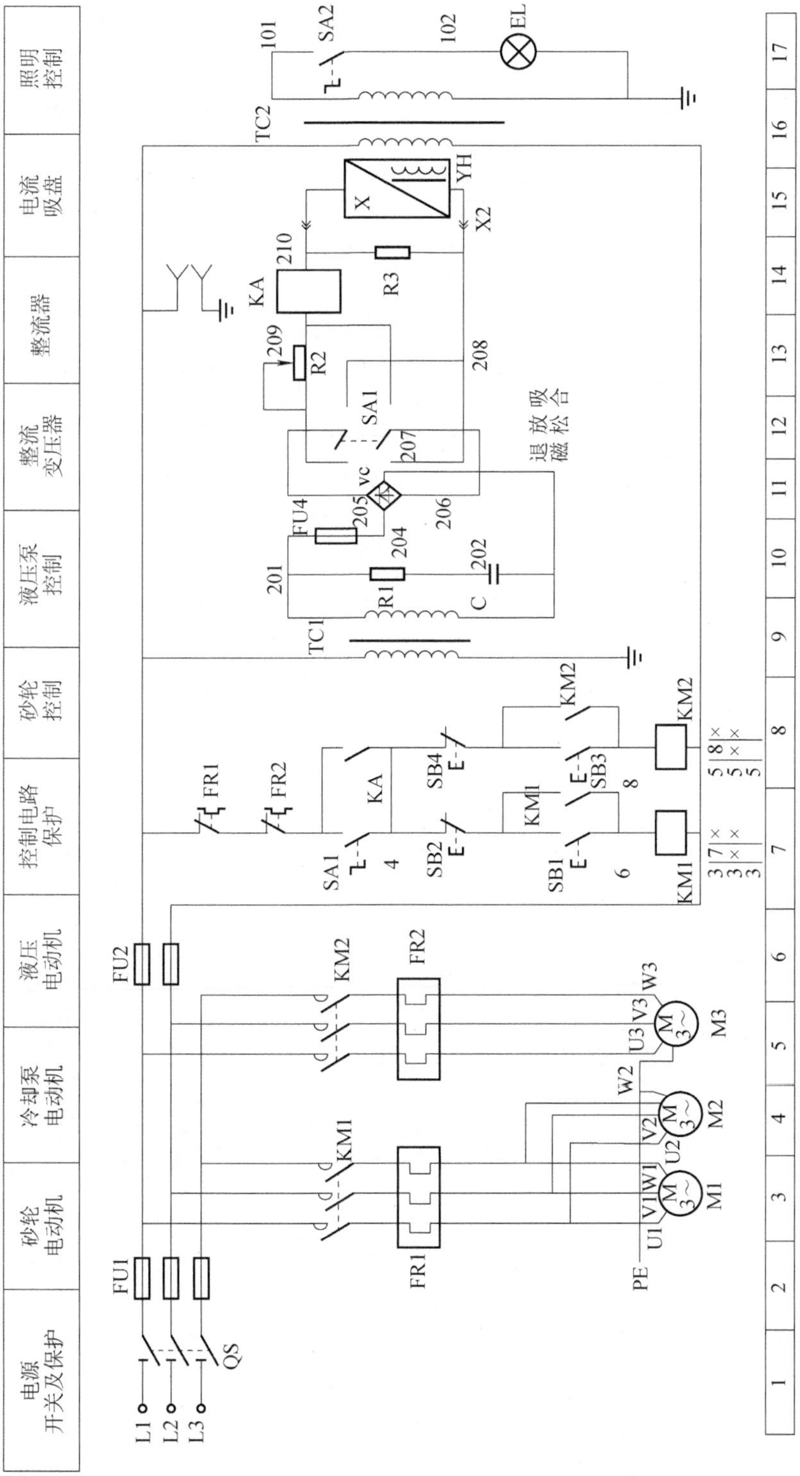

图 3-2　M7130 型平面磨床电气控制原理图

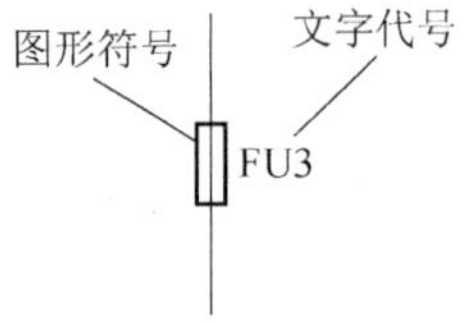

图 3-3　电气元件

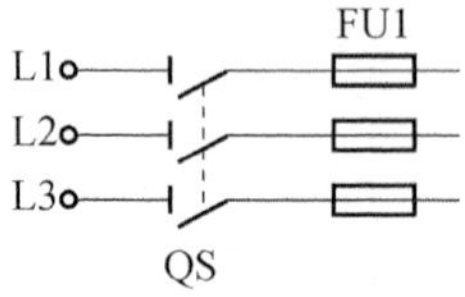

图 3-4　电源电路

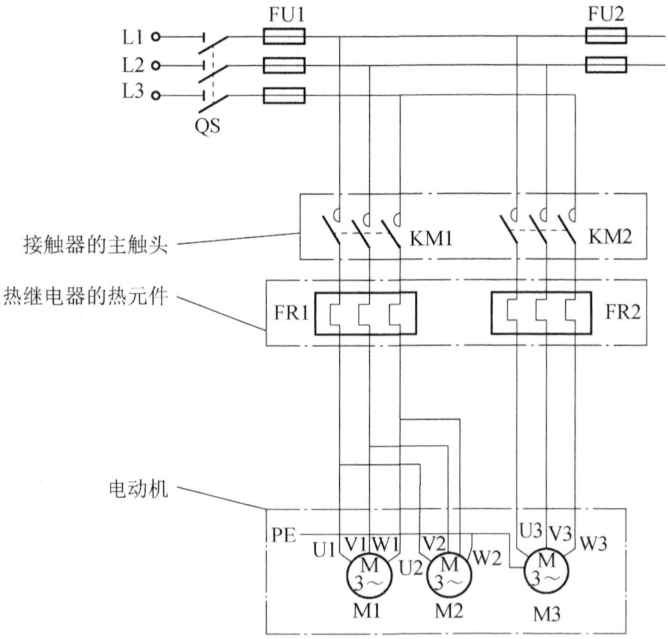

图 3-5　主电路

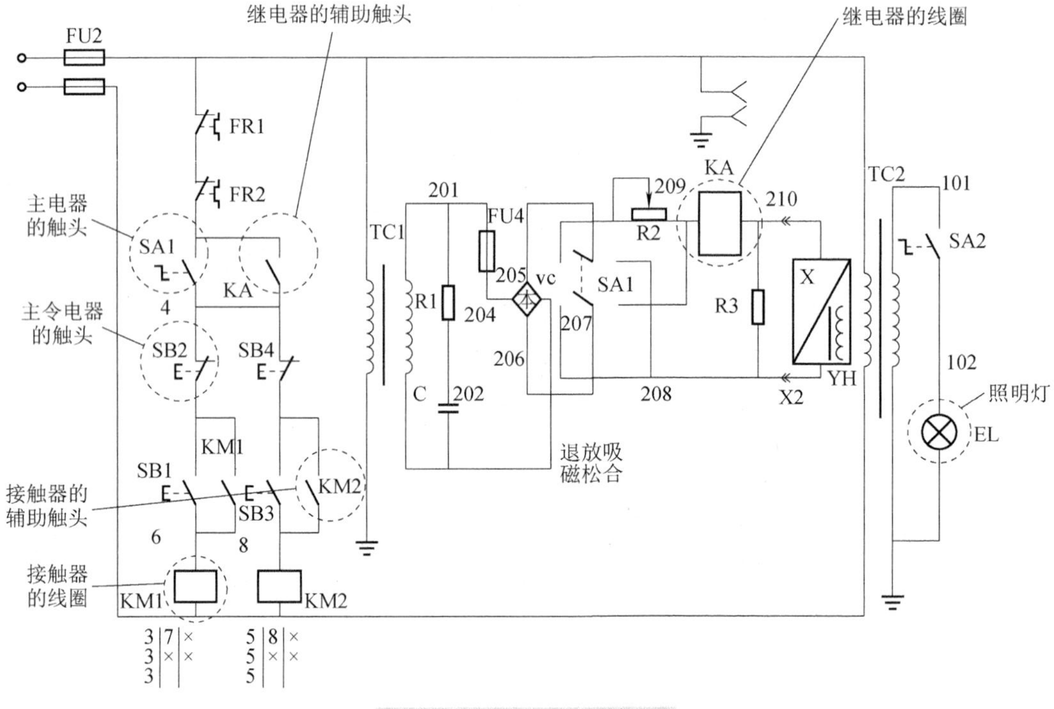

图 3-6　控制电路和辅助电路

在绘制和阅读电气原理图时应注意以下几点。

(1) 电气原理图中各元器件的文字符号和图形符号必须按标准绘制和标注。同一电器的所有元件必须用同一文字符号标注。电气原理图应按功能来组合，同一功能的电气相关元件应画在一起，但同一电器的各部件不一定画在一起。电路应按动作顺序和信号流程自上而下或自左向右排列。

(2) 电气原理图一般按照控制电路、指示电路和照明电路的顺序依次垂直画在主电路图的右侧，且电路中与下边电源线相连的耗能元件(如接触器线圈、指示灯、照明灯等)要在电路图的下方，而电器的触头画在耗能元件与上边电源线之间。

(3) 电气原理图中各电器应该是未通电或未动作的状态，二进制逻辑元件应是置零的状态，机械开关应是循环开始的状态，即按电路“常态”画出。

(4) 接触器触点位置标注，在电路图中每个接触器线圈下方画出两条竖直线，分成左、中、右三栏，把受其控制而动作的触头所处的图区号填入相应的栏内，对备而未用的触头，在相应的栏内用记号“×”标出或不标出任何符号，如表 3-1 所示。

表 3-1　接触器触点位置标注

栏目	左栏	中栏	右栏
触头类型	主触头所处的图区号	辅助常开触头所处的图区号	辅助常闭触头所处的图区号
举例 KM 2 | 7 | × 2 | 8 | × 2 | |	表示 3 对主触头均在图区 2	表示一对辅助常开触头在图区 7，另一对常开触头在图区 8	表示 2 对辅助常闭触头没有使用

(5) 继电器触点位置标注，在电路图中每个继电器线圈下方画出一条竖直线，分成左、右两栏，把受其控制而动作的触头所处的图区号填入相应的栏内。同样，对备而未用的触头，在相应的栏内用记号“×”标出或不标出任何符号，如表 3-2 所示。

表 3-2　继电器触点位置标注

栏目	左栏	右栏
触头类型	常开触头所处的图区号	常闭触头所处的图区号
举例 KA2 4 | 4 | 4 |	表示 3 对常开触头在图区 4	表示没有使用常闭触头

(6) 电气原理图识读的原则，一般是按“自左至右，自上而下”的顺序。

2. 电气元件布置图

电气元件布置图是根据电气元件在控制板上的实际安装位置，采用简化的外形符号(如正方形、矩形、圆形等)而绘制的一种简图。图中各元器件的文字符号必须与电路图和接线图上的标注相一致，如图 3-7 所示。

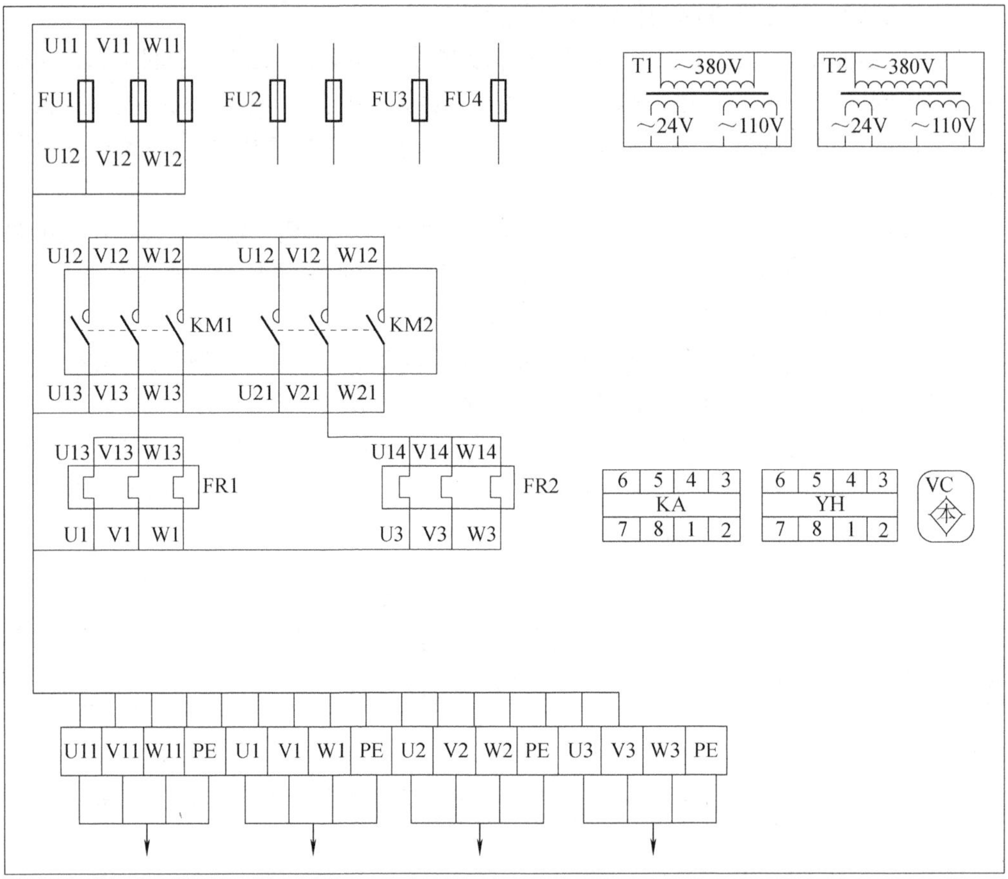

图 3-7　电气元件布置图

在绘制电气元件布置图时应注意以下几点。

(1) 电气元件布置不宜过密，应留有一定间距，要整齐、美观。

(2) 电气元件布置时，外形尺寸与结构类似的电器应安装在一起，以利于安装和配线。

(3) 需要经常维护、检修和调整的电气元件安装位置不宜过高或过低。

3. 电气安装接线图

电气安装接线图是根据电气设备和电气元件的实际位置和安装情况绘制的，只用来表示电气设备和电气元件的位置、配线方式和连接方式，而不明显表示电气动作原理，如图 3-8 所示。电气安装接线图主要用于安装接线、线路的检查维修和故障处理。

电气安装接线图的绘制原则如下。

(1) 电气安装接线图中各电器元件的布置位置尽可能符合电气安装实际情况。

(2) 各电器元件中的带电部件，如接触器的线圈、主触头和辅助触头应画在一起。电器元件的轮廓用点划线标明。

(3) 电器元件的文字符号、电器元件带电部件的接线端的编号、各电器元件的连接顺序均应严格按照电气原理图进行并与其一致。

(4) 控制盘上各电器元件与盘外电器元件的连接，必须经端子板进行。

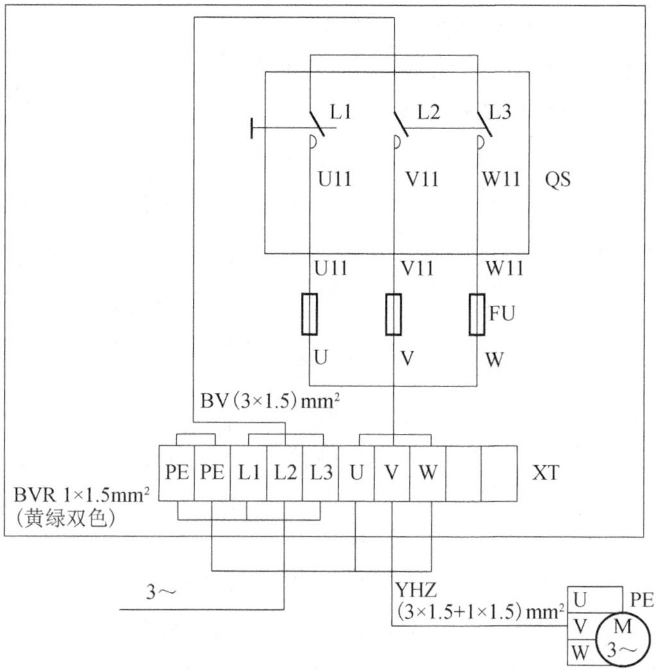

图 3-8 电气安装接线图

3.1.2 机械电气控制线路分析基础

在分析机械电气控制线路前，首先要了解机器的主要技术性能及机械传动、液压和气动的工作原理。弄清各电动机的安装部位、作用、规格和型号。初步熟悉各种电器的安装部位、作用以及各操纵手柄、开关、控制按钮的功能和操纵方法。注意了解与部件的机械、液压发生直接联系的各种电器(如行程开关、撞块、压力继电器、电磁离合器、电磁铁等)的安装部位及作用。分析电气控制线路时，要结合说明书或有关的技术资料将整个电气控制线路划分成若干部分逐一进行分析。在仔细阅读生产机械说明书、了解电器控制系统的总体结构、电动机电器的分布状况及控制要求等内容之后，便可以分析电气控制原理图。

电气控制线路分析的基本思路是“先机后电、先主后辅、化整为零、集零为整、统观全局、总结特点”。以某一电动机或电气元件(如接触器)为对象，从电源开始，自上而下、自左向右，逐一分析。

分析电气原理图的方法与步骤如下。

(1) 分析主电路。从主电路入手，根据每台电动机和执行电器的控制要求去分析各电动机和执行电器的控制内容，包括电动机启动、转向控制、调速和制动等基本控制电路。

(2) 分析控制电路。根据主电路各个电动机和执行电器的控制要求，逐一找出控制电路中的控制环节，将控制电路“化整为零”，按功能不同划分成若干个局部控制电路来进行分析。

(3) 分析辅助电路。辅助电路包括执行元件的工作状态显示、电源显示、参数测定、照明和故障报警等部分。

(4) 分析联锁与保护环节。生产机械对安全性、可靠性有很高的要求，实现这些要求，除了合理地选择拖动、控制方案，在控制电路中还设置了必要的电气联锁和一系列的电气保护。必须对电气联锁与电气保护环节在控制线路中的作用进行分析。

(5) 分析特殊控制环节。在某些控制电路中，还设置了一些与主电路、控制电路关系不密切，相对独立的某些特殊环节，如产品计数装置、自动检测系统、晶闸管触发电路和自动调温装置等。这些部分往往自成一个小系统，其读图分析的方法可参照上述分析过程，并灵活运用所学过的电子技术、变流技术、自控系统、检测与转换等知识进行逐一分析。

(6) 总体检查。经过“化整为零”，逐步分析每一局部电路的工作原理以及各部分之间的控制关系后，还必须用“集零为整”的方法，全面检查整个控制电路，看是否有遗漏。特别要从整体角度去进一步检查和理解各控制环节之间的联系，机电液的配合情况，了解电路图中每一个电气元器件的作用，熟悉其工作过程并了解其主要参数，由此可以对整个电路有清晰的理解。在读图过程中，特别要注意控制环节相互间的联系和制约关系，直到将电路全部看懂。

案例 3-1 分析

(1) 机械设备电气控制的分析步骤：从电源电路开始，分析主电路、控制电路、辅助电路、联锁与保护环节以及特殊控制等环节，逐步分析其工作原理及各控制环节之间的联系，化整为零、集零为整，从而掌握整个电气控制的工作过程及特点。

(2) 从满足机械和生产工艺要求出发，分析该控制系统需要实现哪些具体功能，设计人员根据经验，选用标准的、常用的各种典型控制电路环节，集成可实现相应功能的控制线路，经过反复修改、实验，得到符合要求的电气控制原理图。

3.2 普通车床的电气控制

车床是应用最为广泛的金属切削机床，车床可以用来车削外圆、内圆、平面、端面以及车削螺纹，并可以用钻头、绞刀进行孔的加工。其种类也最多，常用的有普通车床、仪表车床、六角车床、转塔车床、仿型车床、齿轮车床、立式车床和自动半自动车床等，其中普通车床又最常使用，数量也占首位。普通车床通常由一台主轴电动机拖动，通过机械传动链实现切削主运动和刀具进给运动。刀具、冷却泵和液压泵等采用单独的电动机拖动。不同的车床，其电气控制电路不同，本节以 C650 型卧式车床为例，对其电气控制线路进行分析。

3.2.1 C650 型卧式车床主要结构

C650 型卧式车床属于中型车床，可加工的最大工件回转直径为 1020 mm，最大工件长度为 3000mm，由床身、主轴变速器箱、尾座、进给箱、丝杠、光杠、溜板和刀架等组成，如图 3-9 所示。

C650 型卧式车床有两个主要运动部分：一是卡盘或顶尖带着工件做旋转运动，也就是车床的主轴运动；另外一个是溜板带着刀架的直线移动，称为进给运动。主轴运动采用笼型三相异步电动机拖动，用齿轮变速箱调节主轴的转速。刀架也由主轴电动机带动，用走刀箱来调整加工时的纵横走刀量。车床装有冷却水泵或油泵，用单向旋转的笼型异步电动机拖动。

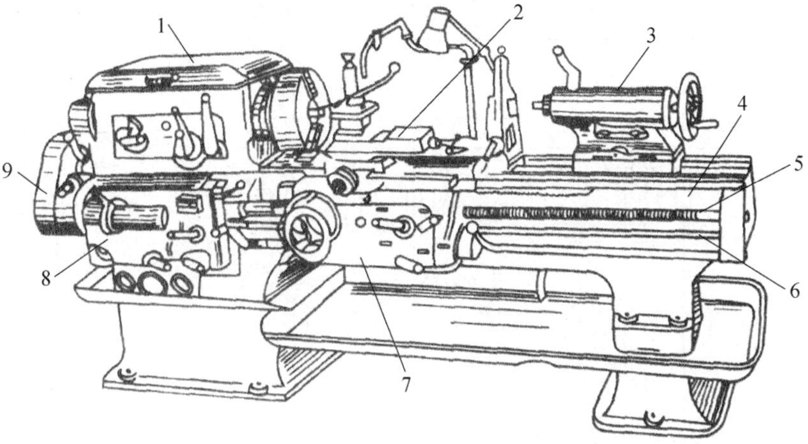

1-主轴变速箱；2-溜板与刀架；3-尾座；4-床身；5-丝杠；6-光杠；7-溜板箱；8-进给箱；9-挂轮箱

图 3-9　C650 型卧式车床

由于加工工件的材料、尺寸要求及刀具种类不同，要求主轴能在较宽的范围内进行速度调节，并且主轴能够正反转。为减轻劳动强度和节约时间，要求带动刀架的溜板能够快速移动。在加工过程中，加工转动惯量较大，当需要立即停车时需要电机立即停止转动，故须有停车制动功能。

3.2.2　C650 型卧式车床的电气控制线路

C650 卧式车床电气原理图中电气元件符号及名称见表 3-3。图 3-10 是 C650 型卧式车床电气控制原理图。

表 3-3　C650 型卧式车床电气元件符号及名称

符号	名称	符号	名称
M1	主轴电动机	SB1	总停按钮
M2	冷却泵电动机	SB2	主电动机正向点动按钮
M3	快速移动电动机	SB3	主电动机正转按钮
KM1	主电动机正转接触器	SB4	主电动机反转按钮
KM2	主电动机反转接触器	SB5	冷却泵电动机停转按钮
KM3	短接限流电阻接触器	SB6	冷却泵电动机启动按钮
KM4	冷却泵电动机启动接触器	TC	控制变压器
KM5	快移电动机启动接触器	FU(1～6)	熔断器
KA	中间继电器	FR1	主电动机过载保护热继电器
KT	通电延时时间继电器	FR2	冷却泵电动机保护热继电器
SQ	快移电动机点动行程开关	R	限流电阻
SA	开关	EL	照明灯
KS	速度继电器	TA	电流互感器
A	电流表	QS	隔离开关

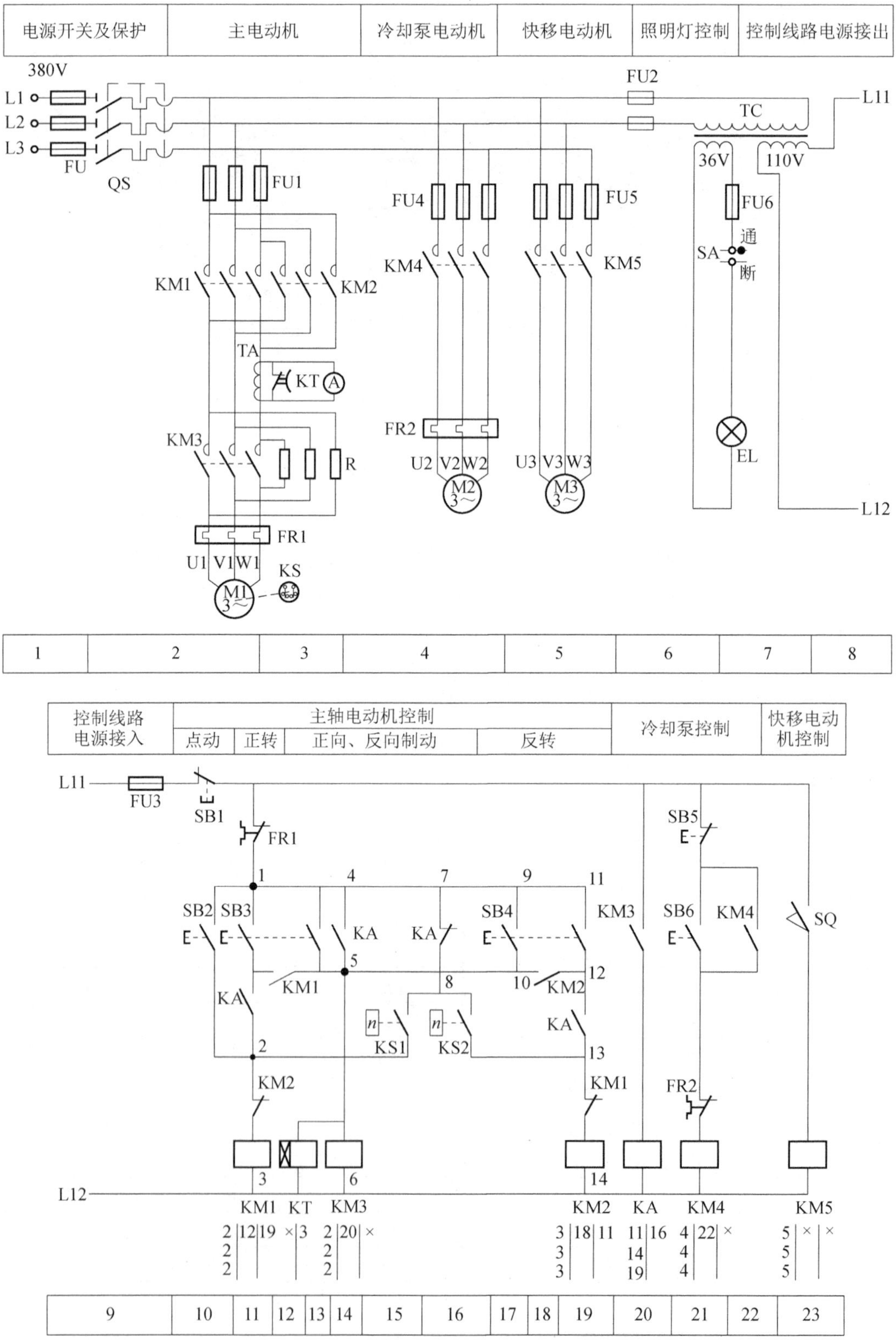

图 3-10 C650 型卧式车床电气控制原理图

1. 电源电路和主电路

该机床有三台电动机：M1 为主轴电动机，拖动主轴旋转并通过进给机构实现进给运动，主要有正转与反转控制、停车制动时快速停转、加工调整时点动操作等电气控制要求。M2 是冷却泵电动机，对零件加工部位进行供液冷却防止温升过高，电气控制要求是加工时 M2 启动供液，并能长期运转。M3 是快速移动电动机，拖动刀架快速移动，要求能够随时手动控制启动与停止。

从图 3-10 所示的电气控制线路图最左侧开始，由开关 QS 引入三相电源，FU 是熔断器作短路保护，FR 是热继电器加热元件，起过载保护作用。主轴电动机 M1 的接线分为三部分：①正转接触器 KM1 和反转接触器 KM2 的主触头构成电动机的正反转接线；②电流表 A 经电流互感器 TA 接在 M1 主回路上，以监视电动机绕组工作时的电流变化，并用时间继电器的延时动断触头在启动时将电流表暂时短接掉，以防止电流表被启动电流冲击损坏；③KM3 接触器控制限流电阻 R 的接入和切除。在进行点动时，串接三个限流电阻防止启动电流过大。速度继电器 KS 的速度检测部分与电动机的主轴同轴相连，可进行正、反两方向的电气停车制动。

冷却泵电动机 M2 由接触器 KM4 的主触头来控制其接通和断开。快速移动电动机由接触器 KM5 的主触头控制。

2. 控制、照明和显示电路

1) 主轴电动机控制电路的分析

为保证安全，通过控制变压器 TC 向控制电路提供 110V 的交流电压。对控制电路分析如下。

(1) 主轴电动机正、反转启动与点动控制。正、反转控制过程：首先合上电源开关，按下启动按钮 SB3，SB3 常开触头闭合，接触器 KM3 和时间继电器 KT 的线圈得电。KT 的常闭触头将电流表短接，防止启动电流对电流表的冲击，延时时间到，电流表接入电路进行正常工作。KM3 常开触头闭合，其主触头将主电路中的限流电阻 R 短接，其辅助触头接通中间继电器 KA 线圈。KA 常闭触头断开，切断制动电路，而 KA 常开触头闭合，正向接触器 KM1 线圈得电。KM1 常开主触头闭合，使主轴电动机 M1 正向启动，而 KM1 常开辅助触头闭合，使接触器 KM1 自锁，故电动机 M1 可正向连续运转。反向直接启动控制过程与正向启动相似，其中启动按钮为 SB4，反转接触器为 KM2。

点动控制过程：按下按钮 SB2，接触器 KM1 线圈直接得电，电动机 M1 正向启动，由于接触器 KM3 线路未接通，故限流电阻 R 接入主电路，且中间继电器 KA 的线圈未得电，故 KM1 不能自锁。所以，当松开 SB2，接触器 KM1 线圈失电，电动机 M1 停止转动，实现了主轴电动机 M1 串接限流电阻的点动控制。

(2) 主轴电动机正、反向制动控制。电动机常用的制动方式有反接制动、反馈制动和能耗制动，该车床采用反接制动方式进行快速停车制动。控制过程如下。

当电动机正向运转时，速度继电器的正转控制触头 KS2 保持闭合，按下停止按钮 SB1，切断控制电源，这时 KM1、KM3 和 KA 的线圈均失电，KA 常闭触头恢复闭合状态，则电流经 1、7、8、KS2、13、14 路径，使 KM2 线圈通电。此时主电路中 KM2 主触头闭合，三相电源相序相反，在电动机转子上形成反转转矩，并与正转的惯性转矩相抵消，电动机迅速停车。当电动机转速接近零时，KS2 断开，KM2 线圈失电，正向反接制动结束。其中，在电动机正转启动至额定转速，再从额定转速制动至停车的过程中，KS1 反转控制触头始终不产生闭合动作，保持常开状态。

主轴电动机 M1 反向反接制动与正向反接制动过程相似，请读者自行分析。

2) 冷却泵电动机控制

冷却泵电动机 M2 由接触器 KM4 来控制进行直接启动或停止。控制过程为：按下启动按钮 SB6，KM4 线圈得电并自锁，其主触头闭合，M2 电动机启动；按下停止按钮 SB5，KM4 线圈失电，其主触头断开，电动机 M2 停止转动。

3) 快速移动电动机控制

快速移动继电器由接触器 KM5 来控制，其中行程开关由车床上的刀架手柄控制。控制过程为：转动刀架手柄，行程开关 SQ 将被压下而闭合，KM5 线圈通电。主电路中 KM5 主触头闭合，快速移动电动机 M3 启动，驱动刀架快速移动。将转动刀架手柄复位，SQ 行程开关断开，接触器 KM5 线圈失电，则电动机 M3 停止转动。

4) 照明电路的分析

该电气线路图中照明电路为辅助电路，控制变压器 TC 将电压降至 36V，作为照明电路的安全照明电压，照明灯由控制开关 SA 来进行控制。灯开关 SA 置于闭合位置时，EL 灯亮。开关 SA 置于断开位置时，EL 灯灭。

3.3 铣床的电气控制

铣床是用铣刀对工件进行铣削加工的机床。铣床除能铣削平面、沟槽、轮齿、螺纹和花键轴，还能加工比较复杂的型面，效率较刨床高，在机械制造和修理部门得到广泛应用。铣床按照其结构分类可以分为：台式铣床、悬臂式铣床、滑枕式铣床、龙门式铣床、平面铣床、仿形铣床、升降台铣床、摇臂铣床、床身式铣床、专用铣床。本节以 X62W 型万能铣床为例，对其进行电气控制线路的分析。

3.3.1 X62W 型万能铣床主要结构

X62W 型万能铣床是一种通用的多用途机床，它可以用圆柱铣刀、圆片铣刀、角度铣刀、成形铣刀及端面铣刀等刀具对各种零件进行平面、斜面、螺旋面及成形表面的加工。

X62W 型万能铣床的外形结构如图 3-11 所示，它主要由主轴、床身、底座、升降台、横溜板、回转盘、工作台、刀杆支架和悬架等几部分组成。在床身的前面有垂直导轨，升降台可沿着它上下移动。在升降台上面的水平导轨上，装有可在平行主轴轴线方向移动(前后移动)的溜板。溜板上部有可转动的回转盘，相对于溜板可绕中心轴线左右转过一个角度，工作台就在溜板上部回转盘上的导轨上做垂直于主轴轴线方向移动(左右移动)。工作台上有 T 形槽用来固定工件。这样，安装在工作台上的工件就可以在三个坐标上的六个方向调整位置或进给。

铣床主轴带动铣刀的旋转运动是主运动，铣床工作台的前后(横向)、左右(纵向)和上下(垂直)六个方向的运动是进给运动。铣床其他的运动，如工作台的旋转运动则属于辅助运动。

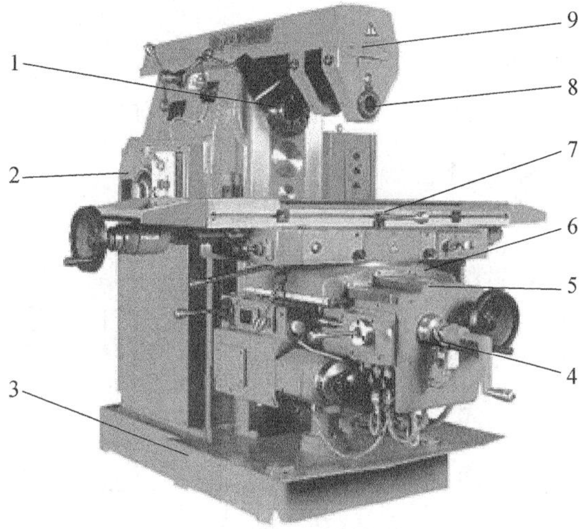

1-主轴；2-床身；3-底座；4-升降台；5-横溜板；6-回转盘；7-工作台；8-刀杆支架；9-悬架

图 3-11　X62W 型万能铣床外形结构图

3.3.2　X62W 型万能铣床的电气控制线路

X62W 型万能铣床电气元件符号及名称见表 3-4。X62W 型万能铣床电气控制线路图如图 3-12 所示。

表 3-4　X62W 型万能铣床电气元件符号及名称

符号	名称	符号	名称
M1	主轴电动机	KS	速度继电器
M2	进给电动机	EL, HL	灯泡
M3	冷却泵电动机	QS	开关
KM	交流接触器	BLV	导线
TC	变压器	SA	组合开关
SQ5～SQ7	行程开关	SB	按钮
FU1～FU4	熔断器	FR1～FR3	热继电器

1. 电源电路和主电路

该铣床有三台电动机：M1 为主轴电动机，拖动主轴带动铣刀进行铣削加工，主要由正转与反转控制、停车制动、瞬时冲动控制等控制要求；M2 是进给电动机，拖动升降及工作台进给，主要由正转、反转、快速移动等控制要求；M3 是冷却泵电动机，提供冷却液，防止加工部位温度过高，控制要求是零件加工时 M3 启动，并能长期运转。以上每台电动机均采用热继电器作过载保护。

从图 3-12 所示的电气控制线路图最左侧开始，由开关 QS 引入三相电源，FU1、FU2、FU3 为熔断器作短路保护。主轴电动机 M1 的接线分为三部分：①因为主轴电动机正反转不频繁，所以用 转换开关 SA4 控制电源相序转换，来控制电机正转或反转；②接触器 KM1 的主触头来控制电机 M1 的启动或停止；③接触器 KM2 实现电机的串电阻反接制动，速度继电器 KS 的速度检测部分与电动机的主轴同轴相连，控制其制动过程。

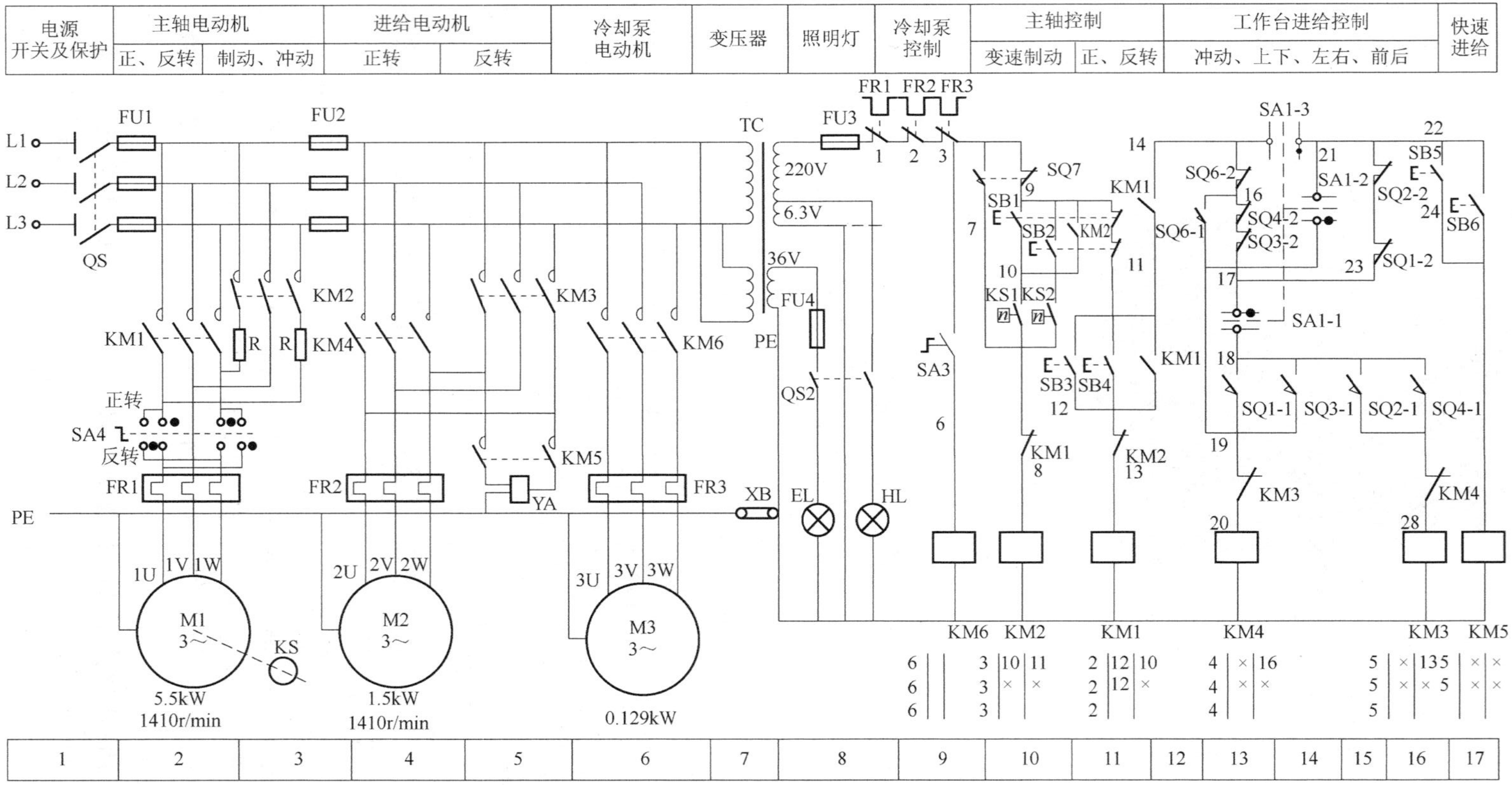

图 3-12 X62W 型万能铣床电气控制线路图

因进给电动机 M2 正反转频繁，故采用接触器 KM4 和 KM3 进行电源相序转换，控制其正转和反转。冷却泵电动机 M3 由接触器 KM6 的主触头控制其启动或停止。

2. 控制、照明和显示电路

1) 主轴电动机控制电路的分析

(1) 主轴电动机正、反转启动控制。启动按钮 SB3 和 SB4、停止按钮 SB1 和 SB2 分别装在机床两处，两地控制方便操纵。SA4 是主轴电动机 M1 的电源换相开关。

控制过程：首先合上电源开关 QS，然后将换相开关 SA4 扳到所需要的位置(正转)，按下启动按钮 SB3(或 SB4)，接触器 KM1 线圈得电，KM1 主触头闭合，M1 正向启动运行，KM1 辅助触头闭合，保证 M1 正向连续运转。反向启动过程和正向启动相似，注意主电路要将换相开关 SA4 扳到反转位置，其启动按钮和接触器相同。

(2) 主轴电动机反接制动控制。当主轴电动机正向启动转速上升到 120r/min 时，速度继电器的动合触点 KS 闭合，为 M1 的反接制动做好准备。

控制过程：当电动机正向运转时，速度继电器的正转控制触头 KS2 保持闭合，按下停止按钮 SB1(或 SB2)，切断控制电源，此时 KM1 线圈失电，KM1 主触头断开，而同时 KM2 线圈得电，KM2 主触头闭合，M1 串接电阻 R 实现反接制动，电动机转速迅速下降。当电动机转速接近 0 时，速度继电器动合触头复位，KM2 线圈断电，制动结束。

(3) 主轴变速时电动机 M1 的瞬时冲动控制。主轴变速时，为了使齿轮在变速过程中易于啮合，需使主轴电动机 M1 瞬时转动一下。主轴变速可在主轴不动时进行，也可在主轴旋转时进行，无需先按停止按钮，利用变速手柄与限位开关 SQ7 组成的联动机构进行控制。

控制过程：主轴变速时，拉出变速手柄，使原来啮合好的齿轮脱开转动变速转孔盘(实质是改变齿轮传动比)，选择好所需转速，再把变速手柄推回原为位置，使改变了传动比的齿轮组重新啮合。由于齿轮之间位置不能刚好对上，造成啮合上的困难。在推回的过程中，联动机构压下主轴变速瞬动限位开关 SQ7。SQ7 动断触头先断开，KM1 线圈断电，M1 失电。同时其动合触头闭合，KM2 通电，M1 反向冲动，经限流电阻 R 瞬时接通电源做瞬时转动一下，带齿轮系统抖动，使变速齿轮顺利啮合。然后将变速手柄迅速推回原位，使限位开关 SQ7 复位，接触器 KM2 断电，电动机 M1 停转，变速冲动过程结束。

2) 进给电动机控制电路的分析

工作台进给方向有左右的纵向运动、前后的横向运动和上下的垂直运动，是依靠进给电动机 M2 的正反转来实现的，正反转接触器 KM4、KM 3 是由两个机械操作手柄控制的。其中一个是纵向机械操作手柄，另一个是垂直与横向机械操作手柄。这两个手柄各有两套，分别设在铣床的工作台正面与侧面，实现两地操作。控制过程如下。

(1) 工作台左右移动控制。工作台左右运动由工作台纵向操作手柄控制，有三个位置：左、中、右。当操作手柄扳向右位置时，通过其联动机构将纵向进给机械离合器挂上，同时压下向右进给的行程开关 SQ1-1，接触器 KM4 通电，进给电动机 M2 正转，工作台向右进给。向左进给时将手柄扳向左，压下 SQ2-1，KM3 通电吸合，M2 反转，工作台向左进给。当需停止时，将手柄扳回中间位置，纵向进给结束，工作台停止运动。

(2) 工作台上下移动控制。向上进给时将手柄向上，挂上垂直运动的离合器压下 SQ4，SQ4-1 动合触头闭合，接触器 KM3 线圈通电吸合，其主触头控制电动机 M2 反转，工作台向上进给。向下进给时将手柄扳向下压下 SQ3， SQ3-1 动合触头闭合， SQ3-2 动断触头断开， 接触器 KM4 通电吸合，其主触头控制电机 M2 正转，工作台向下进给。

(3) 工作台前后移动控制。向前进给时将手柄扳向前，挂上横向运动的离合器压下 SQ3， SQ3-1 闭合， SQ3-2 断开，接触器 KM4 线圈通电，其主触头控制电机 M2 正转，工作台向前进给。向后进给时将手柄扳向后压下 SQ4， SQ4-2 断开， SQ4-1 闭合，接触器 KM3 线圈通电吸合，其主触头控制电机 M2 反转，工作台向后进给。

(4) 工作台快速移动控制。工作台三个方向的快速移动也是由进给电动机拖动的，当工作台已经进行工作时，如再按下快速按钮 SB5 或 SB6 使 KM5 线圈 通电，接通快速移动电磁铁 YA，衔铁吸上，经杠杆将进给传动链中的摩擦离合器合上，使工作台按原运动方向实现快速移动。 SB5 或 SB6 松开时， KM5、YA 相继断电，衔铁释放，摩擦离合器脱开，快速移动结束，工作台按原进给速度运动。

(5) 工作台进给变速时的冲动控制。在改变工作台进给速度时，为了使齿轮易于啮合，也需要电动机 M2 瞬时冲动一下。进给变速冲动是由进给变速手柄配合进给变速冲动开关 SQ6 实现的。先将蘑菇手柄向外拉出并转动手柄，转盘跟着转动，把所需进给速度标尺数字对准箭头。再将蘑菇手柄用力向外拉到极限位置瞬间，连杆机构瞬时压合行程开关 SQ6，SQ6-2 常闭触头先断开，SQ6-1 常开触头后闭合，电流经 SA1-3、SQ2-2、SQ1-2、SQ3-2、SQ4-2、SQ6，使 KM4 线圈通电， M2 正转，完成变速“冲动”。因为是瞬时接通，进给电动机 M2 只是瞬时冲动一下，从而保证变速齿轮易于啮合。只有当进给操纵手柄在中间(停止)位置时，才能实现进给变速冲动控制。

(6) 圆形工作台的进给控制。将操纵手柄扳到中间“停”位置，把圆形工作台组合开关 SA1 扳到“接通”位置，这时开关接点 SA1-2 闭合，SA1-1 和 SA1-3 断开。按下主轴启动按钮 SB3 或 SB4，KM1 线圈得电，主轴电动机 M1 启动后，电流经过 KM1→SQ6-2→SQ4-2→SQ3-2→SQ1-2→SQ2-2→SA1-2→KM3 常闭→KM4 线圈，电动机 M2 启动，拖动圆工作台做单向旋转运动。按下停止按钮 SB1 或 SB2，电机与圆形工作台同时停止。

3) 冷却泵电动机控制电路的分析

合上开关 SA3，KM6 线圈得电，其主触头闭合，电动机 M3 启动运转，提供冷却液。

4) 照明及指示灯控制电路的分析

由变压器 TC 降压为 36V 电压供照明，6.3V 供指示灯。打开开关，则照明灯 EL 亮，指示灯 HL 灯也亮，若断开开关，则照明灯 EL 和指示灯 HL 灯均熄灭。

3.4 镗床的电气控制

镗床是大型箱体零件加工的主要设备，主要用镗刀对工件已有的预制孔进行镗削的机床。通常，镗刀旋转为主运动，镗刀或工件的移动为进给运动。它主要用于加工高精度孔或一次定位完成多个孔的精加工，此外还可以从事与孔精加工有关的其他加工面的加工。使用不同的刀具和附件还可进行钻削、铣削、切削的加工精度和表面质量要高于钻床。卧式镗床是镗床中应用最广泛的一种。本节以 T68 型卧式镗床为例，对其进行电气控制线路的分析。

3.4.1　T68 型卧式镗床主要结构

卧式镗床主要由床身、前立柱、镗头架、后立柱、尾座、下溜板、上溜板、工作台等部分组成，其结构示意图如图 3-13 所示。

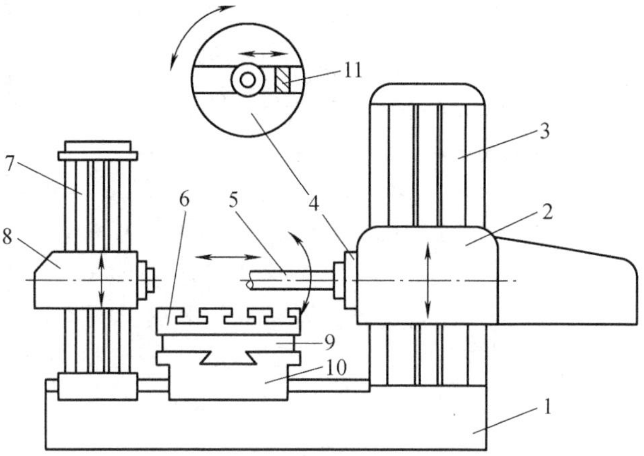

1-床身；2-镗头架；3-前立柱；4-平旋盘；5-镗轴；6-工作台；
7-后立柱；8-尾座；9-上溜板；10-下溜板；11-刀具溜板

图 3-13　T68 型卧式镗床结构示意图

T68 型卧式镗床的运动包括主运动、进给运动和辅助运动。主运动为镗轴和平旋盘的旋转运动。进给运动包括镗轴的轴向进给、平旋盘刀具溜板的径向进给、镗头架的垂直进给、工作台的横向进给和纵向移动。辅助运动包括工作台的旋转、后立柱的轴向移动、尾座的垂直移动及各部分的快速移动等。

T68 型卧式镗床的电力拖动和控制要求如下。

(1) 主轴旋转与进给量都有较大的调速范围，主运动与进给运动由一台电动机拖动，为简化传动机构采用双速笼型异步电动机。

(2) 由于各种进给运动都有正反不同方向的运转，故主电动机要求正、反转。

(3) 为满足调整工作需要，主电动机应能实现正、反转的点动控制。

(4) 保证主轴停车迅速、准确，主电动机应有制动停车环节。

(5) 主轴变速与进给变速可在主电动机停车或运转时进行。为便于变速时齿轮啮合，应有变速低速冲动过程。

(6) 为缩短辅助时间，各进给方向均能快速移动，配有快速移动电动机拖动，采用快速电动机正、反转的点动控制方式。

(7) 主电动机为双速电机，有高、低两种速度供选择，高速运转时应先经低速启动。

(8) 由于运动部件多，应设有必要的联锁与保护环节。

3.4.2　T68 型卧式镗床的电气控制线路

T68 型卧式镗床使用的电气元件符号及名称见表 3-5。T68 型卧式镗床的电气控制线路图如图 3-14 所示。

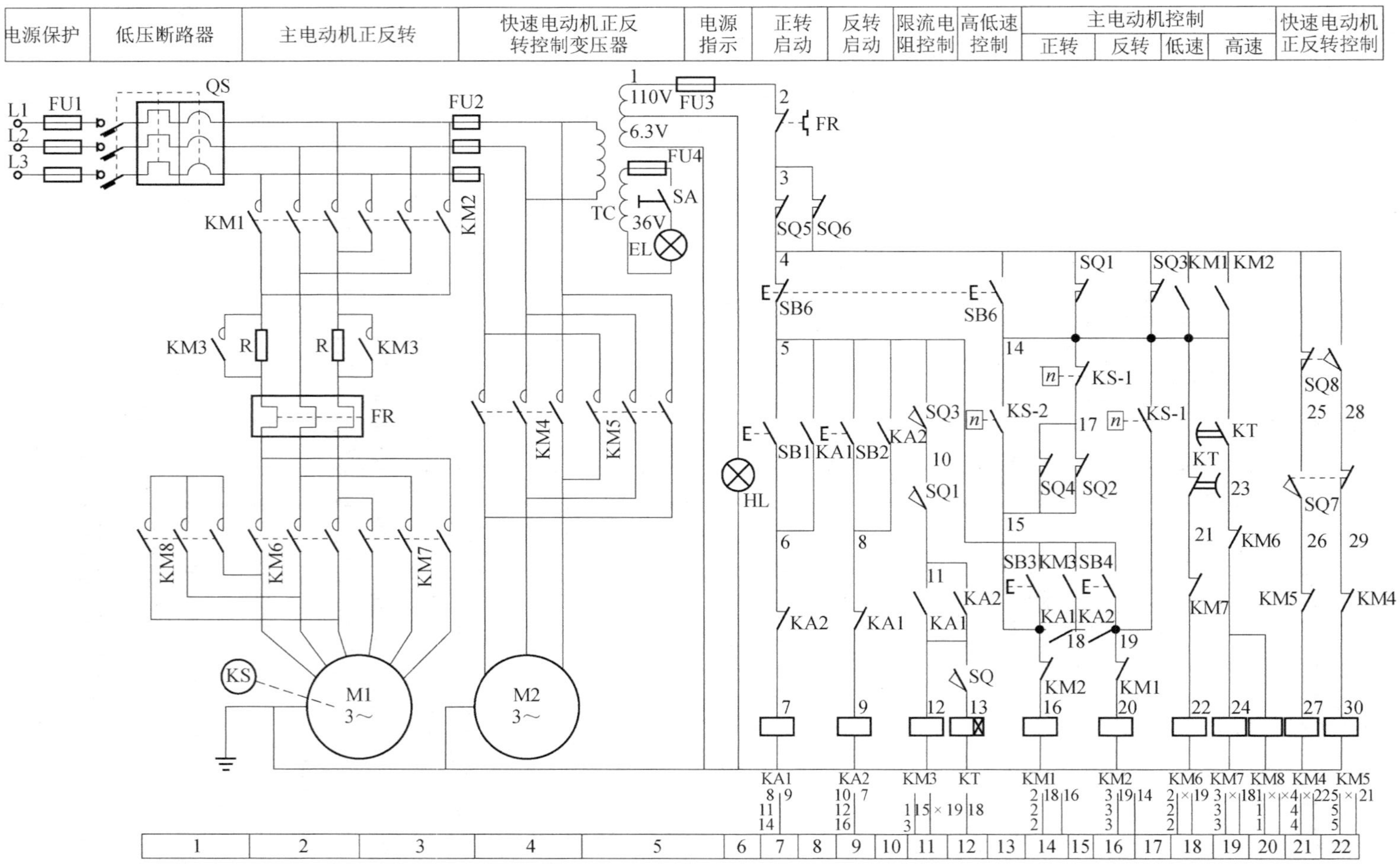

图 3-14 T68 型卧式镗床的电气控制线路图

表 3-5 T68 型卧式镗床电气元件符号及名称

符号	名称	符号	名称
M1	主轴电动机	KS	速度继电器
M2	快速移动电动机	EL，HL	灯泡
KM1	正转接触器	QS	开关
KM2	反转接触器	KA	中间继电器
KM3	制动接触器	KT	时间继电器
TC	变压器	SA	组合开关
SQ1～SQ8	行程开关	SB	按钮
FU1～FU4	熔断器	FR	热继电器

1. 电源电路和主电路

从 T68 型卧式镗床的电气控制线路图最左侧开始为电源电路和主电路，由开关 QS 引入三相电源，FU1、FU2、FU3 为熔断器作短路保护。主轴电动机 M1 的接线分为三部分：①正转接触器 KM1 和反转接触器 KM2 的主触头构成电动机的正反转接线；②M1 启动和运行时制动接触器 KM3 将 R 短接，反接制动时 R 串入电路中；③KM7 和 KM8 动合主触点闭合时，M1 定子绕组为 YY 接法，电动机为高速运转；KM6 动合触点闭合时，M1 定子绕组为△接法，电动机为低速运转。注意：绕组与电源连接的相序低速与高速应反相，才能保证主轴电机旋转方向低速与高速相同。快速移动电动机 M2 由接触器 KM4 和 KM5 控制其正向启动和反向启动。

为了保证主电路的正常运行，热继电器 FR 的热元件接在主轴电动机 M1 主电路中，起过载保护作用。

2. 控制、照明和显示电路

1) 主轴电动机控制电路的分析

(1) 主轴电动机启动和运转控制。由 SB1、SB2 控制主轴电动机的正、反转。注意：SQ1、SQ4 是主轴变速行程开关，SQ3、SQ2 是进给变速行程开关，平时两行程开关都是压下的。主轴电动机的运转状态分为两种：低速启动、低速运行和低速启动、高速运行。将高低速手柄打在低速位置，行程开关 SQ 未压合，这时候主轴电动机处于第一种运转状态。若将高低速手柄打在高速位置，行程开关 SQ 压合，此时主轴电动机处于第二种运转状态。

现将主轴电动机 M1 低速正向启动、低速运行的控制过程描述如下。

首先打开电源开关 QS，按下正向启动按钮 SB1，其常开触点闭合，使中间继电器 KA1 线圈得电并自锁。KA1 互锁触头的作用使 KA2 线圈不能得电。此时 KA1 及 SQ1、SQ3 的动合触头均处于闭合状态，故接触器 KM3 线圈得电。主电路中 KM3 动合主触头闭合将电阻 R 短接。由于此时选择的是低速挡，行程开关 SQ 未压合，时间继电器 KT 不得电。KM3 动合触头闭合，且 KA1 动合触头也闭合，电流经过 1、2、3、4、5、15、18、16，使得接触器 KM1 线圈得电。KM1 动合主触头闭合，其辅助动合触头闭合使接触器 KM6 线圈得电，KM6 动合主触头闭合，此时电动机 M1 在全压和定子绕组△接法下正向直接启动，低速运转。

主轴电动机 M1 反向启动过程和正向启动过程相似，其中启动按钮为 SB2，反转接触器为 KM2。若主轴电动机 M1 要处于第二种高速运行状态，需将行程开关 SQ 压合，时间继电器 KT 得电，延时时间到(电机低速启动过程结束)，KT 常闭触头断开(KM6 线圈不得电)，KT 常开触头闭合使接触器 KM7 和 KM8 线圈得电，M1 接成 YY 型连接，电机高速运行。

(2) 主轴电动机制动控制。控制过程：当电动机正向运转时，KS-1 动合触头闭合、KS-1 动断触头断开，按下按钮 SB6，其动断触头断开 KA1 线圈电路，KA1 动合触头恢复断开使得 KM3 和 KM1 线圈断电，KM1 主触头切断 M1 电源，KM3 主触头断开使得主电路串入电阻 R。同时，SB6 动合触头闭合且 KS-1 动合触头闭合，电流途经 1、2、3、4、14、19、20，接触器 KM2 线圈得电，其辅助动合触点闭合接通 KM6 线圈电路。KM2 和 KM6 主触头闭合，电动机 M1 串入电阻 R 反接制动，当 M1 转速低于 100r/min 时 KS-1 动合触头断开，电动机制动结束。

(3) 主轴电动机点动控制。按钮 SB3 为正转点动按钮，SB4 为反转点动按钮。正转点动控制过程：按下正转点动按钮 SB3，其动合触头控制 KM1 线圈得电，KM1 动合触头闭合，接通 KM6 线圈电路。此时 KM6 和 KM1 主触头闭合，且 KM3 线圈不得电，控制 M1 电动机串电阻 R 启动。当松开 SB3，KM1 线圈断电，电动机停转，实现点动控制。

反转点动控制过程和正转点动控制基本相同，只是反转点动按钮为 SB4，接触器 KM2 和 KM6 控制电机反转点动。

(4) 主轴变速运转控制。当主轴正转低速运行时，若需要变速，先将主轴操作盘的操作手柄拉出，SQ1 不再压下，首先 SQ1 动合触头恢复断开，使接触器 KM3 线圈电路断电，其动合触头断开，KM1 或 KM2 线圈均失电，切断主轴电动机 M1 的电源。其次 SQ1 动断触头恢复闭合，接通反接制动的电路。因 M1 电机为正转运转，KS-1 动合触头闭合，故 KM2、KM6 线圈得电，M1 在反接制动下转速迅速降低。转动变速操纵盘进行变速，到所需的速度将手柄推回原位，这时行程开关 SQ1 又被压下。其动合触头闭合，KM3 线圈得电，KM3 动合触头闭合，接通 KM1、KM6 线圈电路，主轴电动机便在新的转速下重新运转。

2) 快速移动电动机控制电路的分析

主轴的轴向进给、主轴箱的垂直进给(包括尾架)、工作台的纵向和横向进给等的快速移动，是由电动机 M2 通过齿轮、齿条等来完成的。

控制过程：当手柄在正向位置时，压下行程开关 SQ7，其动断触头断开 KM5 线圈电路，其动合触头闭合，KM4 线圈得电，KM4 主触点闭合，控制电动机 M2 正转，拖动进给机构正向快速移动。反向快速移动过程与正向移动类似，当手柄在反向位置时，按下行程开关 SQ8，接通 KM5 线圈使得 M2 反转，拖动进给机构反向快速移动。

3) 辅助电路的分析

EL 为照明灯，HL 为电源指示灯。控制变压器 TC 将交流电压降至 36V 作为照明电压，降至 6.3V 为指示灯电压。由控制开关 SA 接入照明灯 EL。熔断器 FU4 起短路保护作用。

3.5 项目单元 3：典型机床的电气故障分析

生产机械设备在运行过程中经常会出现各种各样的故障，导致生产中断，甚至会引发重大事故，因此作为电气设计人员需要了解电气控制中经常出现的状况，在设计中尽可能应避免问题，当问题发生也能做到及时发现，排除故障，保证生产的正常进行。本节在前几节机床电气控制线路分析的基础上，对典型机床电气控制线路常见故障进行分析。

3.5.1 常见电气故障及处理方法

机床的电气控制电路是根据机床用途和工艺要求而设计的，由各种电器、电机和各种基本电路组合而成，在运行中可能出现各种各样的故障，要想迅速找到故障部位并予排除，必须了解整台机床电路的工作原理、加工范围，掌握各种电器、电机结构原理和排除故障的技能。要根据机床电路的特点选择适当的各种检查方法达到排除故障的目的。

1. 常见电气故障及其原因

机床电路的故障一般有两种情况。

(1)有明显的外表特征且容易发现的故障。如发动机、电器的显著发热、冒烟、散发出臭味或火花等。这类故障是由于发动机、电器的绕组过载、短路、绝缘击穿或接地引起的。

(2)无外表特征且较隐秘的故障。这类故障主要是电气控制线路的故障。在电气控制线路中由于电气元件调整不当、机械动作失灵、触头及接线接触不良或脱落以及小零件的损坏等原因造成的故障。电气控制线路越复杂，出现这类故障的概率越高。

这类故障虽小，但是经常发生，且由于没有外表特征，寻找故障发生的点，常需要花费很长的时间，有时候需要借助各种测量仪表和工件才能找到故障点。一旦找到故障点，只需要简单的调整或修理就能立即恢复机床的正常运行。所以，能否迅速找出电气控制线路的故障点是关键。

2. 常见故障分析及处理方法

1)了解故障现象

通过问、看、听、摸、闻等手段来查找故障点。所谓“问”是指向机床操作人员了解机床在什么情况下出现何种故障，是否有异常声音或气味等现象，以及是否有误操作等具体情况。“看”是指设计人员实地观察故障现场，观察熔断器内熔丝是否熔断、导线是否烧坏等现象。“听”是指听电器工作的声音是否正常，如电动机运行的声音等。“摸”是在设备运行一段时间后，首先切断电源，然后用手触摸有关电器外壳，试其温度，是否有局部过热现象。“闻”是指在设备工作现场闻是否有烧焦味。

2)熟悉机床电气原理图和电气控制原理

在了解故障现象后，要分析可能造成故障的原因。在机床电气设备上，出现同一种故障现象，原因可能是多种多样的。这时，可根据机床电气控制线路图和电气控制原理并结合故障现场来分析和确定故障的范围。机床的电气线路是根据机床的用途和工艺要求而确定的，因此了解机床基本工作原理、加工范围和操作程序，对掌握控制线路是十分有用的。

分析电气控制线路图时，通常从主电路开始，了解机床各运动部件和机构采用了几台电动机拖动，分析每台电动机中使用的接触器的主触头的连接方式，根据掌握的电气线路图知识，大致可以看出电动机是否有正反转控制、是否采用降压启动、是否有制动或调速。接着再看右侧的控制线路，联系到机床对控制线路要求和所学知识，逐步了解各个具体电路由哪些电器组成，结合故障现象和线路工作原理分析，便可迅速找出故障。

例如，出现车床主轴电动机不停止这种故障，可能原因有以下两个方面。

(1)接触器主触头不能复位，可能被杂物卡住或有剩磁等。

(2)停止按钮常闭触头被卡住，不能断开。

造成故障的原因很多，因此必须利用该机床的资料、现场经验和判断能力，以及对机械、电气和液压等综合技术知识及必需的测试手段，最后确定可能因素，然后通过必要的实验逐一查找，确定故障点。

3) 采用正确的故障处理方法

找出故障点后，要针对不同故障情况和部位相应采取正确的排除方法，不要轻易用更换元件和补线等方法，更不要轻易改动线路或更换规格不同的电气元件，以防止产生人为故障。

3. 机床电气故障处理注意事项

(1) 明确故障点后即可动手修复的应立刻修复，如热继电器动作，让其复位后继续工作。

(2) 修复工作应尽量恢复原样，避免出现新的故障。

(3) 通电试运行时，应和操作者密切配合，避免出现新的故障。

(4) 排除故障投入正常运行后，应做好维修记录，及时总结经验，提高工作水平。

3.5.2 C650 型车床常见电气故障

根据 3.2 节中详细介绍的 C650 型卧式车床的结构、工作原理和电气控制线路图，其常见电气故障大致包括以下几点。

(1) 主轴电动机不能启动。可能的原因：电源没有接通；热继电器已动作，其常闭触点尚未复位；启动按钮或停止按钮内的触点接触不良；交流接触器的线圈烧毁或接线脱落等。

(2) 按下启动按钮后，电动机发出嗡嗡声，不能启动。这是电动机的三相电流缺相造成的。可能的原因：熔断器某一相熔丝烧断；接触器一对主触点没接触好；电动机接线某一处断线等。

(3) 按下停止按钮，主轴电动机不能停止。可能的原因：接触器触点熔焊、主触点被杂物卡阻；停止按钮常闭触点被卡阻。

(4) 主轴电动机不能点动。可能的原因：点动按钮 SB4 其常开触点损坏或接线脱落。

(5) 不能检测主轴电动机负载。可能的原因：电流表损坏、时间继电器设定时间太短或损坏、电流互感器损坏。

3.5.3 X62W 万能铣床电气故障分析

根据 3.3 节中详细介绍的 X62W 万能铣床的结构、工作原理和电气控制线路图，其常见电气故障大致包括以下几点。

1. 全部电动机都不能启动

(1) 转换开关 QS 接触不良，应检查三相电流是否正常，并检修转换开关。

(2) 熔断器中熔体熔断，应更换熔断器熔体。

(3) 热继电器动作，应查明热继电器动作原因并排除。

(4) 瞬动限位开关 SQ7 的常闭触点触头接触不良，应检修 SQ7 的常闭触头。

2. 主轴电动机变速时无冲动过程

(1) 瞬动限位开关 SQ7 的常开触头接触不良，应检修 SQ7 的常开触头。

(2) 机械顶端不动作或未碰上瞬动限位开磁 SQ7，应检修机械顶销使其动作正常。

3. 主轴停车时没有制动作用

(1) 速度继电器常开触头未闭合或胶木摆杆断裂，应清除速度继电器常开触头油污或调整触头压、更换胶木摆杆。

(2) 接触器 KM1 的联锁触头接触不良，应清除 KM1 联锁触头油污或调整触头压力。

4. 主轴停止制动后产生短时反向旋转

速度继电器 KS 动触片弹簧调得过松使触头断开过迟，应调整 KS 动触片的弹簧压力。

5. 按停止按钮主轴不停止

(1) 接触器 KM1 主触头熔焊，应找出原因，更换主触头。

(2) 停止按钮触头断路，应换停止按钮。

6. 进给电动机不能启动(主轴电动机能启动)

(1) 接触器 KM3 或 KM4 线圈断线，主触头和联锁触头接触不良，应检修 KM3 或 KM4 线圈和主触头及联锁触头。

(2) 转换开关 SA1 或 SA2 接触不良，应检修 SA1 和 SA2。

7. 工作台升降和横向进给正常，纵向和左右不能进给

(1) 限位开关 SQ3、SQ4 或 SQ6 的常闭触头中有一对接触不良，就不能进给。

(2) 限位开关 SQ1 的常开触头接触不良。

(3) 纵向操作手柄联动机构机械磨损。

8. 工作台不能快速进给

(1) 接触器 KM5 线圈断路或主触头接触不良。

(2) 电磁铁 YA 线圈断路，机械卡阻或动铁心超行程。

(3) 离合器摩擦片调整不当。

9. 进给电动机没有冲动控制

冲动限位开关 SQ6 的常开触头接触不良，应进行检修。

3.5.4 T68 型卧式镗床电气故障分析

根据 3.4 节中详细介绍的 T68 型卧式镗床的结构、工作原理和电气控制线路图，其常见电气故障大致包括以下几点。

1. 主轴能低速启动，但不能高速运转

(1) 手柄在高速位置时没有能把行程开关 SQ 压下，主要原因是 SQ 位置变动或松动，应重新调整位置，拧紧螺钉。

(2) 行程开关 SQ 或时间继电器 KT 触点接触不良或接线脱落。

2. 主轴电动机不能制动

(1) 速度继电器损坏，其正转常开触点 KS-1 和反转常开触点 KS-2 不能闭合。

(2) 接触器 KM1 或 KM2 的常闭触点接触不良。

3. 主轴变速手柄拉开时不能制动

(1) 主轴变速行程开关 SQ1 的位置移动，所以主轴变速手柄拉开时 SQ1 不能复位。

(2) 速度继电器损坏，其常开触点不能闭合，使反接制动接触器不能吸合。

4. 进给变速手柄拉开时不能制动

原因与 3 基本相同，不过应检查进给变速行程开关 SQ3 有没有复位，速度继电器是否工作正常。

5. 主轴变速手柄推合不上时没有冲动

(1) 行程开关 SQ2 的位置移动，使主轴变速手柄推合不上时有没有压下 SQ2。

(2)速度继电器损坏或线路断开，因而KS-1常闭不通。

(3)行程开关SQ1常闭触点接触不良或接线松动。

6. 进给变速手柄推合不上时没有冲动

原因与5基本相同，不过应检查行程开关SQ4有没有压下，SQ3有没有复位，速度继电器的常闭触点KS-1能否闭合。

7. 主轴和工作台不能工作进给

(1)主轴和工作台的两个手柄都扳到自动进给位置。

(2)行程开关SQ5和SQ6位置变动或撞坏，使其常闭触点都不能闭合。

练 习 题

3-1 结合C650型卧式车床电气控制线路图(图3-10)，说明C650车床主电机正反转是如何制动的？

3-2 如何分析机械电气线路图，试说明方法及步骤？

3-3 结合X62W型万能铣床电气控制线路图(图3-12)，说明工作台向左(右)单程移动及半自动循环控制原理？

3-4 C650型卧式车床电气控制线路中有哪些保护环节？这些保护环节各采用什么电器实现保护功能？

3-5 X62W型万能铣床电气控制线路图中，如何实现联锁保护？

3-6 结合T68型卧式镗床的电气控制线路图(图3-14)，主轴电动机如何实现低速启动并高速运转？

第二篇　可编程序控制器及其应用

第 4 章　可编程序控制器的基本结构与工作原理

随着社会的发展和科技进步，新的控制器件及其控制系统不断涌现。本书第 1～3 章讲的是电器控制技术，主要讲传统的继电接触器及其控制，这种电器控制方式难以满足顺序控制、自动控制的要求。可编程序控制器(Programmable Logic Controller，PLC)的出现则解决了电器控制存在的问题。本书以后 4 章将介绍可编程序控制器及其应用技术。PLC 是一种用于控制机器或者生产过程的自动控制装置，一般用于较为恶劣的工作环境。自 1968 年美国通用汽车公司(GM)研制出世界上第一台可编程序控制器以来，已被广泛应用于工业控制中，是实现生产机械、生产过程自动化不可缺少的自动控制装置。图 4-1 为工业控制中常用的三菱可编程序控制器以及由可编程序控制器组成的系统。

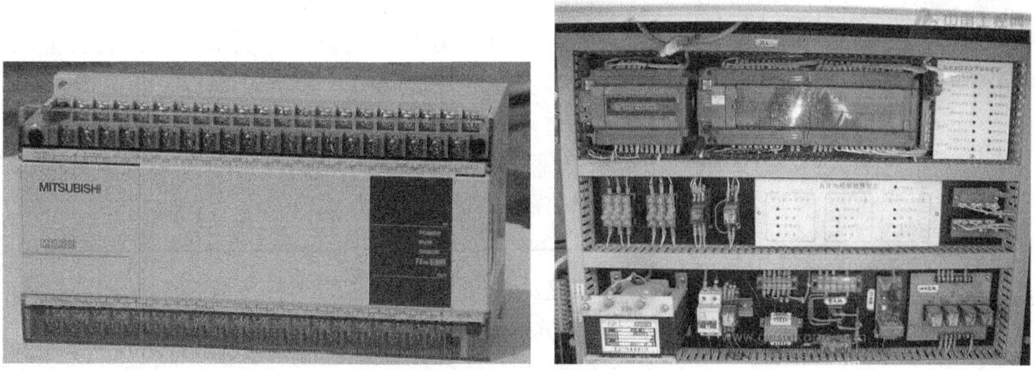

图 4-1　可编程序控制器实物图

通过本章的学习，你可以知道生产机械的电气控制系统中 PLC 的基本结构和工作原理，PLC 的性能指标及分类，PLC 控制系统与其他控制系统相比有哪些特色，以及 PLC 控制系统的设计基本原则和内容，学会如何进行编程。

本章知识要点

(1) 了解 PLC 的主要优点；

(2) 了解与掌握 PLC 的基本结构与工作原理以及输入输出方式；

(3) 了解 PLC 系统的设计基本原则。

4.1 可编程序控制器概述

4.1.1 可编程控制器的产生

> **案例 4-1**
>
> PLC 在工业上使用比较多，因其相对于传统的继电接触控制系统能实现更多的功能。现在设想让你组建一套 PLC 系统。
>
> **问题：**
>
> (1)PLC 应该由哪些部件组成？
>
> (2)PLC 是如何实现控制功能的？

继电器接触器等各种电器，能完成逻辑“与”“或”“非”等运算功能，实现弱电对强电的控制；由于结构简单，价格便宜，掌握容易等优点，几十年来已得到了广泛的应用，并在工业控制等领域中占据主导地位。但继电接触控制系统存在设备体积大、开关动作慢、功能少、接线复杂、触点易损、系统更改麻烦和灵活性较差等缺点。

针对继电接触控制系统的缺点，1968 年美国通用汽车公司提出要求，由美国数字设备公司于 1969 年成功研制出第一台可编程控制器，具有执行继电器逻辑、定时、计时等功能。20 世纪 70 年代中期，人们将微机技术应用到可编程序控制器中，使得它兼有计算机的一些功能，不但用逻辑编程取代了硬连线逻辑，还增加了运算、数据传送与处理以及对模拟量进行控制等功能。图 4-2 所示为常用的西门子带操作屏的可编程序控制器。

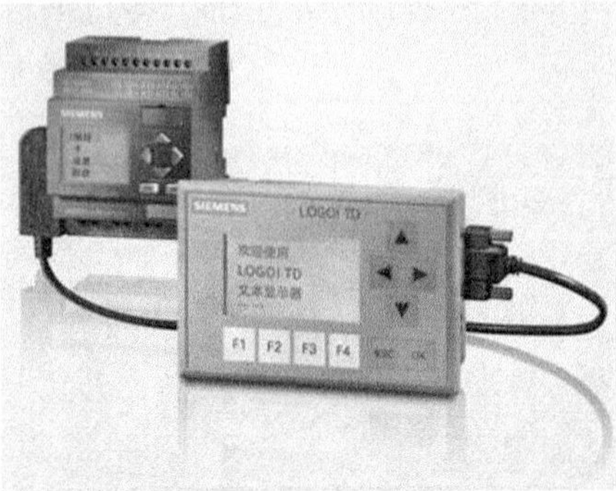

图 4-2　西门子带操作屏的可编程控制器

1980 年，美国电气制造协会将这种新的设备正式命名为可编程序控制器(Programmable Controller，PC)。但为了与当时的个人计算机(Personal Computer，PC)相区别，故通常把可编程序控制器简称为PLC，本书均用PLC表示可编程序控制器。

1987 年美国电气制造协会给出的可编程序控制器的定义为：可编程序器是一种带有指令存储器和数字或模拟 I/O 接口，以位运算为主，能完成逻辑、顺序、定时、计数和算术运算等功能，用于控制机器或生产过程的自动控制装置。随着科学技术的进步和可编程序控制器的不断发展，功能不断增强，其定义也会有一定变化。

4.1.2 可编程序控制器的主要功能及应用领域

PLC 把自动化技术、计算机技术和通信技术融为一体，概括起来它有以下主要功能。

1. 逻辑控制

PLC 具有逻辑运算功能，它设置有“与”“或”“非”等逻辑指令，因此它可以代替继电器进行组合逻辑与顺序逻辑控制。

2. 定时控制

PLC 具有定时控制功能，它为用户提供了若干个定时器并设置了定时指令。

3. 计数控制

PLC 计数功能，它为用户提供了若干个计数器并设置了计数指令。

4. 步进指令

PLC 能完成步进控制功能，PLC 为用户提供了若干个移位寄存器，或者直接有步进指令，可用于步进控制。

5. A/D、D/A 转换

有些 PLC 还具有“模数”(A/D)转换和“数模”(D/A)转换功能，能完成对模拟量的控制与调节。

6. 数据处理

有些 PLC 还具有数据处理能力，能进行数据并行传送、比较和逻辑运算，BCD 码的加、减、乘、除等运算，还能进行数据检索、比较、数制转换等操作。

7. 通信与联网

有些 PLC 采用了通信技术，可以进行远程 I/O 控制，多台 PLC 可以组成“集中管理、分散控制”的分布式控制网络，可完成较大规模的复杂控制。

8. 对控制系统监控

PLC 配置有较强的监控功能，操作人员通过监控命令可以监视有关部分的运行状态。

随着科学技术的不断发展，PLC 的功能也会不断拓宽和增强。由此可见，可编程序控制器的应用领域和场合是很广泛的。可用于开关量逻辑控制、顺序控制、定时和计数控制、闭环与过程控制、运动(位置)控制、多级网络控制和数据处理等。

4.1.3　可编程序控制器的优点

PLC 有如下主要优点。

1. 编程简单

PLC 的设计者在设计 PLC 时已充分考虑使用者的习惯和技术水平及用户的方便，构成一个实际的 PLC 控制系统一般不需要很多配套的外围设备；PLC 的基本指令不多；常用于编程的梯形图与传统的继电接触控制线路图有许多相似之处；编程器的使用简便；对程序进行增减、修改和运行监视十分方便。

2. 可靠性高

PLC 是专门为工业控制而设计的，在设计与制造过程中均采用了诸如屏蔽、滤波、隔离、无触点、精选元器件等多层次有效的抗干扰措施，因此可靠性很高，有资料称其平均无故障时间可达 3 万小时以上。此外，PLC 还具有很强的自诊断功能，可以迅速方便地检查判断出故障，缩短检修时间。PLC 可靠性高的原因在后面还有介绍。

3. 其他优点

如功能强、使用方便、设计、施工和调试周期短等。

4.2　基本结构与工作原理

4.2.1　可编程序控制器的基本结构

PLC 及其控制系统是从继电接触器控制系统和计算机控制系统发展而来的，因此 PLC 与这种控制系统有许多相同或相似之处。PLC 的输入输出部分与继电接触控制系统大致相同，PLC 的控制部分用微处理器和存储器取代了继电器控制线路，其控制作用是通过用户软件来实现的。不同厂家生产的 PLC 其基本结构相同，如图 4-3 所示。

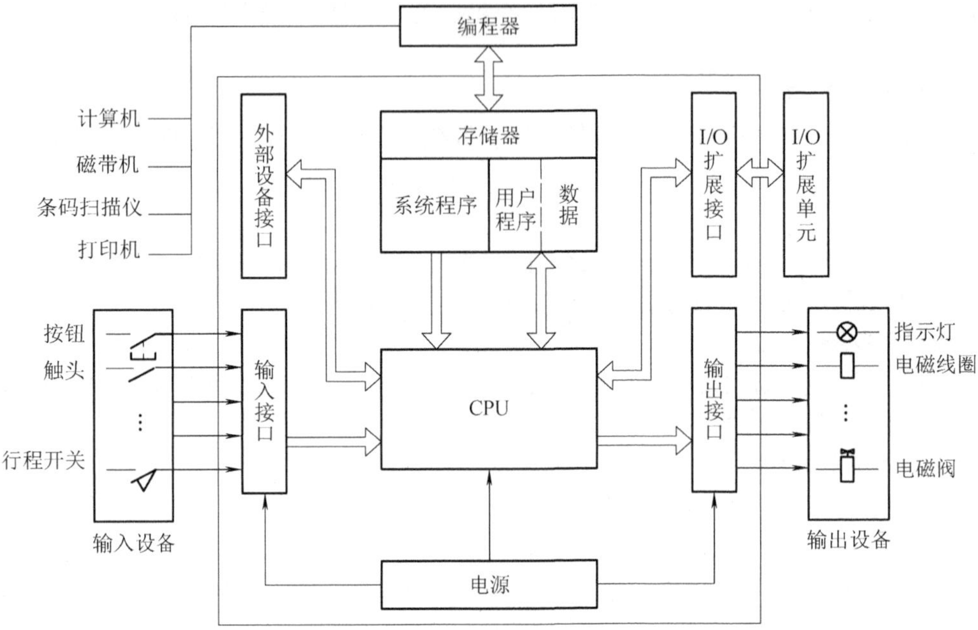

图 4-3　PLC 基本结构

1. 输入与输出部件

这是 PLC 与输入控制信号和被控制设备连接起来的部件，输入部件接收从开关、按钮、继电器触点和传感器等输入设备输入的现场控制信号，并将这些信号转换成中央处理器(CPU)能接收和处理的数字信号；输出部件接收经过 CPU 处理过的输出数字信号，并把它转换成被控制设备或显示装置所能接收的电压或电流信号，以驱动接触器、电磁阀和指示器件等外部设备。如图 4-4 所示，图 4-4(a)红外传感器输入设备作为外部现场控制信号与输入部件相连；图 4-4(b)是西门子 PLC 单元，其上部分为输出接口(输出部件)，下部分为输入接口(输入部件)，图 4-4(c)电磁阀输出设备作为外部执行单元与输出部件相连。

(a)输入设备　　(b)PLC 单元　　(c)输出设备

图 4-4　PLC 单元与输入输出设备

2. 中央处理单元

微处理器又称中央处理单元(Central Processing Unit，CPU)，它是 PLC 的核心部件，整个 PLC 的工作过程都是在中央处理器的统一指挥和协调下进行的，它的主要任务是按一定的规律和要求读入被控对象的各种工作状态，然后根据用户所编制的应用程序的要求去处理有关数据，最后再向被控对象送出相应的控制(驱动)信号。PLC 中所采用的 CPU 通常有三种：

通用微处理器(如 8086、80386 等)、单片机芯片(如 8031、8096 等)、位片式微处理器(如 AMD-2900 等)。CPU 位数越多，PLC 功能越强，图 4-5 为 CPU 芯片。

图 4-5　CPU 芯片

3. 存储器

存储器是保存系统程序和用户程序的器件。系统存储器主要用于存放系统正常工作所必需的程序，如管理、监控、指令解释程序，这些程序与用户无直接关系，由厂家直接固化进 EPROM 中。用户存储器主要用于存放用户按控制要求所编制的程序，可通过编程器进行必要的修改，图 4-6 为 EPROM 实物图。

4. 电源部件

电源部件是把交流电转换成直流稳压电源的装置，它向 PLC 提供所需要的直流电源(一般为 5V)和外部输入设备所需直流稳压电源(一般为 24V)，图 4-7 为 PLC 电源部件。

图 4-6　EPROM 实物图

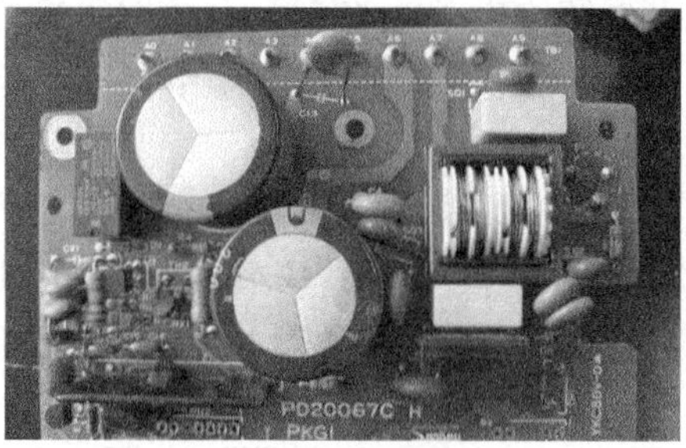

图 4-7　PLC 电源部件

5. 编程器

编程器是 PLC 必不可少的重要外围设备。它主要用于对用户程序进行编辑、输入、检查、调试和修改，并用来监视 PLC 的工作状态。

编程器有简易编程器和图形编程器两种。前者体积小，携带方便，但只能用语句指令进行联机编程，适合小型 PLC 编程和现场调试。后者既可用语句指令编程，也可用梯形图等语言编程，同时还能进行脱机编程，图 4-8 为手持式简易编程器。

图 4-8　手持式简易编程器

案例 4-1 分析

(1)一般来说，PLC 组成由 CPU、存储器、电源、编程器和输入输出部件组成。

(2)其实现功能的方式如下。

① PLC 都有个系统平台，简称平板程序，是用户程序的运行环境。

② 用户根据生产实际为 PLC 系统选择合适的输入、输出端口的种类及数量。

③ 用户归纳工作流程为数学语言并最后转化为程序语言。并下载到 PLC。

④ PLC 循环执行用户程序，读取输入状态并刷新输出状态完成控制。在此期间通常需要现场程序调试。

目前 PLC 制造厂家大都开发了计算机辅助 PLC 编程支持软件，当个人计算机安装了 PLC 编程支持软件后，可用作图形编程器，进行用户程序的编辑和修改，并通过个人计算机和 PLC 之间的通信接口实现用户程序的双向传送、监控 PLC 运行状态等。

4.2.2 可编程序控制器的工作原理

PLC 的工作过程一般可分为三个主要阶段：输入采样(输入扫描)阶段、程序执行(执行扫描)阶段和输出刷新(输出扫描)阶段。

1. 输入采样阶段

PLC 以扫描工作方式按顺序将所有输入信号，读入到寄存输入状态的输入映像寄存器中存储，这一过程称为采样。在本工作周期内这个采样结果的内容不会改变，而且这个采样结果将在 PLC 执行程序时被使用。

2. 程序执行阶段

PLC 按顺序对程序进行扫描，即从上到下，从左到右地扫描每条指令，并分别从输入映像寄存器和输出映像寄存器中获得所需的数据进行运算、处理，再将程序执行的结果写入寄存执行结果的输出映像寄存器中保存。但这个结果在全部程序未执行完毕之前不会送到输出端口上。

3. 输出刷新阶段

在执行完用户所有程序后，PLC 将输出映像寄存器中的内容(存放执行的结果)送入到寄存输出状态的输出锁存器中，再去驱动用户设备，这就是输出刷新。PLC 的工作过程如图 4-9 所示。

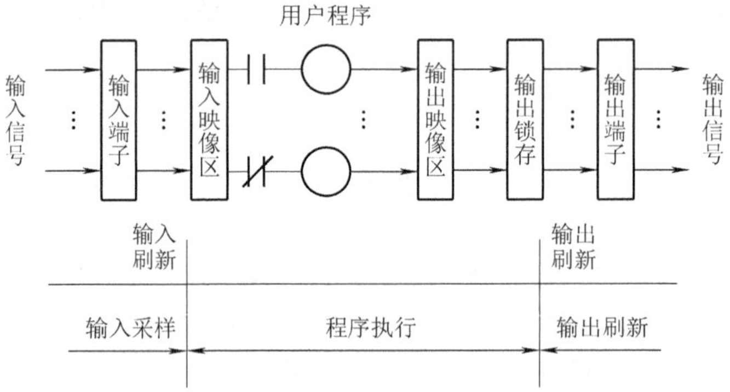

图 4-9 PLC 的工作过程

PLC 重复执行上述三个阶段，每重复一次的时间称为一个扫描周期，一般为 40～100ms，其中输入扫描和输出刷新的时间一般为 4ms 左右。此外，执行程序的扫描周期还因程序的长度、指令种类、CPU 执行指令的速度等影响而有所不同。

PLC 的一个工作周期主要有上述三个阶段，但严格来说还应包括下述四个过程，但这四个过程都是在输入扫描过程之后进行的。

(1) 系统自监测。检查程序执行是否正确，如果超时则停止中央处理器工作。

(2) 与编程器交换信息。这在使用编程器输入和调试程序时才执行。

(3) 与数字处理器交换信息。这只有在 PLC 中配置有专用数字处理器时才执行。

(4) 网络通信。当 PLC 配置有网络通信模块时，应与通信对象(如磁带机、其他 PLC 或计算机等)进行数据交换。

从上述 PLC 工作过程中可以看出以下结论。

PLC 采用循环扫描工作方式。PLC 工作的主要特点是输入信号集中批处理，执行过程集中批处理和输出控制也集中批处理。PLC 的这种“串行”工作方式，可以避免继电接触控制中触点竞争和时序失配的问题。这是 PLC 可靠性高的原因之一，但是又导致输出对输入在时间上的滞后，这是 PLC 的缺点，但当扫描速度足够快时这一缺点可以忽略。

PLC 在执行程序时所用到的状态值不是直接从实际输入输出端口获取，而是来源于输入映像寄存器和输出映像寄存器。输入映像寄存器的状态值，取决于上一扫描周期从输入端子中采样的数据，并在程序执行阶段保持不变；输出映像寄存器中的状态值，取决于执行程序输出指令的结果；输出锁存器中的状态值是由上一个扫描周期的刷新阶段从输出映像寄存器转入。

另外，PLC 中常采用一种称为“看门狗”（Watchdog）的定时监视器来监测 PLC 的实际工作时间是否超出预定的时间，以避免 PLC 在执行程序过程中进行循环，或 PLC 执行非预定程序而造成系统故障瘫痪。

4.2.3　可编程序控制器的输入输出方式

从上述可编程序控制器的基本结构可知，可编程序控制器的输入输出部件是 PLC 与外部设备的连接部件，如图 4-3 中的输入输出接口。PLC 与来自开关、按钮、继电器触点和传感器等的输入控制信号和被控制设备如接触器、电磁阀和指示器件等连接，不同的输入输出单元对应不同的输入输出接口，也就是 PLC 的输入输出方式不同。

1. 输入方式

PLC 输入方式按输入回路电流来分，有直流输入和交流输入两种，有的 PLC 还有交直流输入方式。分别用于接收和采集两种类型的输入信号，一类是由按钮、转换开关、行程开关、继电器触头等提供的开关量输入信号；另一类是由电位器、测速发电机和各种变换器提供的连续变化的模拟量输入信号。直流输入电路示意图如图 4-10 所示，直流电源由 PLC 内部提供。交流输入电路示意图如图 4-11 所示，由 PLC 外部提供交流电源。当有信号输入时，发光二极管亮。由于输入信号经过光电耦合器的隔离，提高了 PLC 的抗干扰能力。

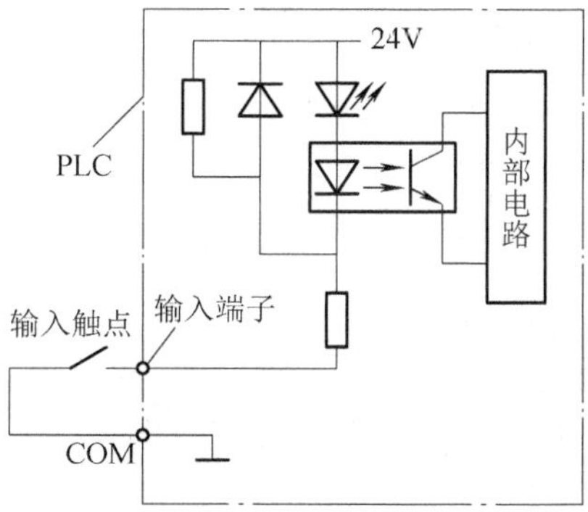

图 4-10　直流输入电路示意图

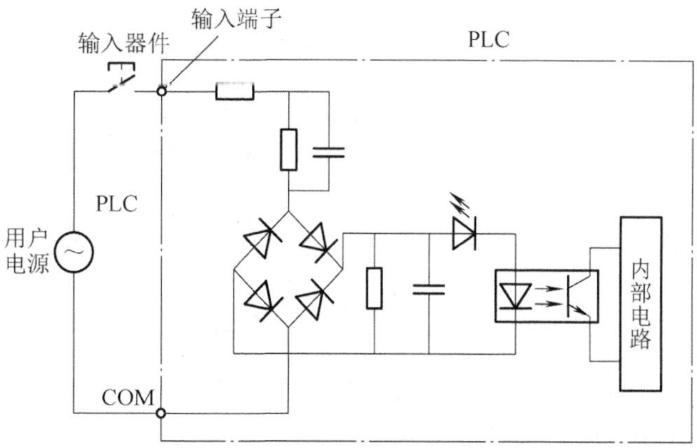

图 4-11　交流输入电路示意图

PLC 输入方式按输入模块与外部用户设备的接线形式来分，有汇点式输入接线和分隔式输入接线两种基本形式。汇点式输入就是各输入回路有一个公共端 COM，可以是全部输入点为一组共用一个公共端和电源，也可以将全部输入点分成 *n* 个组，每组有一个公共端和一个单独电源。分隔式输入就是每一个输入回路有两个接线端，由单独的电源供电，这一电源由用户提供。控制信号是通过用户输入设备(如开关、按钮、位置开关、继电器和传感器)的触点输入的。

2. 输出方式

PLC 输出方式如果按负载使用的电源(即用户电源)来分，有直流输出、交流输出和交直流输出三种方式。按输出开关器件的种类来分，有晶体管、晶闸管和继电器三种输出方式。

晶体管输出电路示意图如图 4-12 所示，图中仅画出一个输出点的电路原理，其他输出点的输出电路与此电路相同。晶体管输出电路只能带直流负载，属于直流输出方式。晶闸管输出电路示意图如图 4-13 所示，晶闸管为双向晶闸管，这种输出方式只能带交流负载，属于交流输出方式。继电器输出电路示意图如图 4-14 所示，它可带直流也可带交流负载，属于交直流输出方式。以上三种输出方式，电源由用户提供。当 PLC 有信号输出时，发光二极管亮。和输入方式一样，输出经过光电耦合器隔离以提高抗干扰能力。

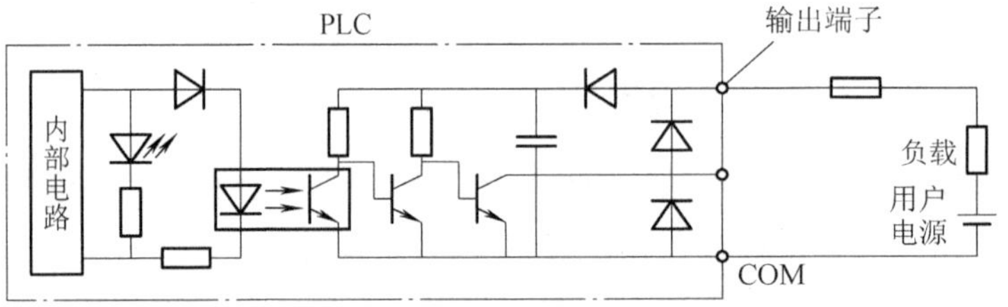

图 4-12　晶体管输出电路示意图

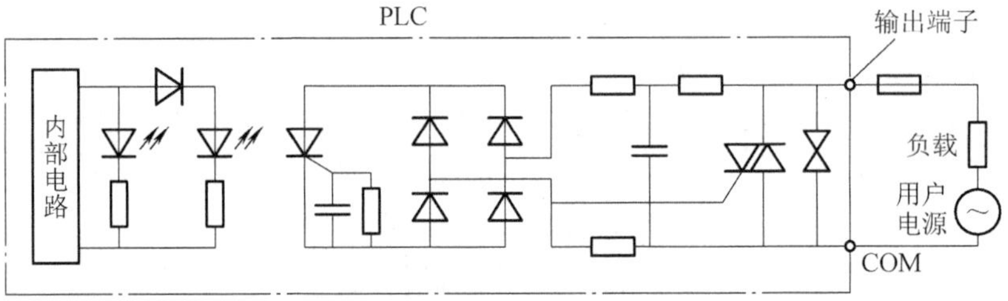

图 4-13　晶闸管输出电路示意图

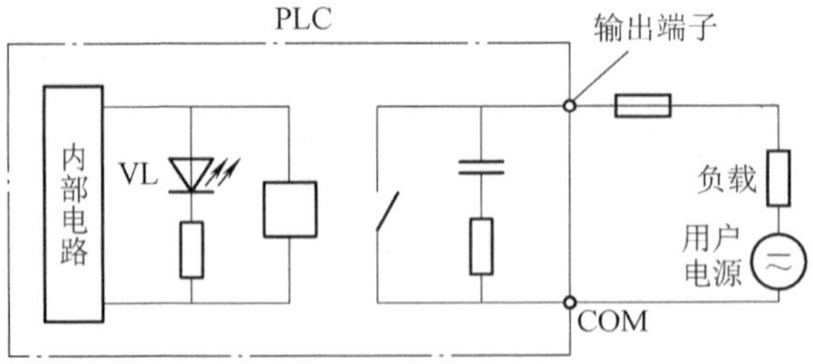

图 4-14　继电器输出电路示意图

PLC 输出方式按输出模块与外部用户输出设备的接线形式分，也有汇点式输出和分隔式输出接线两种基本形式。

此外，有的 PLC 设置有 I/O 双重功能的 I/O 模块，这种模块既有若干个输入点，又有若干个输出点，各输入回路的直流电源由 PLC 内部电源提供，各输出回路的负载电源由用户提供，可以是直流也可以是交流。

4.3　可编程序控制器的性能指标及分类

4.3.1　可编程序控制器的性能指标

不同品牌、规格的 PLC 其性能指标不尽相同，通常可以采用以下指标来综合评述。

1. 编程语言

PLC 常用的编程语言有梯形图语言、助记符语言、流程图语言及高级语言等，目前使用最多的是梯形图和助记符两种。不同的 PLC 可能采用不同的编程语言。

2. 指令种类数和总条数

用以表示 PLC 的编程和控制功能。

3. I/O 总点数

PLC 的输入和输出有开关量和模拟量两种。对于开关量，I/O 总点数用最大 I/O 点数表示；而对模拟量，I/O 总点数则用最大 I/O 通道数表示。

4. PLC 内部继电器的种类和点数

包括输入继电器、输出继电器、辅助继电器、特殊继电器、定时器、计数器、状态继电器、数据寄存器等。每种继电器点数不一样。

5. 用户程序存储量

用户程序存储器用于存储通过编程器输入的用户程序，其存储容量通常是以字为单位来计算。约定 16 位二进制数为一个字(注意一般微处理机是以 8 位为 1B)，每 1024B 为 1KB。中小型 PLC 的存储容量一般在 8KB 以下，大型 PLC 的存储容量有的已经达到 256KB 以上。编程时，通常对于一般的逻辑操作指令，每条指令占一个字，计时、计数和移位指令占 2B，对于一般的数据操作指令，每条指令占 2B。须指出，有的 PLC 其用户程序存储容量是用编程的步数来表示的，每一条语句为一步。

6. 扫描速度

以字为单位表示。例如，20ms/K 字表示扫描 1KB 的用户程序需要的时间为 20ms。

7. 工作环境

一般都能在以下环境条件下工作：温度 0～55℃，湿度小于 85%。

8. 特种功能

有的 PLC 还具有某些特种功能，例如，自诊断功能、通信联网功能、监控功能、远程 I/O 功能等。

9. 其他

其他指标，例如，输入/输出方式、某些主要硬件(如 CPU、存储器)的型号等。

4.3.2　可编程序控制器的分类

目前 PLC 的品种很多，规格性能不一，还没有严格的分类标准，但一般按下面几种情况进行大致分类。

1. 按结构形式分类

按 PLC 结构形式分类，可分为整体式、模块式和叠装式三种。

整体式(箱体式)PLC，将 PLC 的电源、中央处理器、输入输出部件等集中配置在一起，有的甚至全部安装在一块印制电路板上，装在一个箱体内。整体式结构紧凑、体积小、重量轻、价格低，小型 PLC 常使用这种结构，例如，FX 系列 PLC。

模块式(积木式)PLC，它把 PLC 的各部分以模块形式分开，如电源模块、CPU 模块、输入模块、输出模块等，把这些模块插到机架插座上或安装在底板上，组装在一个机架内。这种结构配置灵活，装配方便，便于扩展。一般中型和大型 PLC 常采用这种结构。例如，西门子 S7-300、S7-400 型 PLC 等采用这种结构，有的小型 PLC 也采用这种结构。

叠装式 PLC，将整体式和模块式结合起来称为叠装式结构 PLC。它除了基本单元，还有扩展模块和特殊功能模块，兼有上面两种形式的优点。S7-200PLC 就是这种结构。

2. 按输入输出点数和存储容量分类

按输入输出点数和存储容量来分，PLC 大致可分为大、中、小和微型(超小型)4 种。

微型 PLC 的输入输出点数小于 64 点，用户程序存储容量一般小于 2KB。

小型 PLC 的输入输出点数为 64～256 点，用户程序存储容量为 2～4KB。

中型 PLC 的输入输出点数为 256～2048 点，用户程序存储容量为 4～16KB。

大型 PLC 的输入输出点数为 2048 点以上，用户程序存储容量达 16KB 以上。

3. 按功能分类

按 PLC 功能强弱来分，大致可分为低档机、中档机、高档机和专用机。高档 PLC 功能强大，相比之下低档 PLC 功能较弱，中档机功能介于低、高档机两者之间。

随着 PLC 的发展，PLC 的分类也将会做出相应的改变，使 PLC 的分类更科学更严密。

4.4 可编程序控制器与其他工业控制系统的比较

1. 可编程序控制器与继电接触控制系统的比较

从某种意义上看，PLC 是从继电接触控制发展而来的。两者既有相似性又有不同之处。

(1)继电接触控制全部都用硬器件、硬触点和“硬”线连接，为全硬件控制；PLC 内部大部分采用“软”电器、“软”接点和“软”线连接，为软件控制。

(2)继电接触控制系统体积大；PLC 控制系统结构紧凑，体积小。

(3)继电接触控制全为机械式触点，动作慢；PLC 内部全为“软接点”，动作快。

(4)继电接触控制功能改变，需拆线、接线乃至更换器件，比较麻烦；PLC 控制功能改变，通常只需修改程序就可实现，极其方便。

(5)PLC 控制系统的设计、施工与调试比继电接触控制系统周期短。

(6)PLC 控制的自检和监控功能比继电接触控制强。

(7)PLC 的适用范围比继电接触控制广泛。

(8)PLC 可靠性比继电接触控制高。

2. 可编程序控制器与微型计算机的比较

PLC 也是随着微型计算机的发展而发展，PLC 实质上就是一台专为工业生产控制设计的专用计算机。两者既有相近性又有差别，主要差别表现在以下几个方面。

(1)PLC 输入输出接口较多，中大型 PLC 输入输出接口更多，便于多路多点控制。

(2)PLC 编程简便，因为 PLC 是采用易于用户理解、接受和使用的梯形图编程语言，而计算机使用汇编语言或其他高级语言编程，比 PLC 复杂。

(3) PLC 可靠性高，因为 PLC 是为工业环境条件比较恶劣的工业控制设计的，设计与制造 PLC 时已采取了多种有效的抗干扰和提高可靠性措施。

(4) PLC 技术较容易掌握，使用维护方便，对使用者的技术水平要求比使用计算机时低。

(5) PLC 采用扫描方式进行工作，加之其他一些原因，所以 PLC 输入输出响应比计算机慢。

(6) PLC 体积较小，PLC 控制的系统调试周期短。

(7) PLC 主要用于工业控制，但是微型计算机应用范围更广。

3. 可编程序控制器与集散系统(DCS)的比较

(1) PLC 是由继电器控制逻辑发展而来的，而集散系统是由回路仪表控制发展而来的，但这两者都是随着微电子技术、大规模集成电路技术、计算机控制技术的发展而发展的。

(2) PLC 在开关量控制、顺序控制方面有一定的优势，而集散系统回路调节、模拟量控制、过程控制方面有一定的优势。

(3) PLC 与集散系统在发展过程中，始终互相渗透、互为补充，两者的发展越来越接近，如果把两者的优势有机地结合起来，就有可能构成一种新型的全分布式的计算机控制系统。

(4) 学习掌握 PLC 比集散控制系统容易。

4.5 可编程序控制器控制系统设计概述

4.5.1 可编程序控制器控制系统设计的原则和内容

可编程序控制器的结构和工作方式与通用微型计算机不完全一样，因此，可编程序控制器设计自动控制系统与微机控制系统开发过程也不完全相同，需要根据可编程序控制器的特点进行系统设计。可编程序控制器与继电器控制系统也有本质区别，硬件和软件可分开进行设计是可编程序控制器的一大特点。

1. 可编程序控制器控制系统设计的基本原则

设计任何一个 PLC 控制系统，目的都是通过控制被控对象来实现生产工艺的要求，以提高劳动生产率和产品的质量。因此，在设计 PLC 控制系统时，如同设计电气控制系统一样，应遵循以下基本原则。

(1) PLC 控制系统应最大限度地满足被控对象的生产工艺要求和用户的控制要求，实现被控对象即设备、生产机械或生产工艺的全部动作。设计前，应深入现场进行调查研究，搜集资料，并与机械部分的设计人员和实际操作人员密切配合，拟定出最为合理的控制方案。

(2) 在满足生产工艺要求的前提下力求使 PLC 控制系统简单、经济、使用时节约能源，同时又要满足设备、生产机械对产品的加工质量以及生产效率的要求。

(3) 确保 PLC 控制系统的安全、稳定可靠，使用及维修方便。

(4) 考虑生产发展和工艺改进，在配置 PLC 硬件设备时应留有一定的余量。

2. 可编程序控制器控制系统设计的基本内容

PLC 控制系统是通过可编程序控制器与用户输入、输出设备连接而成的，因此 PLC 控制系统设计的基本内容包括以下几方面。

(1)选择用户输入设备(按钮、操作开关、限位开关、传感器等)、输出设备(接触器、电磁阀等)以及由输出设备驱动的控制对象(电动机、信号灯等)。

(2)PLC的选择，包括机型、容量的选择以及I/O模块、电源模块等的选择。可编程序控制器是PLC控制系统的核心部件，正确选择可编程序控制器对于保证整个控制系统的技术性能指标起着极为重要的作用。

(3)分配I/O点并绘制I/O连接图。

(4)控制程序设计，包括控制系统流程图及梯形图等的设计。PLC控制系统是通过控制程序来实现其控制功能，因此所设计的控制程序必须经过反复调试、修改，直至满足用户要求。

(5)必要时还需要设计控制台或控制柜。编制控制系统文件，如说明书、电气图及电器元件明细表等。

4.5.2 可编程序控制器控制系统设计的一般步骤

可编程序控制器控制系统设计流程如图4-15所示，具体设计步骤如下。

(1)根据生产的工艺过程分析控制要求，设计需要完成的动作(动作顺序、动作条件、必需的保护等)、操作方式(手动、自动、连续、单步等)。

(2)根据控制要求确定所需要的输入、输出设备，据此确定PLC的I/O点数并留有一定余量。

(3)选择PLC，分配PLC的I/O点并设计PLC的I/O与设备的I/O连接图。

(4)根据控制要求进行PLC程序设计。如前面所述，这里主要是梯形图的设计，是程序设计的关键一步，也是比较困难的一步。要设计好梯形图，首先要熟悉控制要求，同时还需具备一定的电气设计实践经验。

(5)根据需要编制程序清单(目前各种品牌的PLC大都具备图形编程软件，可直接用梯形图编程，这样程序清单通常可自动生成)。

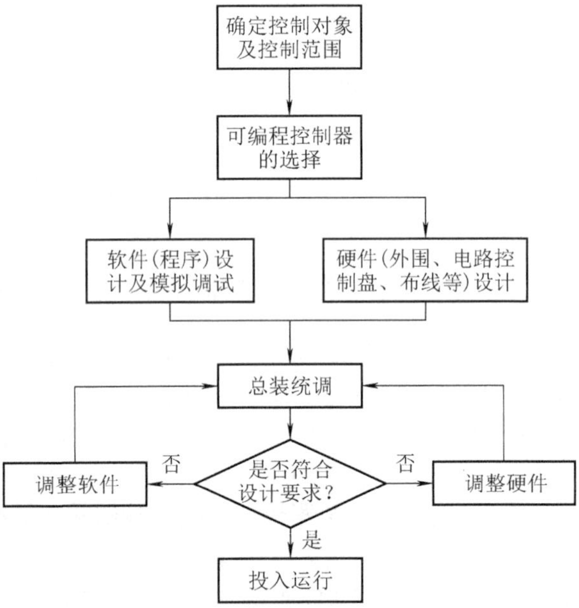

图4-15 可编程序控制器系统设计流程图

(6)编程软件与PLC联机并将程序下载到PLC用户存储器中，检查程序的正确性。

(7)初步调试并修改程序，直到满足要求。进行联机调试。如不满足要求，再返回修改程序或检查接线，直到满足要求。

(8)编制技术文件。

(9)交付使用。

4.5.3 数控机床的PLC控制实例

数控机床的控制分为坐标轴运动的位置控制和数控机床加工过程的顺序控制两个部分，控制过程中涉及的逻辑控制和开关量控制均由数控机床中的PLC完成。

1. 数控机床的 PLC 形式

数控机床中使用的 PLC 分为内装型和独立型两类。

(1) 内装型 PLC。内装型 PLC 集成于 CNC 装置内，可与 CNC 共用一个 CPU，也可单独一个 CPU。内装型 PLC 一般不单独配置 I/O 接口，而是通过 CNC 装置本身的 I/O 电路完成输入与输出功能，内装型 PLC 与 CNC 系统之间的信号传送也在内部进行。

(2) 独立型 PLC。独立型 PLC 完全独立于 CNC 装置，具有完备的系统硬件和软件，能够独立完成 CNC 系统分配的控制任务，并配合数控机床的 CNC 系统完成刀具轨迹控制和机床的顺序控制。独立型 PLC 既要与机床侧的 I/O 进行信号交换，还要与 CNC 系统的 I/O 进行信号连接，所以 CNC 系统与 PLC 均具有 I/O 接口电路。独立型 PLC 采用模块化结构，安装在插板式机架上，其 I/O 点数和其他功能模块可根据具体数控机床功能灵活配置，插板式机架上安装的 PLC 各功能模块之间通过总线相互连接。

2. 数控机床的 PLC 信号

数控机床常分为 CNC 侧和 MT 侧(即机床侧)。CNC 侧主要包括 CNC 系统的硬件和软件、CNC 系统连接的外围设备；而数控机床 MT 侧包括机械部分、辅助装置、机床操作面板、机床强电线路等。数控机床的 PLC 处于 CNC 和 MT 之间，对 CNC 侧和 MT 侧的输入输出信号进行处理。

(1) CNC 和 PLC 的传送信号。CNC 的输出数据经过 PLC 逻辑处理后，再传送到 MT 侧。由 CNC 发给 PLC 的信号主要是 M、S、T 等功能代码、手动与自动方式信号、各种使能信号等。根据不同的 M 代码，PLC 控制主轴的正反转和停止、主轴齿轮箱的换挡变速、主轴准停、切削液开与关、卡盘的夹紧、松开、机械手的取刀、换刀等；数控机床还需通过 PLC 管理刀库，进行自动换刀，完成 T 功能的处理；通过在 PLC 中用 4 位 BCD 码直接指定主轴转速完成 S 功能的处理等。

由 PLC 发给 CNC 的信号主要包括 M、S、T 功能的应答信号和各个坐标轴对应的机床参考点信号等。

(2) PLC 和 MT 的传送信号。由 PLC 向机床发送的信号主要是机床各执行元件(如电磁阀、接触器、继电器、状态指示灯、报警灯)的控制信号。

数控机床发给 PLC 的信号主要是数控机床操作面板输入信号、各种开关或按钮的状态信号，如机床启动和停止信号、冷却液的开关信号、倍率选择信号、各坐标轴点动信号、刀架卡盘的夹紧松开信号、各运动部件限位开关的信号、主轴状态监控信号和伺服系统运行准备信号。

练　习　题

4-1　简述可编程序控制器的含义。

4-2　可编程序控制器的特点有哪些？

4-3　小型 PLC 的发展方向有哪些？

4-4　可编程序控制器的工作原理是什么？

4-5　简述可编程序控制器的输入接口和输出接口电路的作用。

4-6　可编程序控制器与传统的继电器控制系统的区别。

第 5 章　三菱 FX 系列可编程序控制器及其编程方法

第 4 章主要讲述了可编程序控制器的基本结构和工作原理，性能指标以及与其他工业控制系统的比较和可编程序控制的控制系统设计概述。由于 PLC 的品牌很多，不同厂家生产的 PLC 其基本结构相同但不同品牌、规格的 PLC 其性能指标不尽相同，不同品牌的 PLC 也可能采用不同的编程语言。本章主要讲述目前在工业自动控制应用中较为常用的三菱可编程序控制器 FX 系列产品。

三菱 FX 系列是三菱 PLC 中的小型系列 PLC，如图 5-1 所示。目前主要分 FX3G、FX3U、FX2N、FX1N、FX1S 等系列。FX 系列 PLC 特点是一体机、高处理，可达 365 点开关量控制等。

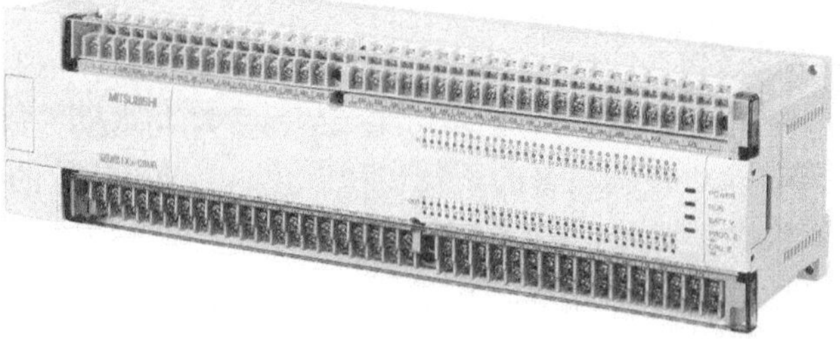

图 5-1　FX 系列 PLC

通过本章的学习，你可以掌握三菱 FX 系列 PLC 的特点及其技术指标，编程元件、编程指令及编程设计方法、步进指令及编程方法，并可以通过组合机床的 PLC 编程案例，进一步熟悉 PLC 的编程方法。

本章知识要点

(1) 了解 FX 系列 PLC 的技术指标；

(2) 掌握 FX 系列 PLC 的基本指令，了解和熟悉 FX 系列 PLC 的功能指令；

(3) 掌握 FX 系列 PLC 的编程设计方法；

(4) 掌握 FX 系列 PLC 的步进指令及编程方法。

5.1　FX 系列 PLC 简介

FX 系列 PLC 为日本三菱公司的产品，FX 系列 PLC 由基本单元、扩展单元、扩展模块及特殊功能单元构成。基本单元包括 CPU、存储器、输入输出及电源，是 PLC 的主要部分。扩展单元是用于增加可编程控制器 I/O 点数的装置，内部设有电源。扩展模块用于增加可编程控制器 I/O 点数，内部无电源，所用电源由基本单元或扩展单元供给。因扩展单元及扩展模块无 CPU，必须与基本单元一起使用。特殊功能单元是一些专门用途的装置。

5.1.1　FX 系列 PLC 的特点、名称含义和技术指标

1. FX 系列 PLC 的特点

FX 系列超小型 PLC 具有超小体积和卓越性能，有基本单元、扩展单元、扩展模块及特殊功能单元组成。同时，FX 系列可编程控制器有多种不同型号供用户选择，以满足不同应用场合的需求，也为用户提供了最大性价比的产品。FX3U 系列是三菱继 FX1S、FX1N、FX2N、FX2NC 之后，为适应用户需求而开发出来的第三代最先进的小型可编程控制器。它不仅继承了 FX 系列原有的轻巧和高品质，同时进一步丰富了其扩展性，扩充了许多崭新功能。

FX3U 可编程控制器上直接接线的输入输出和网络(CC-Link)上的远程 I/O 的合计点数可以扩展到 384 点；输入输出的扩展设备可以连接 FX2N 系列的输入输出扩展单元/模块；内置了 64K 步的 RAM 内存，此外，还可以通过使用存储器盒，将程序内存变为快闪存储。表 5-1 是 FX 系列 PLC 的性能参数。

表 5-1　FX 系列 PLC 的性能参数

型号	I/O 点数	用户程序步数	应用指令	基本指令执行时间/μs	尺寸(宽×厚×高)/mm
FX1S	10～30	2K 步 EEPROM	85	0.55～0.7	60～100×75(49)×90
FX1N	14～128	8K 步 EEPROM	89	0.55～0.7	90～175×75×90
FX2N	16～256	内置 8K 步 RAM，最大 16K 步	128	0.08	130～350×87×90
FX2NC	16～256	内置 8K 步 RAM，最大 16K 步	128	0.08	35～86×87×90
FX3U	16～384	内置高达 64K 步 RAM 存储器	209	0.065	130～285×86×90

2. FX 系列 PLC 型号名称含义

FX 系列可编程控制器型号命名的基本格式如图 5-2 所示。

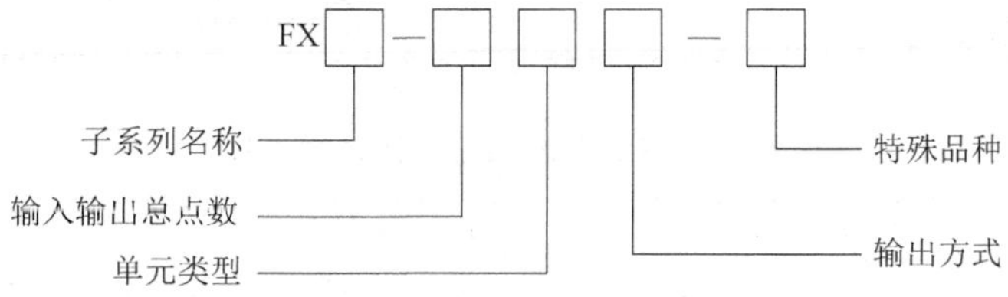

图 5-2　FX 系列 PLC 命名

(1)子系列名称，例如，1S、1N、2N 等。

(2)输入输出总点数。

(3)单元类型：M 为基本单元、E 为输入输出混合扩展单元与扩展模块，EX 为输入专用模块，EY 为输入专用扩展模块。

(4)输出方式：R 为继电器输出，T 为晶体管输出，S 为双向晶闸管输出。

(5)特殊品种：D 和 DS 为 DC24V 电源；DSS 为 DC24V 电源，源晶体管输出；ES 为交流电源；ESS 为交流电源，源晶体管输出；UAI 为 AC 电源，AC 输入。

例如，FX1N-60MT-D 属于 FX1N 系列，是有 60 个 I/O 点的基本单元，晶体管输出型，使用 DC24V 电源。

3. FX 系列 PLC 的技术指标

FX 系列可编程控制器的技术指标包括一般技术指标、输入技术指标、输出技术指标、电源技术指标等，表 5-2～表 5-4 分别列出了其中一些指标。

表 5-2　FX 系列 PLC 一般技术指标

指标名称	指标	
环境温度	使用温度 0～55℃，储存温度-20～70℃	
环境湿度	使用时 35%～89%RH(无结露)	
抗振	JIS C0911 标准 10～55Hz，振幅 0.5mm(最大 2G)，3 轴方向各 2 次	
抗冲击	JIS C0912 标准， 10G 3 轴方向各 3 次	
抗噪声干扰	用噪声仿真器产生电压为 1000Vp-p，噪声脉冲宽度为 1μs 周期为 3～100Hz 的噪声，在此噪声干扰下 PLC 工作正常	
耐压	AC1 500V 1min	各端子与接地之间
绝缘电阻	5MΩ 以上(DC500V 兆欧表)	
接地	第三种接地，不能接地时，也可悬空	
使用环境	禁止腐蚀性气体，严禁尘埃、导电微粒和金属碎屑	

表 5-3　FX 系列 PLC 输入技术指标

指标名称	指标	
输入电压	DC 24±10%	
元件号	X0～X7	其余输入点
输入信号电压	DC 24±10%	
输入开关电流 OFF→ON	>4.5mA	>3.5mA
输入开关电流 ON→OFF	<1.5mA	
输入响应时间	10ms	
可调节输入响应时间	X0～X17 为 0～60ms(FX2N)，其余系列为 0～15ms	
输入信号形式	无电压触点，或 NPN 集电极开路输出晶体管	
输入状态显示	输入 ON 时 LED 灯亮	

表 5-4　FX 系列 PLC 输出技术指标

项目		继电器输出	晶闸管输出(FX2N)	晶体管输出
外部电源		最大 AC240V 或 DC30V	AC85～242V	DC5～30V
最大负载	电阻负数	1A/1 点，8A/COM	0.3A/1 点，0.8A/COM	0.5A/1 点，0.8A/COM
	感性负数	80VA，AC120/240V	36VA，AC240V	12W，DC24V
	灯负数	100W	30W	0.9W/DC24V(FX1S)， 其他系列 1.5W/DC24V
最小负数		电压<DC5V 时 2mA 电压<DC24V 时 5mA(FX2N)	2.3VA，AC240V	—
响应时间	ON→OFF	10ms	1ms	<0.2ms，<5μs(仅 Y0，Y1)
	OFF→ON	10ms	10ms	<0.2ms，<5μs(仅 Y0，Y1)
开路漏电流		—	2.4mA/AC240V	0.1mA/DC 30V
电路隔离		继电器隔离	光敏晶闸管隔离	光耦合器隔离
输出动作显示		线圈通电时 LED 亮		

5.1.2　FX 系列 PLC 的内部继电器

由第 4 章可知，可编程序控制器是从继电接触控制发展而来的，两者有相似之处。PLC 的内部继电器等效于继电接触控制中不同功能的器件，也就是 PLC 内部的“软”电器，也称编程元件。FX 系列 PLC 有 FX1S、FX1N、FX2N、FX2NC、FX3U 等产品，本节以 FX2N 为例介绍 PLC 的内部继电器。

案例 5-1

T68 镗床在加工工件时需要控制双速电动机 M1 驱动主轴及进给运动、电动机 M2 驱动进给快速移动。若使用三菱 FX 系列 PLC 代替继电接触器电气控制，首先需要考虑 PLC 的元件配置。

问题：

(1) 哪些电气控制元件需要用到 PLC 的输入继电器？

(2) 哪些需要用输出继电器？

FX2N 系列 PLC 的内部继电器有输入继电器(X)、输出继电器(Y)、辅助继电器(M)、定时器(T)、计数器(C)、状态继电器(S)、数据寄存器(D)和指针(N、P、I)等八大类，表示符号由两部分组成，用字母代表内部继电器类型，用数字表示该内部继电器的编号。

1. 输入继电器 X

输入继电器(X)是 PLC 接收来自外部输入设备开关信号的接口。每一个输入继电器线圈均与相应 PLC 输入接口端子相连，并有无限个常开触头和常闭触头供编程使用。图 5-3 是输入继电器等效电路，其中输入继电器线圈 X0 连接在相应的 PLC 输入接口端子 X0 上。FX 系列输入继电器编号采用八进制数编写，如表 5-5 所示。

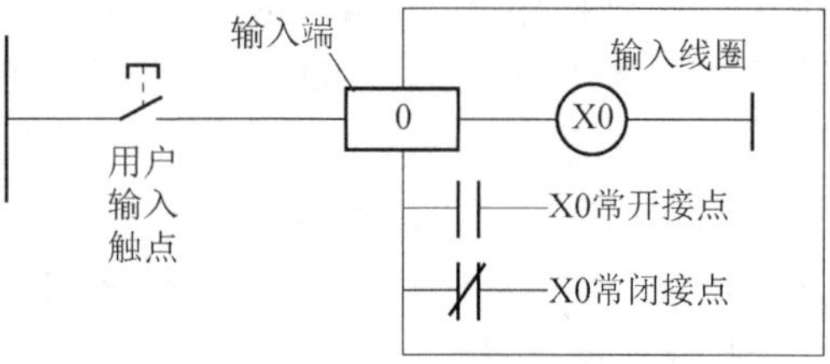

图 5-3　输入继电器等效电路

表 5-5　FX2N 系列 PLC 输入继电器

FX2N-16M	FX2N-32M	FX2N-48M	FX2N-64M	FX2N-80M	FX2N-128M	扩展时
X0～X7 (8 点)	X0～X17 (16 点)	X0～X27 (24 点)	X0～X37 (32 点)	X0～X47 (40 点)	X0～X77 (64 点)	X0～X267 (184 点)

2. 输出继电器 Y

输出继电器(Y)是 PLC 向外部执行机构控制元件传送控制信号的器件，其输出接点连接到 PLC 的输出端子上。输出继电器等效电路如图 5-4 所示。

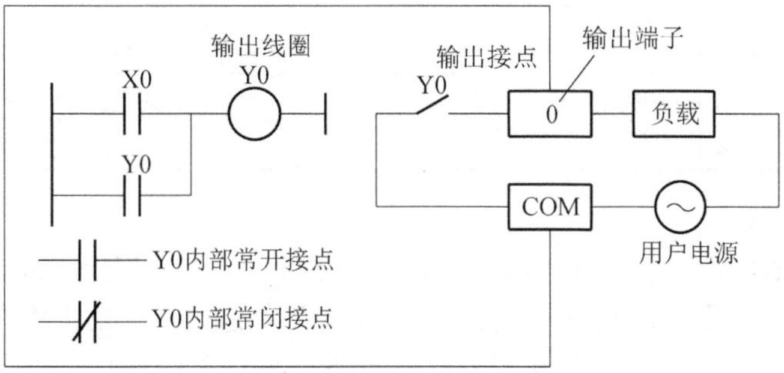

图 5-4　输出继电器等效电路

每一个输出继电器均通过一个输出常开硬触头与相应PLC输出端相连，该输出常开硬触头反映了输出继电器线圈的通与断的状态，例如，当输出继电器Y0通电，则输出常开硬触头Y0的信号状态为“1”。受输出继电器Y0控制的供编程用常开触头和常闭触头则可以无限次使用。FX2N系列PLC的输出继电器编号采用八进制数编写，如表5-6所示。

表5-6 FX2N系列PLC输出继电器

FX2N-16M	FX2N-32M	FX2N-48M	FX2N-64M	FX2N-80M	FX2N-128M	扩展时
Y0～Y7 (8点)	Y0～Y17 (16点)	Y0～Y27 (24点)	Y0～Y37 (32点)	Y0～Y47 (40点)	Y0～Y77 (64点)	Y0～Y267 (184点)

输出继电器线圈的通断状态由PLC程序执行结果决定，在每一次扫描周期最后阶段，CPU以批处理方式将输出映像寄存器的内容传送到PLC的输出接口端子，使外部负载工作。

3. 辅助继电器M

辅助继电器(M)相当于继电接触控制电路中的中间继电器，在PLC程序的逻辑运算中起中间状态暂存作用，有时也称为中间继电器。辅助继电器线圈状态由PLC中间运算结果决定，受辅助继电器线圈控制的常开和常闭触头数量可以无限次使用，物理上一个辅助继电器触头只是内部存储器的一个状态标志存储位，所以辅助继电器触头不能直接驱动外部负载，要驱动外部负载必须通过输出继电器。

> **案例5-1分析**
>
> 若使用PLC代替继电接触器电气控制，需要考虑PLC的元件配置。
>
> (1)启停按钮、行程开关、限位开关需要用到PLC的输入继电器。
>
> (2)两电机的正反转控制接触器需要用到PLC的输出继电器。

1)辅助继电器

辅助继电器又可分为通用辅助继电器和断电保持辅助继电器两种。

(1)通用辅助继电器。通用辅助继电器没有断电保持功能，PLC断电时所有通用辅助继电器线圈自动复位，上电后状态则由程序运算结果决定。

(2)断电保持辅助继电器。断电保持辅助继电器具有记忆功能，PLC断电时由PLC内部的锂电池将断电保持辅助继电器状态保持在相应的映像寄存器中，重新上电后再从映像寄存器中调入断电时的状态。

表5-7是FX2N系列PLC通用辅助继电器和断电保持辅助继电器序号区域分配表。其中M500～M1023可由软件将其设定为通用辅助继电器。

表5-7 FX2N系列PLC通用辅助继电器及断电保持辅助继电器

PLC型号	FX2N、FX2NC
通用辅助继电器	500点，M0～M499
断电保持辅助继电器	2572点，M500～M3071
总计	3072点

2)特殊辅助继电器

特殊辅助继电器共256点，用于表示PLC的特殊状态。它们都有各自的特殊功能，例如，提供时钟脉冲和标志、设定PLC运行方式，或者用于步进顺序、禁止中断等。

(1)触头型特殊辅助继电器。触头型特殊辅助继电器由系统程序驱动其线圈，在用户程序中可以直接使用其触头而不能出现其线圈，常用触头型特殊辅助继电器如表5-8所示。

表 5-8　常用触头型特殊辅助继电器

功能类别	继电器序号	名称	功能说明
表示 PLC 状态	M8000	运行监视继电器	当 PLC 开机运行时，M8000 为 ON；关机停止时，M8000 为 OFF。M8000 可作为“PLC 正常运行”标志上传给上位计算机
	M8001	运行监视继电器	当 PLC 开机运行时，M8001 为 OFF；关机停止时，为 ON
	M8002	初始脉冲继电器	当 PLC 开机运行后，M8002 仅在 M8000 由 OFF 变为 ON 自动接一个扫描周期。可以用 M8002 的常开触头使断电保持继电器初始化
	M8003	初始脉冲继电器	当 PLC 开机运行后，M8003 仅在 M8000 由 OFF 变为 ON 自动断开一个扫描周期
	M8005	锂电池电压降低继电器	锂电池电压下降至规定值时 M8005 变为 ON，可用其触头驱动输出到继电器控制的外部指示灯，提醒更换锂电池
提供时钟脉冲	M8011	内部 10ms 时钟脉冲	当 PLC 上电后，自动产生周期为 10ms(5ms 为 ON，5ms 为 OFF)的时钟脉冲
	M8012	内部 100ms 时钟脉冲	当 PLC 上电后，自动产生周期为 100ms 的时钟脉冲
	M8013	内部 1s 时钟脉冲	当 PLC 上电后，自动产生周期为 1s 时钟脉冲
	M8014	内部 1min 时钟脉冲	当 PLC 上电后，自动产生周期为 1min 时钟脉冲

(2)线圈型特殊辅助继电器。线圈型特殊辅助继电器由用户程序驱动线圈，使 PLC 执行特定的操作，而用户不使用其触头。常用线圈型特殊辅助继电器如 M8030 的线圈通电后，表示电池电压降低的发光二极管；M8034 的线圈通电后，PLC 禁止所有的输出，即所有外部输出均为“OFF”，但 PLC 程序仍然正常执行。

4. 定时器 T

定时器(T)相当于继电接触器控制系统中的时间继电器，用于延时控制。不同型号和规格的 PLC，其定时器个数和定时时间的长短不完全相同。FX2N 系列 PLC 定时器有 T0～T255 共 256 点，其中通用定时器 246 点，积算定时器 10 点，如表 5-9 所示。

表 5-9　FX2N 系列 PLC 定时器编号分配

定时器类型	FX2N、FX2NC
100ms 定时器	T0～T199 共 200 点，定时范围为 0.1～3276.7s，其中 T192～T199 为子程序中断服务专用的定时器
10ms 定时器	T200～T245 共 46 点，定时范围为 0.01～327.67s
1ms 积算定时器	T246～T249 共 4 点，定时范围为 0.001～32.767s
10ms 积算定时器	T250～T255 共 6 点，定时范围为 0.1～3276.7s

每一个定时器由一个设定值寄存器、一个当前值寄存器和一个用来存储其输出触头状态的映像寄存器组成，三个寄存器使用同一地址编号。

定时器还有无限个常开触头和常闭触头供编程时使用，当定时器设定时间到，常开触头接通，常闭触头断开。

(1)通用定时器。通用定时器不具备断电的保持功能，当输入电路断开或停电时定时器复位清零，通用定时器有 100ms 和 10ms 两种。图 5-5 为定时器的用法。

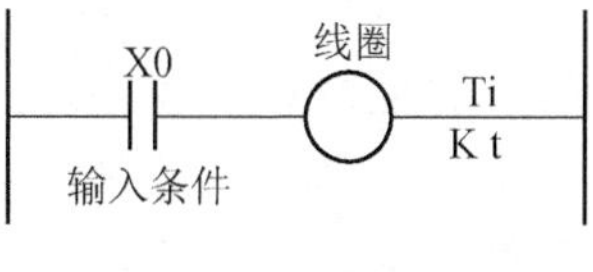

图 5-5　定时器的用法

(2)积算定时器。积算定时器具有计数累积功能，定时过程中若

PLC断电或定时器线圈断开，积算定时器将保持当前计数值，待PLC电源或定时器线圈恢复通电后继续累积计数，只有将积算定时器复位，当前计数值才清除为0。积算定时器有1ms和10ms两种。

5. 计数器C

FX2N系列PLC有内部计数器和高速计数器两类，内部计数器(C)用于对内部映像寄存器(如X、Y、M、S、T等)提供的触头信号上升沿进行计数，有16位加法计数器及32位双向计数器两种；高速计数器则用于对外部脉冲信号(如旋转编码器脉冲信号)进行计数。

(1)16位加法计数器。16位加法计数器(C)地址编号为C0～C199共200点，其中C0～C99共100点为通用型，C100～C199共100点为断电保持型。计数设定值为1～32767。图5-6为计数器的用法。

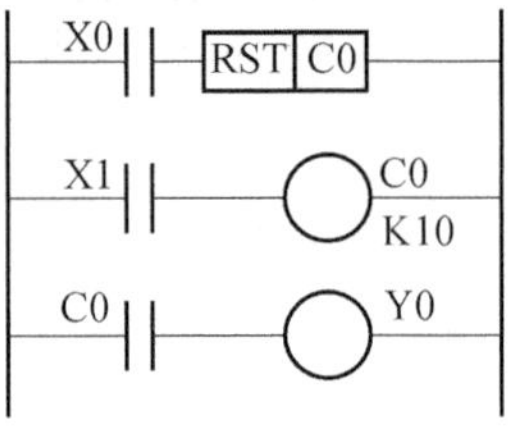

图5-6 计数器的用法

(2)32位双向计数器。32位双向计数器地址编号为C200～C234共35点，其中C200～C219共20点为通用型，C220～C234共15点为断电保持型。32位双向计数器设定值范围为-214783648～214783647。

C200～C234计数器的计数方式(是加计数，还是减计数)由特殊辅助继电器M8200～M8234设定。特殊辅助继电器置为ON时为减计数，置为OFF时为加计数，16位计数器一样，可直接用常数K或间接用数据寄存器D的内容作为计数设定值。

(3)高速计数器。高速计数器C235～C255共21点，但只能共享PLC上一个6个高速输入端X0～X5，所以高速计数器一次最多能使用6个。

6. 状态继电器S

状态继电器(S)主要用于编制PLC的顺序控制程序，通常与步进指令STL一起使用，也可用作辅助继电器，状态继电器的常开触头与常闭触头在PLC编程中可以无限次使用。

常用状态继电器有初始状态继电器(S0～S9共10点)、回零状态继电器(S10～S19共10点，供返回始点时用)、通用状态继电器(S20～S499共480点，没有断电保护功能，需断电保持功能时，可用程序设定)、断电保持状态继电器(S500～S899共400点，断电时用带锂电池的RAM或EEPROM保存其ON或OFF状态)、报警用状态继电器(S900～S999共100点，使用信号报警器置位ANS和信号报警器复位ANR指令时起外部故障诊断输出作用，称为信号报警器)。

7. 数据寄存器D

数据寄存器(D)用于为模拟量控制、位置量控制、数据I/O存储参数及工作数据，每一个数据寄存器均为16位，其中最高位规定为符号位，可用两个数据寄存器组合起来存放32位数据，仍规定最高位为符号位。FX2N系列PLC中常用数据寄存器有以下四类。

(1)通用数据寄存器。通用数据寄存器有D0～D199共200点，其他数据不写入时，通用数据寄存器保持已写入的数据，并在PLC状态由运行(RUN)转为停止(STOP)时，通用数据寄存器内全部存储数据清零；若将特殊辅助继电器M8033置1，则PLC由RUN转为STOP时，存储数据将保持。

(2)断电保持数据寄存器。断电保持数据寄存器D200～D7999共7800点，具有断电保持功能，即在写入新数据前，原有数据在电源断开时也不会丢失，其中D490～D509用作两台PLC进行点对点时的通信。

(3)特殊数据寄存器。特殊数据寄存器 D8000～D8195 共 106 点，特殊数据寄存器用于监控 PLC 的运行状态，如扫描时间、电池电压等。未加定义的特殊数据寄存器，用户不能使用。

(4)变址寄存器。变址寄存器有 V0～V7 和 Z0～Z7 共 16 点，均为 16 位寄存器。变址寄存器作用相当于微处理机中的变址寄存器，用于改变元件的编号(变址)，变址寄存器可以读写，需要进行 32 位操作时，则将 V、Z 串联使用(Z 为低位，V 为高位)。

8. **指针** N、P、I

指针是 PLC 在执行程序时用来改变执行流向的元件，包括主控用指针(N)，分支和子程序用指针(P)和中断用指针(I)，在梯形图中指针放在左侧母线的左边。

地址编号 N0～N7 共 8 点为主控指令用指针(N)；分支和子程序用指针地址编号为 P0～P127 共 128 点，要与相应的应用指令 CJ、CALL、FEND、SRET 及 END 配合使用；中断指针(I)用于指示中断程序的入口位置，执行中断程序后遇到中断返回指令 IRET 时返回主程序，中断指针有输入中断用指针 I00*～I50*共 6 点、定时器中断用指针 I6**～I8**共 3 点和计数器中断用指针 I010～I060 共 6 点等。

图 5-7 是分支指针执行过程梯形图示例。当 X1 常开触头接通时，执行跳转指令 CJ P0，PLC 跳到标号为 P0 处执行 P0 以后的程序，并根据 SRET 返回。

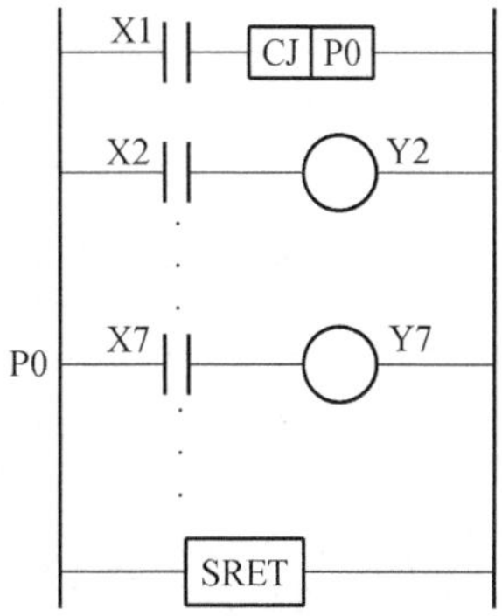

图 5-7　分支指针执行过程

可编程序控制器中除了以上介绍的各种元器件，还要用到常数。常数分为 K、H 两种进制数，其中 K 表示十进制整数，主要用于指定定时器或计数器的设定值及应用功能指令操作数中的数值；H 表示十六进制数，主要用于表示应用功能指令的操作数值。例如，20 用十进制表示为 K20，用十六进制则表示为 H14。

5.2　FX 系列 PLC 编程指令

FX 系列 PLC 有 FX1S、FX1N、FX2N、FX2NC、FX3U 等产品，本节以 FX2N 为例，介绍 FX 系列 PLC 的指令系统。FX 系列 PLC 共有 27 条基本逻辑指令，127 条功能指令，用户只要用基本逻辑指令编程就可实现开关量的控制系统。

5.2.1　FX 系列 PLC 的基本指令

1. **取指令与输出指令**：LD、LDI、LDP、LDF、OUT

LD(load)：取指令，用于动合触点与左母线相连接，它不动作时始终处于断开状态，可用于 X、Y、M、T、C 和 S、D。

LDI(Load Inverse)：取反指令，用于动断(常闭)触点与左母线相连接，它不动作时始终处于闭合状态，可用于 X、Y、M、T、C 和 S。

LDP(Load Positive)：取上升沿指令，与左母线连接的动合触点上升沿检测指令，是一种取脉冲指令，可用于 X、Y、M、S、T、C。

LDF(Load Falling)：取下降沿指令，与左母线连接的动合触点的下降沿检测指令，是一种取脉冲指令，可用于 X、Y、M、S、T、C。

OUT(Out)：输出指令，根据逻辑运算结果对 Y、M、S、C 等输出线圈进行驱动，但不能驱动输入继电器线圈 X。

以上取指令与输出指令在使用时要注意以下几点。

(1)LD 与 LDI 指令对应的触点一般与左侧母线相连，在使用 ANB、ORB 指令时，用来定义与其他电路串并联的电路的起始触点。

(2)LDP、LDF 指令仅在对应元件有效时维持一个扫描周期的接通。

(3)OUT 指令不能用于输入继电器 X，线圈和输出类指令应放在梯形图的最右边。OUT 指令可以连续使用若干次，相当于线圈的并联，定时器和计数器的 OUT 指令之后应设置以字母 K 开始的十进制常数，常数占一个步序。定时器实际的定时时间与定时器的种类有关。

(4)计数器的设定值用来表示经过多少个计数器脉冲后计数器的位元件变为 1。

LD、LDI、LDP、LDF、OUT 指令的使用如表 5-10 所示。

表 5-10　LD、LDI、LDP、LDF、OUT 指令

指令示例	回路表示	指令示例	回路表示
LD X000	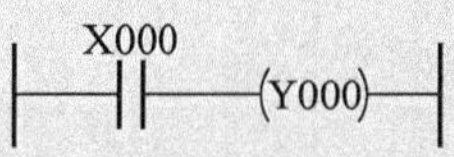	LDI X005	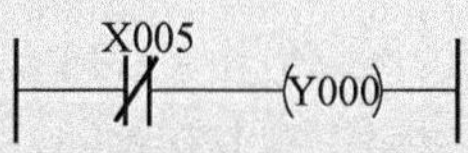
LDP X000 OUT Y000	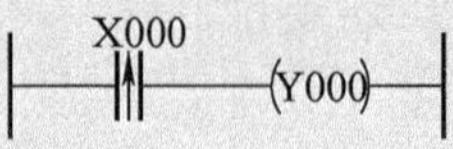	LDF X000 OUT Y000	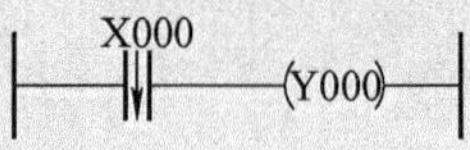
LD X000 OUT T2 K50 LD X001 OUT Y001 OUT Y004 OUT Y005	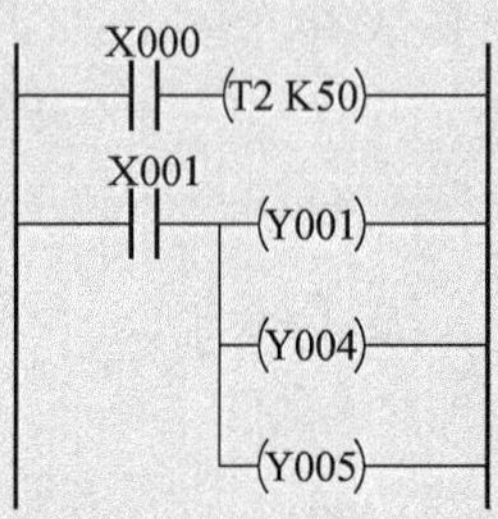		

LD、LDI、LDP、LDF 指令可以用图 5-8 中的梯形图和波形图进行比较。

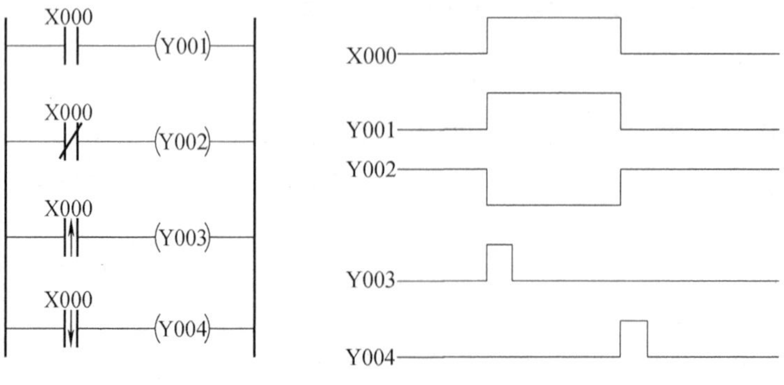

(a) 梯形图　　(b) 波形图

图 5-8　LD、LDI、LDP、LDF 指令比较

2. 触点串联指令：AND、ANI、ANDP、ANDF

AND(And)：与指令，用于动合触点与其他触点的串联连接，完成逻辑“与”运算。

ANI(And Inverse)：与反指令，用于动断点与其他触点的串联连接，完成逻辑“与非”运算。

ANDP(And Positive)：上升沿检测串联连接指令，是一种与脉冲指令，用于上升沿动合触点的串联，仅在指定操作元件的上升沿(由 OFF→ON)时接通一个扫描周期，可用于 X、Y、M、S、T、C。

ANDF(And Falling)：下降沿检测串联连接指令，是一种与脉冲指令，用于下降沿动合触点的串联，仅在指定操作元件的下降沿(由 ON→OFF)时接通一个扫描周期，可用于 X、Y、M、S、T、C。

触点串联指令在使用时要注意以下几点。

(1)AND、ANI、ANDP、ANDF 都是指单个触点串联连接的指令，串联次数没有限制，可以反复使用。

(2)AND、ANI、ANDP、ANDF 的操作元件为 X、Y、M、S、T、C。

触点串联指令的使用如表 5-11 所示。

表 5-11　触点串联指令的使用

指令示例	回路表示	指令示例	回路表示
AND X002	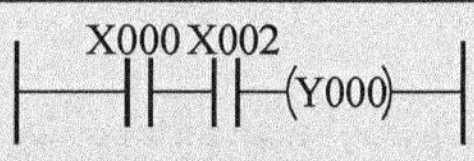	ANI X002	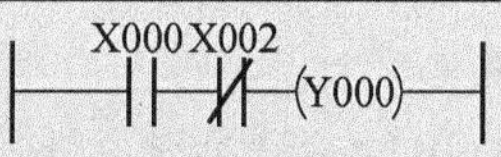
ANDP X003	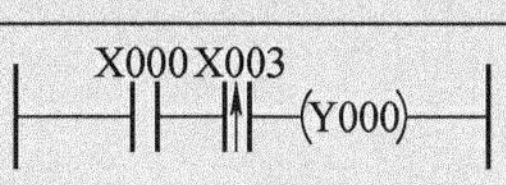	ANDF X003	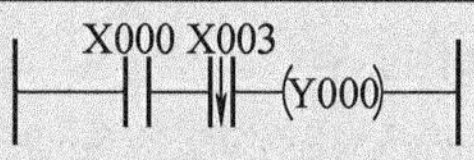
LD X000 OUT Y000 ANI X003 OUT Y001	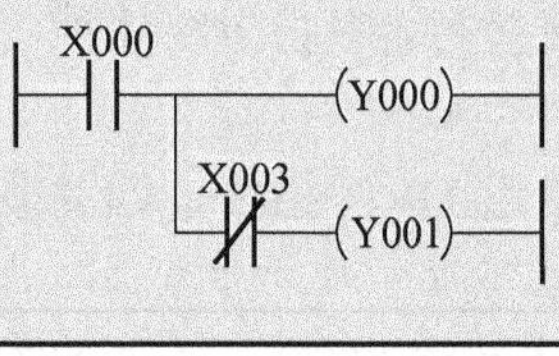	LD X000 ANI X003 OUT Y000 OUT Y001 (错误)	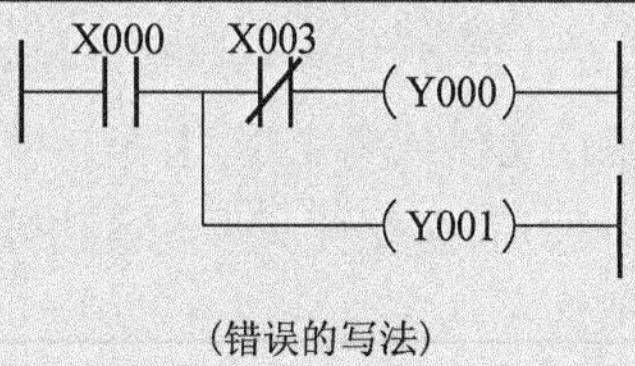 (错误的写法)

注：上述错误的写法是指指令的写法错误，必须使用 MPS 指令。

3. 触点并联指令：OR、ORI、ORP、ORF

OR(Or)：或指令，用于动合触点与其他触点的并联连接，实现逻辑“或”运算。

ORI(Or Inverse)：或非指令，用于动断触点与其他触点的并联连接，实现逻辑“或非”运算。

ORP(Or Positive)：上升沿检测并联连接指令，是一种或脉冲指令，用于上升沿检测的动合触点的并联，仅在指定操作元件的上升沿(由 OFF→ON)时接通一个扫描周期，可用于 X、Y、M、S、T、C。

ORF(Or Falling)：下降沿检测并联连接指令，是一种或脉冲指令，用于下降沿检测的动合触点的并联，仅在指定操作元件的下降沿(由 ON→OFF)时接通一个扫描周期，可用于 X、Y、M、S、T、C。

触点并联指令在使用时要注意以下几点。

(1)OR、ORI、ORP、ORF 指令都是指单个触点的并联，连续使用的次数不限，并联触点的左端接到 LD、LDI、LDP 或 LDF 处，右端与前一条指令对应触点的右端相连。

(2) OR、ORI、ORP、ORF 指令的操作元件为 X、Y、M、S、T、C。

触点并联指令的使用如表 5-12 所示。

表 5-12　OR、ORI、ORP、ORF 指令的使用

指令示例	回路表示	指令示例	回路表示
OR Y000	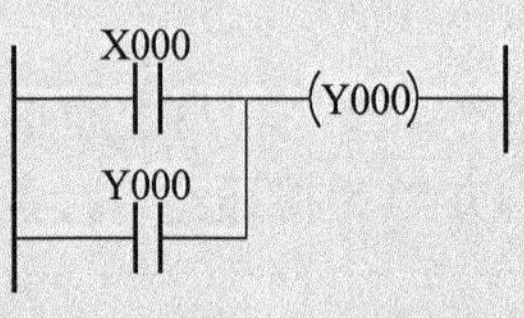	ORI X004	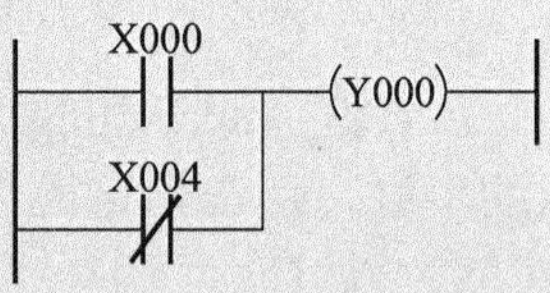
ORP X004	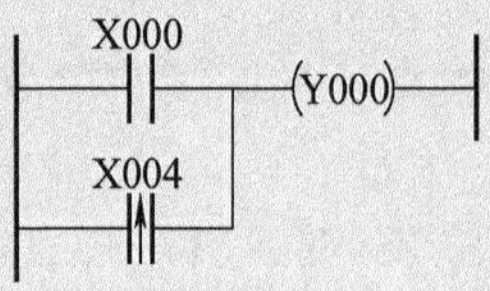	ORF X004	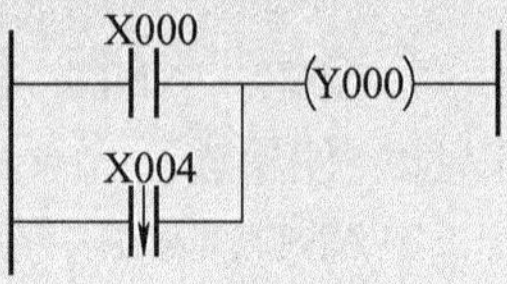

4. 电路块操作指令：ORB、ANB

电路块是指两个或两个以上的触点相串联或混联构成的复杂电路。

ORB (Or Block)：块或指令，用于电路块与其他触点或其他电路块之间的并联，该指令不带操作元件。

ANB (And Block)：块与指令，用于电路块与其他触点或其他电路块之间的串联，该指令不带操作元件。

电路块操作指令在使用时要注意以下几点。

(1) 串联电路块并联连接或者并联电路块串联连接时，串联电路块或者并联电路块开始时均应用 LD 或者 LDI 指令。

(2) 有多个电路块并联回路时，对每个电路块使用 ORB 指令，则并联电路块的数量没有限制。

(3) ORB 指令可以连续使用，但这种程序写法不推荐使用，在块电路中 LD 或 LDI 指令的使用次数不得超过 8 次，也就是 ORB 最多只能连续使用 8 次。

(4) 多个并联回路块连接顺序和前面的回路串联时，ANB 指令的使用次数没有限制，也可以连续使用 ANB，但最多只能使用 8 次。

并联电路块操作梯形图如图 5-9 所示。

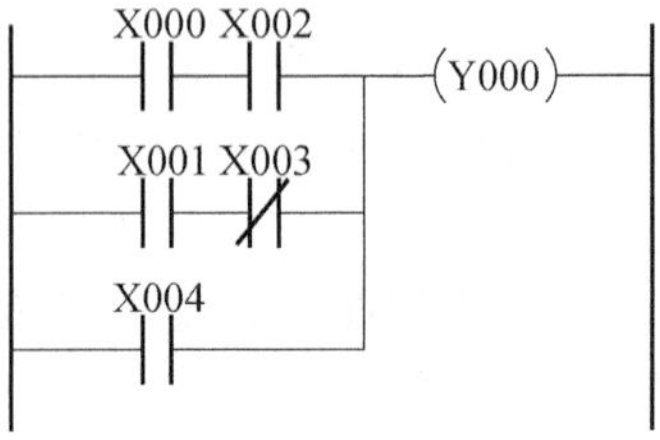

图 5-9　并联电路块操作梯形图

对应的指令表程序如下：

1　LD　X000
2　AND　X002
3　LD　X001
4　ANI　X003
5　ORB
6　OR　X004
7　OUT　Y000

也可以写成如下程序，但是 ORB 连续使用次数不能超过 8 次。

1　LD　X000
2　AND　X002
3　LD　X001
4　ANI　X003
5　LD　X004
6　ORB
7　ORB
8　OUT　Y000

串联电路块操作梯形图如图 5-10 所示。

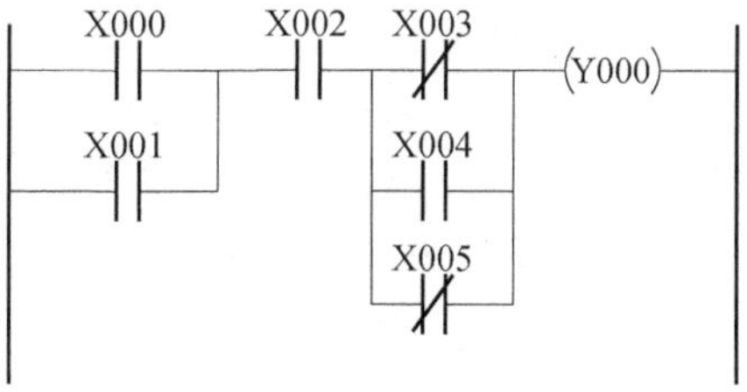

图 5-10　串联电路块操作梯形图

对应的指令表程序如下：

1　LD　X000
2　OR　X001
3　AND　X002
4　LDI　X003
5　OR　X004
6　ORI　X005
7　ANB
8　OUT　Y000

也可以写成如下所示，但是 ANB 连续使用的次数不能超过 8 次。

1　LD　X000
2　OR　X001
3　LD　X002
4　LDI　X003
5　OR　X004
6　ORI　X005

7　ANB
8　ANB
9　OUT　Y000

5. 置位与复位指令：SET、RST

SET(Set)：置位指令，将受控元件设定为 ON 并保持这一状态，它的作用是使被控目标元件置位并具有自保持功能。

RST(Reset)：复位指令，将受控元件设定为OFF 并保持这一状态，它的作用是使被控目标元件复位并保持清零状态，也就是解除自保持。

SET、RST 指令在使用时要注意以下几点。

(1) SET 指令的操作元件为 Y、M、S，RST 指令的目标元件为 Y、M、S、T、C、D、V、Z。RST 指令常被用来对 D、Z、V 的内容清零，还能用来复位积算定时器和计数器。

(2) 对于同一操作元件，SET、RST 可多次使用，顺序也可随意，但最后执行者有效。

(3) 置位与复位指令一般成对出现。

置位操作梯形图如图 5-11 所示。

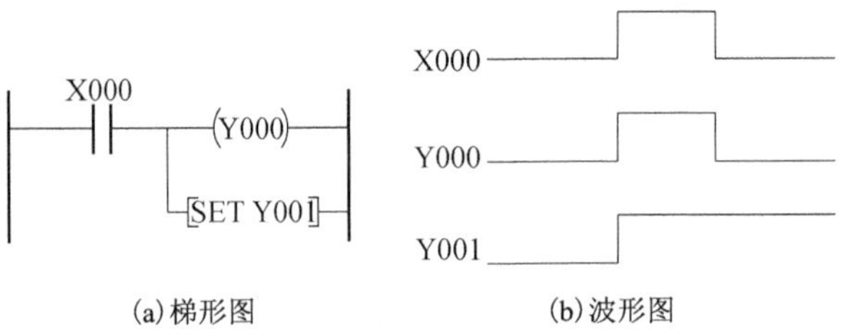

图 5-11　置位操作梯形图

对应的指令表程序如下：

LD　X000
OUT　Y000
SET　Y001

复位操作梯形图如图 5-12 所示。

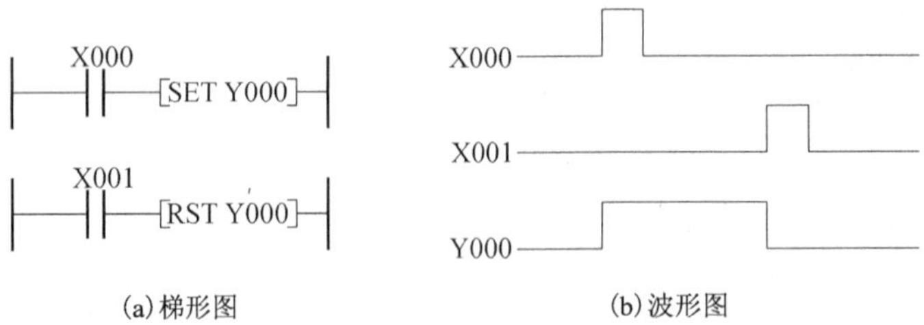

图 5-12　复位操作梯形图

对应的指令表程序如下：

LD　X000
SET　Y000
LD　X001
RST　Y000

6. 堆栈指令：MPS、MRD、MPP

堆栈指令是 FX 系列中新增的基本指令，用于多重输出电路，为编程带来便利。FX 系列 PLC 有 11 个专门存储程序中间运算结果的单元，称为栈存储器，堆栈采用先进后出的数据存取方式。

MPS(Memory Push)：进栈指令，将运算结果送入栈存储器的第一段，同时将先前送入的数据依次移到栈的下一段。该指令用于回路开始分支的地方。

MRD(Memory Read)读栈指令，将栈存储器的第一段数据(最后进栈的数据)读出，且该数据继续保存在栈存储器的第一段，栈内的数据不发生移动。该指令用于 MPS 指令下的分支，表示分支继续。

MPP(Memory Pop)：出栈指令，将堆栈存储器的第一段数据读出，且该数据从栈中消失，同时将栈中其他数据依次上移。该指令用于最后分支的地方，表示分支结束。

堆栈指令在使用时要注意以下几点。

(1)堆栈指令没有目标元件。

(2)MPS 和 MPP 必须配对使用。

(3)由于栈存储单元只有 11 个，所以栈的层次最多为 11 层。

堆栈指令梯形图如图 5-13 所示。

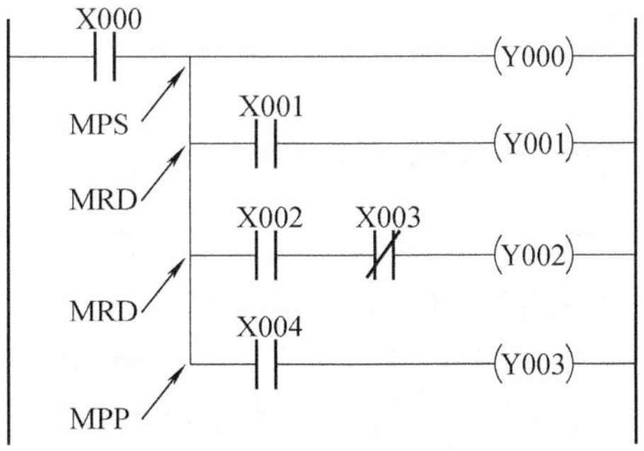

1	LD	X000
2	MPS	
3	OUT	Y000
4	MRD	
5	AND	X001
6	OUT	Y001
7	MRD	
8	AND	X002
9	ANI	X003
10	OUT	Y002
11	MPP	
12	AND	X004
13	OUT	Y003

图 5-13 堆栈指令梯形图

7. 主控与主控复位指令：MC、MCR

MC(Master Control)：主控指令，用于公共串联触点的连接，其作用是将母线转移到条件触点后面，执行 MC 后，在 MC 触点的后面建立一个新的控制母线，形成主控区的开始。

MCR(Master Control Reset)：主控复位指令，其作用是将母线还原，即利用 MCR 指令结束主控区，恢复到原左母线的位置。

主控与主控复位指令在使用时要注意以下几点。

(1)MC、MCR 指令的操作元件为 Y 和 M，不能用特殊辅助继电器 S。MC 占 3 个程序步，MCR 占 2 个程序步。

(2)主控触点在梯形图中与一般触点垂直，主控触点是与左母线相连的动合触点，是控制一组电路的总开关，与主控触点相连的触点必须用 LD 或 LDI 指令。

(3)MC 指令的输入触点断开时，在 MC 和 MCR 之内的积算定时器、计数器、用复位/置位指令驱动的元件保持其之前的状态不变。非积算定时器和计数器，用 OUT 指令驱动的元件将复位。

(4) 在一个 MC 指令区内若再使用 MC 指令为嵌套，嵌套级数最多为 8 级，编号按 N0→N1→N2→N3→N4→N5→N6→N7 顺序增大，每级的返回用对应的 MCR 指令，从编号大的嵌套级开始复位。

(5) 和置位复位、进栈出栈指令一样，主控与主控复位指令也需要成对出现。

主控与主控复位指令梯形图如图 5-14 所示。

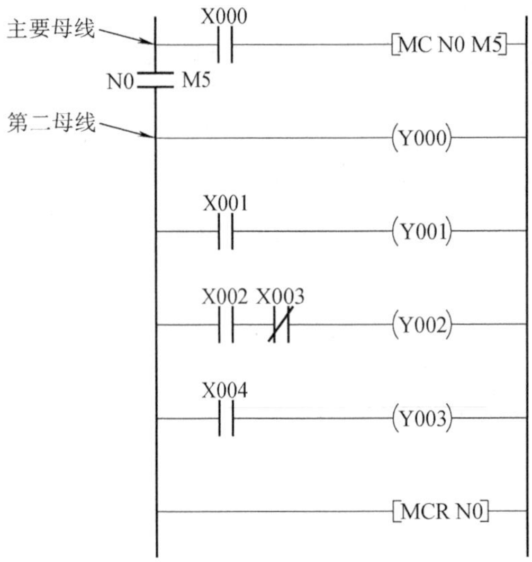

1	LD	X000	
2	MC	N0	M5
3	OUT	Y000	
4	LD	X001	
5	OUT	Y001	
6	LD	X002	
7	ANI	X003	
8	OUT	Y002	
9	LD	X004	
10	OUT	Y003	
11	MCR	N0	

图 5-14　主控与主控复位指令梯形图

以上梯形图程序，当 X0 为 ON 时，MC～MCR 指令间的回路被执行，执行 MC 指令后，表示将主控权交给下一层母线，执行 MCR 指令时，将主控权交还给上一层母线。MC 和 MCR 必须配对使用，主控点回路允许再设置主控点回路，最多嵌套 8 层，编号 N0～N7，最外层为 N0，依次为 N1～N7，不可跳号，如果不是嵌套，而是另一个独立的主控回路，仍然用 N0 开始。

8. 逻辑反、空操作与结束指令：INV、NOP、END

INV (Inverse)：逻辑反指令，将指令前的运算结果取反，它不需要指定元件号。

NOP (Non Processing)：空操作指令，不执行任何操作，但占一个程序步，若在普通指令之间加入 NOP 指令，则 PLC 无视其存在继续工作。

END (End)：结束指令，表示程序结束。

逻辑反、空操作与结束指令在使用时要注意以下几点。

(1) INV 指令可用在 AND 或 ANI，ANDP 或 ANDF 指令后面，也可用在 ORB、ANN 指令回路中，但不能像 LD、LDI、LDP、LDF 那样单独与母线连接。

(2) END 指令不是 PLC 的停止指令，而是程序结束指令，若程序中没有 END 指令，则 PLC 不管实际用户程序多长，都从用户存储器的第一步执行程序，然后又开始重复处理。

(3) NOP 指令用于取代一些不必要的指令，串联触点被 NOP 指令取代时，是将其触点短接，并联触点被 NOP 指令取代时，是将其断开；在程序中加入 NOP 指令，有利于修改或增加程序时，减少程序号的变化。

反向 (INV) 指令的使用如图 5-15 所示。

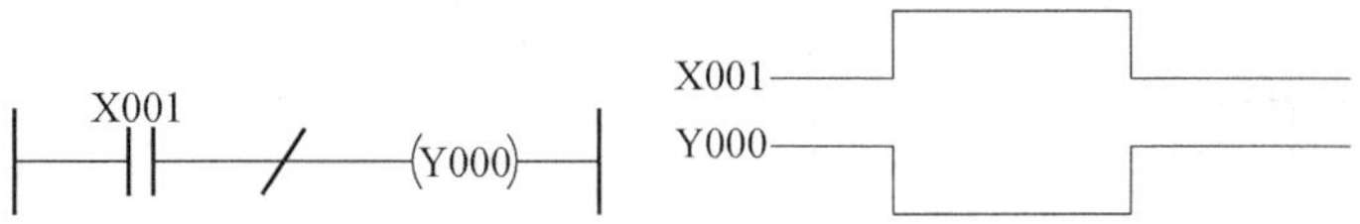

1	LD	X001
2	INV	
3	OUT	Y000

(a) 梯形图　　(b) 波形图

图 5-15　INV 指令的使用

9. 微分指令：PLS、PLF

PLS(Plus)：上升沿微分指令，当检测到输入信号的上升沿时，使操作元件 Y 或 M 接通一个扫描周期，产生宽度为一个扫描周期的脉冲信号输出。

PLF(Plus Falling)：下降沿微分指令，当检测到输入信号的下降沿时，使操作元件 Y 或 M 接通一个扫描周期，产生宽度为一个扫描周期的脉冲信号输出。

PLS、PLF 指令在使用时要注意以下几点。

(1) PLS、PLF 指令的操作元件为 Y 和 M。

(2) 使用 PLS 时，仅在驱动输入为 ON 后的一个扫描周期内目标元件 ON。

PLS 与 PLF 的指令比较如图 5-16 所示。

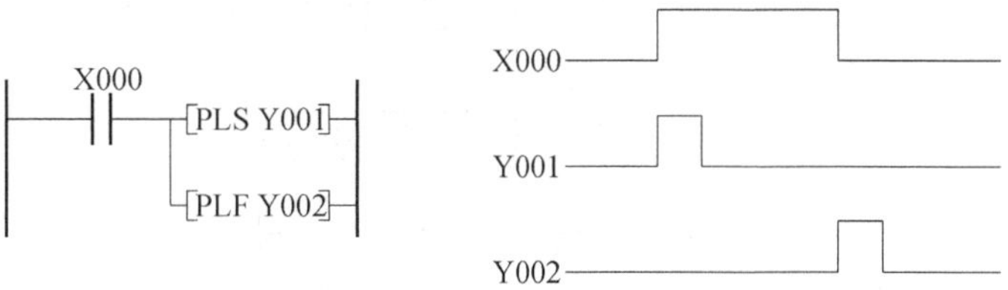

(a) 梯形图　　(b) 波形图

图 5-16　PLS 与 PLF 的指令比较

5.2.2　FX 系列 PLC 的功能指令

可编程序控制器的功能指令实际上就是功能各异的 PLC 子程序块，FX2N 系列可编程控制器功能指令依据功能不同可分为数据处理类、程序流向控制类、特殊功能类及外部设备类。由于功能指令主要解决的是数据处理任务，其中数据处理指令种类多、数量大、使用频繁，又可分为传送比较、四则运算及逻辑运算、移位、编解码等。程序流向控制指令主要用于程序的结构及流程，包括子程序、中断、跳转及循环等指令。外部设备指令包括一般的输入/输出接口设备及专用外部设备两大类。专用外部设备指和主机配接的功能单元及专用通信单元等。特种功能指令指机器的一些特殊功能，如高速计数器或模仿一些专用机械或专用电气设备功能的指令等。本节主要介绍 FX2N 系列 PLC 较为常用的一些功能指令。

1. 功能指令的格式及说明

1) 指令的表示格式

FX 系列 PLC 的功能指令用编号 FNC00～FNC246 表示，与基本指令不同，采用助记符形式来表示，一般用指令的英文名称或缩写作为助记符。例如，FNC45 是一条数据处理平均值功能的指令，助记符为 MEAN。

图 5-17 是一条取平均值功能指令的梯形图和对应的指令表。

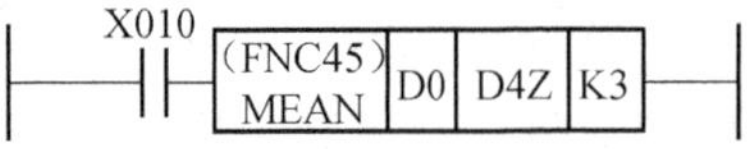

0	LD	X010
1	FNC	45
3		D0
5		D4Z
7		K3

图 5-17　功能指令的表示格式

图 5-17 中 MEAN 是功能指令的语句名称，也可使用 FNC45(但不直观)；D0 是源操作数的首元件；D4Z 是指定计算结果存放的数据寄存器的地址；K3 是指定取值的个数为 3。显然该功能指令的含义是 D4Z =(D0+D1+D2)/3，即将(D0+D1+D2)/3 的运算结果赋值给 D4Z。

功能指令的指令段通常占 1 个程序步，16 位操作数占 2 步，32 位操作数占 4 步。有的功能指令没有操作数，而大多数功能指令有 1～4 个操作数。

2) FX 功能指令的执行方式与数据长度

功能指令有连续执行和脉冲执行两种类型。如图 5-18 所示，第 1 支路的 MOV 是连续执行型指令，即当 X000 接通时，各运算周期都执行一次，而第 2 支路的 MOV(P)是脉冲执行型指令，(P)就表示当 X001 由 OFF 转换为 ON 时，仅执行一次指令。

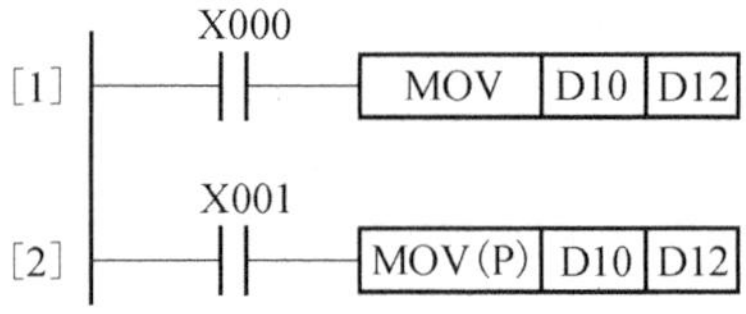

图 5-18　功能指令执行方式示例

功能指令可处理 16 位数据或 32 位数据。处理 32 位数据的指令是在助记符前加“D”标志，无此标志即为处理 16 位数据的指令。注意 32 位计数器(C200～C255)的一个软元件为 32 位，不可作为处理 16 位数据指令的操作数使用。

2. 程序流向控制指令

程序流向控制指令的编号为 FNC00～FNC09，包括条件跳转指令、子程序指令、中断指令及程序循环指令等，如表 5-13 所示。

表 5-13　程序流向控制指令一览表

分类	FNC No.	指令助记符	功能说明	对应不同型号的 PLC				
				FX0S	FX0N	FX1S	FX1N	FX2N(C)
程序流向控制指令	00	CJ	条件跳转	√	√	√	√	√
	01	CALL	子程序调用	×	×	√	√	√
	02	SRET	子程序返回	×	×	√	√	√
	03	IRET	中断返回	√	√	√	√	√
	04	EI	开中断	√	√	√	√	√
	05	DI	关中断	√	√	√	√	√
	06	FEND	主程序结束	√	√	√	√	√
	07	WDT	监视定时器刷新	√	√	√	√	√
	08	FOR	循环的起点与次数	√	√	√	√	√
	09	NEXT	循环的终点	√	√	√	√	√

1) 条件跳转指令

条件跳转指令 CJ (Conditional Jump) 的功能编码为 FNC00，操作数为 P0～P127，其中，P63 即 END，无需再标号。该指令占 3 个程序步，标号占 1 个程序步。

条件跳转指令用于当跳转条件成立时跳过 CJ 或 CJP 指令和指针标号之间的程序，从指针标号处连续执行，若条件不成立则继续顺序执行。

图 5-19 所示的条件跳转指令中：当 X001=ON 时，执行条件跳转指令，X002 通电时，Y001 有输出。如果 X001=OFF，则不进行程序跳转；当 X002 通电时 Y001 有输入，而且过 2s 后 Y002 也有输出。

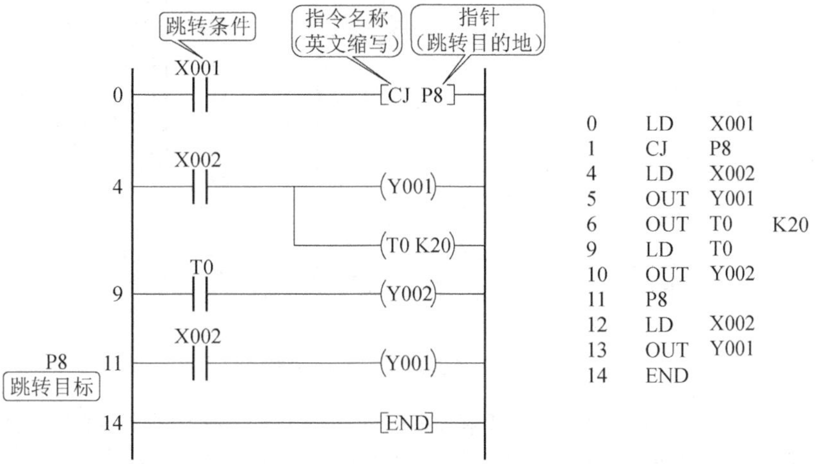

图 5-19　条件跳转指令

2) 子程序调用与子程序返回指令

子程序是为一些特定的控制任务而编制的相对独立的程序。子程序调用与返回指令用于子程序的调用。

子程序调用指令 CALL (Sub Routine Call) 的功能指令编号为 FNC01，操作数为 P0～P127，占用 3 个程序步。子程序可以嵌套调用，最多嵌套 5 级。子程序返回指令 SRET (Sub Routine Return) 的功能指令编号为 FNC02，无操作数。

图 5-20 所示的子程序调用与返回指令中：当 X001–ON 时调用子程序，若 X003=ON 则 Y003 有输出，过 3s 后 Y004 有输出。接着返回主程序，执行 CALL 指令下一步的内容，当 X002=ON 时，因 Y003 的软元件已闭合，故 Y001 有输出，过 3s 后 T0 动作，其动合触点闭合，因 Y004 的软元件已闭合，故 Y002 有输出。而如果 X001=OFF，则子程序不执行，Y003、Y004 都不通电，从而导致 Y001、Y002 也无法输出。

3) 与中断程序有关的指令

中断服务程序可以认为是一种特殊的子程序，可以存放在内存的任何位置，中断指令用于中断信号引起的子程序调用。FX 型 PLC 与中断有关的功能指令有 IRET、EI、DI 等。

IRET (Interruption Return) 为中断返回指令，编号为 FNC03；EI (Interruption Enable) 为允许中断指令，编号为 FNC04；DI (Disable Interruption) 为禁止中断指令，编号为 FNC05。以上 3 条指令均无操作数，分别占用 1 个程序步。

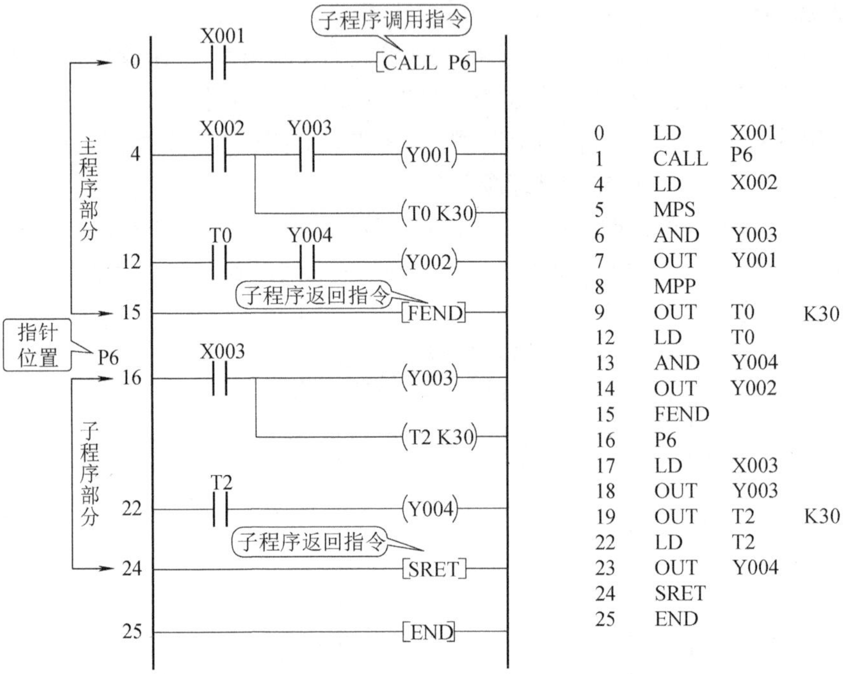

图 5-20 子程序调用与返回指令

PLC 通常处于禁止中断状态，由 EI 和 DI 指令组成答应中断范围，程序执行到该区间时，如有中断源产生中断，CPU 将暂停主程序执行转而执行中断服务程序。当碰到 IRET 时返回断点继续执行主程序。如图 5-21 所示，答应中断范围中，若有中断源则转进 1000 为标号的中断服务程序，但 X030 可否引起中断还受 M8050 控制，当 X030 有效时则 M8050 控制 X0 无法中断。

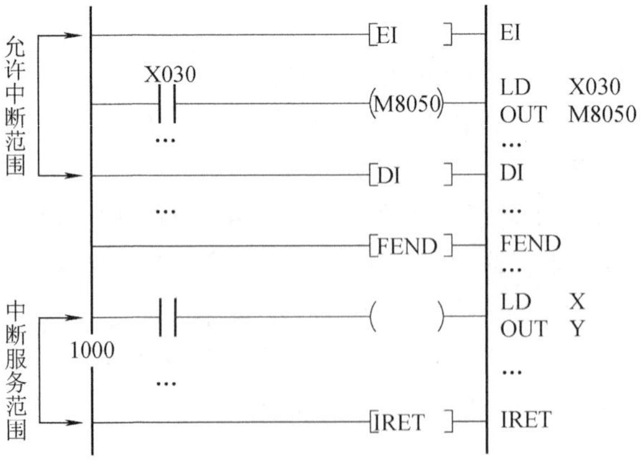

图 5-21 中断指令的使用

4) 主程序结束指令

主程序结束指令 FEND(First End)的功能指令编号为 FNC06，无操作数，占用一个程序步。FEND 表示主程序结束，执行到 FEND 指令时可编程控制器进行输入/输出处理、监控定时器刷新，完成后返回第 0 步。

子程序(包括中断服务子程序)应放在 FEND 指令之后，CALL 指令调用的子程序必须用

SRET 指令结束，中断子程序必须以 IRET 指令结束。

5) 监控定时器指令

监控定时器又称看门狗，通过监控程序执行的时间长短来监控程序执行过程中的出错情况。监视定时器默认值为 200ms，可通过 D8000 来设定。WDT 指令的功能是对 PLC 的监视定时器在执行 FEND 和 END 指令时进行刷新（复位）。监控定时器指令 WDT（Watch Dog Timer）的功能指令编号为 FNC07，无操作数，占用 1 个程序步。

图 5-22 所示用于通过顺序程序来改变监控定时器的定时时间，它把 WDT 的默认值由 200ms 变更为 280ms，所用 D8000 是监控定时器的时间设置存储器。监控定时器时间更新应在 WDT 指令不编入程序的情况下，END 处理时，D8000 值才有效。

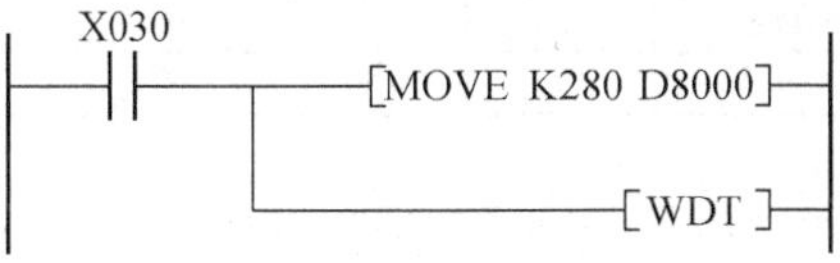


```
0   LD     M8002
1   MOVE   K280    D8000
6   WDT
7   END
```

图 5-22　监控定时器指令及其定时变更

6) 程序循环指令

程序循环指令由 FOR 及 NEXT 构成，FOR 表示循环区的起点，功能指令编号为 FNC08，16 位指令占用 3 个程序步，它的源操作数用来表示循环次数 N，可以取任意的数据格式。循环次数 N=1～32767，如 N 在−32767～0，当作 N=1 处理。NEXT 是循环区终点指令，功能指令编号为 FNC09，占用 1 个程序步，无操作数，用于反复执行某段需要的程序。

如图 5-23 所示外层循环程序 A 嵌套了内层循环 B，循环 A 要执行 5 次，每执行一次循环 A 就要执行 6 次循环 B，因此循环 B 一共要执行 30 次。

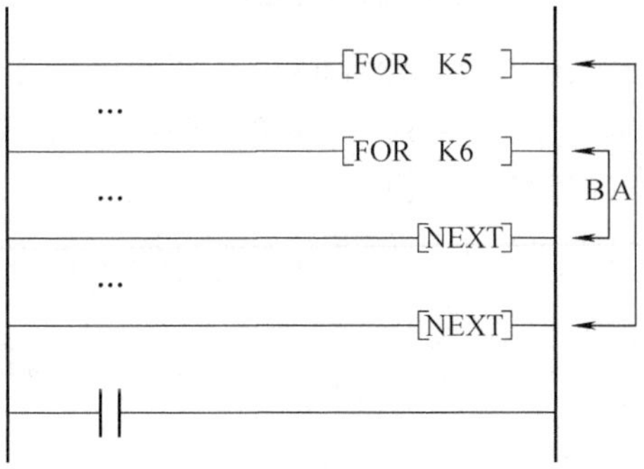

图 5-23　程序循环指令

3. 比较与传送指令

比较与传送指令的编号为 FNC10～FNC19，包括比较类指令和传送类指令，如表 5-14 所示。

(1) 比较指令。比较 CMP 指令有 3 个操作数，其中是将 2 个源操作数相比较，将比较结果送到目标操作数中，见图 5-24 中比较指令示例。当 X001 接通时，比较 K105 和 C12 当前值的大小，分三种情况分别接通 M10、M11、M12 中一个辅助继电器，另两个辅助继电器则不接通。若 X001 不接通，则 CMP 指令也不执行。

表 5-14　比较与传送类指令

分类	FNC No.	指令助记符	功能说明	对应不同型号的 PLC				
				FX0S	FX0N	FX1S	FX1N	FX2N(C)
比较与传送	10	CMP	比较	√	√	√	√	√
	11	ZCP	区间比较	√	√	√	√	√
	12	MOV	传送	√	√	√	√	√
	13	SMOV	位传送	×	×	×	×	√
	14	CML	取反传送	×	×	×	×	√
	15	BMOV	成批传送	×	√	√	√	√
	16	FMOV	多点传送	×	×	×	×	√
	17	XCH	交换	×	×	×	×	√
	18	BCD	二进制转换成 BCD 码	√	√	√	√	√
	19	BIN	BCD 码转换成二进制	√	√	√	√	√

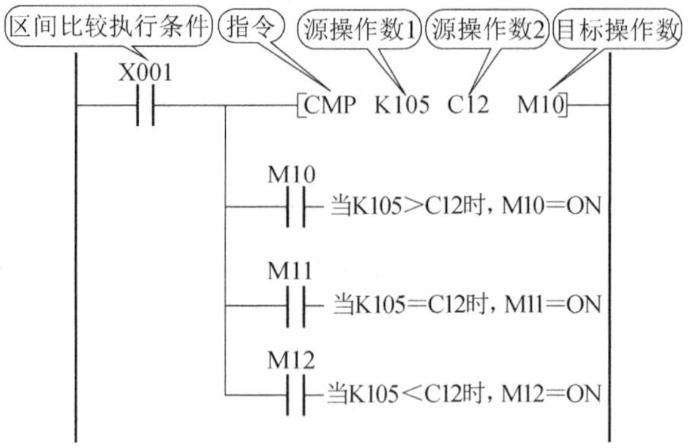

图 5-24　CMP 指令

(2) 区间比较指令。区间比较 ZCP 指令是将 1 个源数据与 2 个源数据相比较，比较结果将影响目标存储器的数据状态，见图 5-25。当 X001 接通时，根据 T3 与 K105、K155 之间的比较结果，分别对 M3、M4、M5 进行赋值。

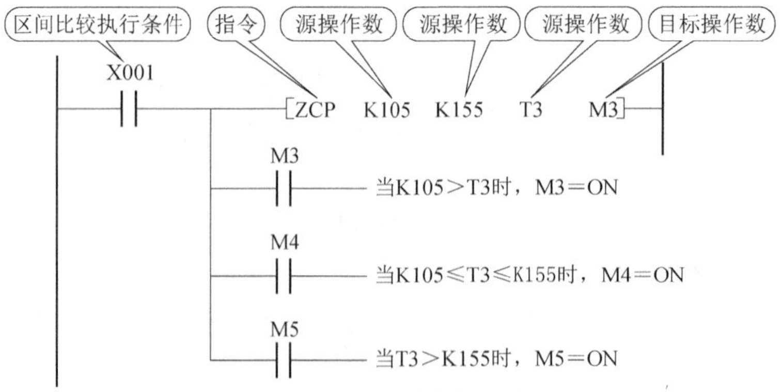

图 5-25　ZCP 指令

(3) 传送指令。传送指令 MOV(Move) 的功能指令编号为 FNC12，16 位运算占 5 个程序步，32 位运算占 9 个程序步。传送指令 MOV 是将源操作数内的数据传送到指定的目标操作数内。如图 5-26 所示，当 X001= ON 时，将 K200 传送到目标操作元件 D14 中。当 X001= OFF 时，目标操作元件中的数据不变。

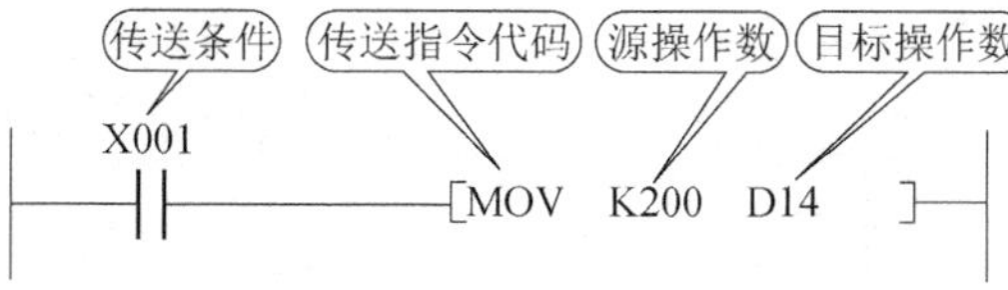

LD　X001
MOV　K200　D14

图 5-26　MOV 指令

(4) 数据移位传送指令。移位传送指令 SMOV (Shift Move) 的功能指令编号为 FNC13，只有 16 位运算，占 11 个程序步。源数据(二进制数)被转换成 4 位 BCD 码，然后将它们移位传送。如图 5-27 所示，当 X000 = ON 时，将 D1 中右起第 4 位开始的 2 位 BCD 码移到目标操作数 D2 的右起第 3 位的第 2 位，而 D2 中的第 1 位和第 4 位 BCD 码不变，然后 D2 中的 BCD 码都会自动转换为二进制数。

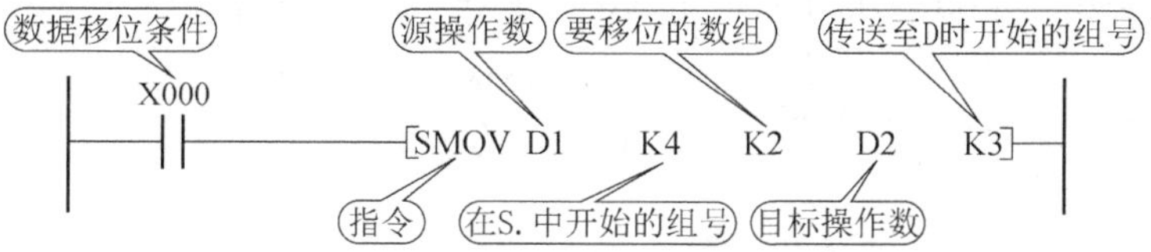

LD　X001
SMOV　D1 K4　K2　D2　K3

(a) 指令格式

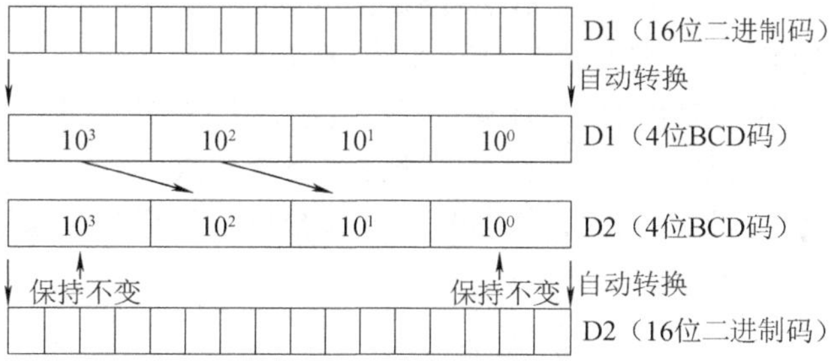

(b) 移位示意图

图 5-27　SMOV 指令

(5) 取反传送指令。取反传送指令 CML (Complement) 的功能指令编号为 FNC14，16 位运算占 5 个程序步，32 位运算占 9 个程序步。如图 5-28 所示，当 X001=ON 时，执行 CML，将 D0 的低 4 位取反后传送到 Y0～Y3 中，若目标操作数为 K2Y0，则将 D0 的低 8 位取反后传送到 Y0～Y7 中。

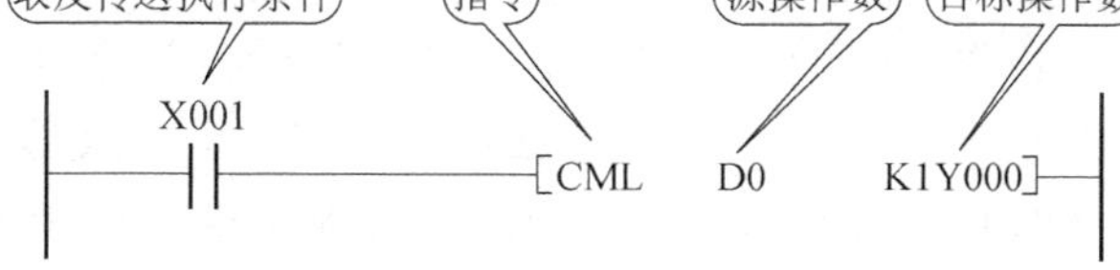

LD　X001
CML　D0　K1Y000

图 5-28　CML 指令

(6) 数据块传送指令。块传送指令 BMOV (Block Move) 的功能指令编号为 FNC15，16 位操作占 7 个程序步。源操作数可取 KnX、KnY、KnM、KnS、T、C、D 和文件寄存器，目标操作数可取 KnY、KnM、KnS、T、C 和 D。BMOV 指令是从源操作数指定的软元件开始的 *n* 点数据传送到指定的目标操作数开始的 *n* 点软元件。如图 5-29 传送顺序既可以从高元件号开始，也可以从低元件号开始，传送顺序自动决定。

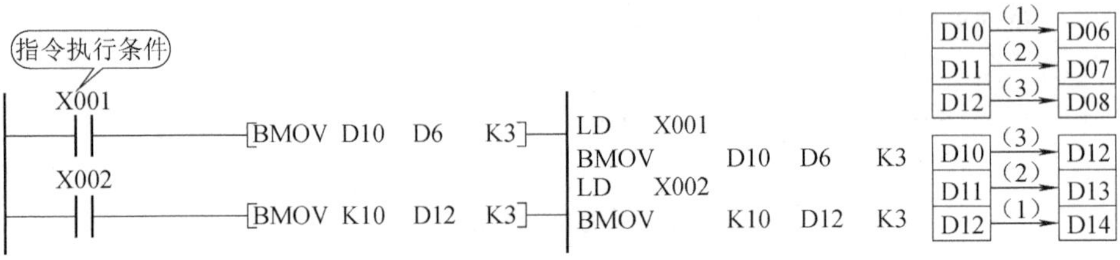

图 5-29 BMOV 指令

(7) 多点传送指令。多点传送指令 FMOV(Fill Move)的功能指令编号为 FNC16，16 位操作占 7 个程序步，32 位操作占 13 个程序步。源操作数可取所有的数据类型，目标操作数可取 KnY、KnM、KnS、T、C 和 D，$n \leqslant 512$。多点传送指令可将源操作数中的数据传送到指定目标开始的 n 个元件中。如图 5-30 当 X001 = ON 时，把 K0 传送到 D2～D13 中。

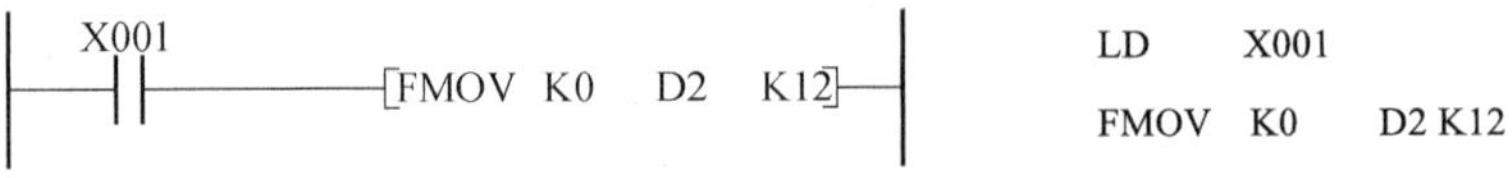

图 5-30 FMOV 指令

(8) 数据交换指令。数据交换指令 XCH(Exchange)的功能指令编号为 FNC17，16 位运算占 5 个程序步，32 位运算占 9 个程序步。两个目标操作数可取 KnY、KnM、KnS、T、C、D、V 和 Z。数据交换指令有 16 位连续型 XCH、16 位脉冲执行型 XCHP 和 32 位连续执行型 DXCH，一般采用脉冲执行方式，否则在每一个扫描周期都要交换一次。当特殊 M8160 为 ON 且目标为同一地址时，将交换目标元件的高、低字节，16 位数据进行高 8 位与低 8 位的交换；32 位指令也相同，如图 5-31 所示。

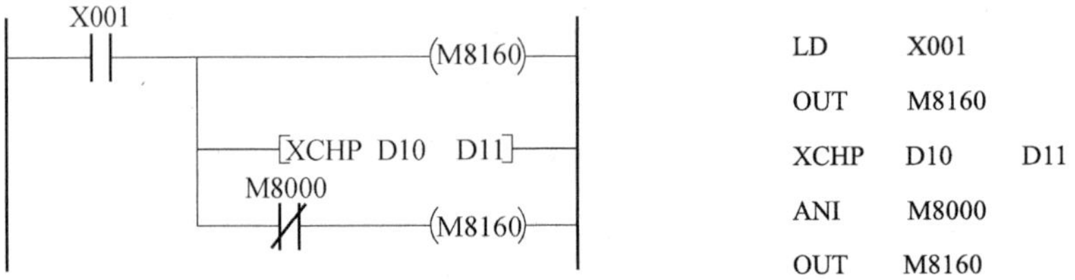

图 5-31 XCHP 指令

(9) 数据变换指令。数据变换指令包括 BCD(二进制数转换成 BCD 码并传送)和 BIN(BCD 码转换为二进制数并传送)指令。源操作数可取 KnX、KnY、KnM、KnS、T、C、D、V 和 Z，目标操作数可取 KnX、KnY、KnM、KnS、T、C、D、V 和 Z。BCD 指令的编号为 FNC18，BIN 指令的编号为 FNC19，16 位运算占 5 个程序步，32 位运算占 9 个程序步。BCD 变换指令使用格式如图 5-32 所示，当 X001 = ON 时，将源元件 D2 中的二进制数转换为 BCD 码送到目标元件 Y0～Y7 中，可输出到 7 段显示器。

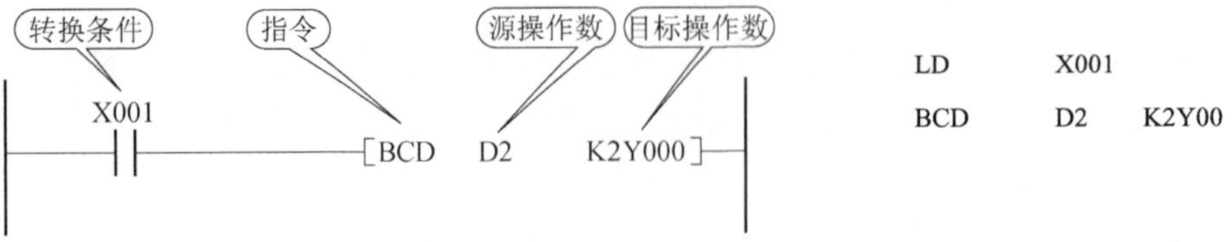

图 5-32 BCD 指令

BIN 指令使用格式如图 5-33 所示，当 X001 = ON 时，将 K2X0(BCD 码表示)的值转换成 BIN 值并送到 D14 中。注意常数 K 不能作为本指令的操作元件，因为在任何处理之前它们都会被转成二进制数。

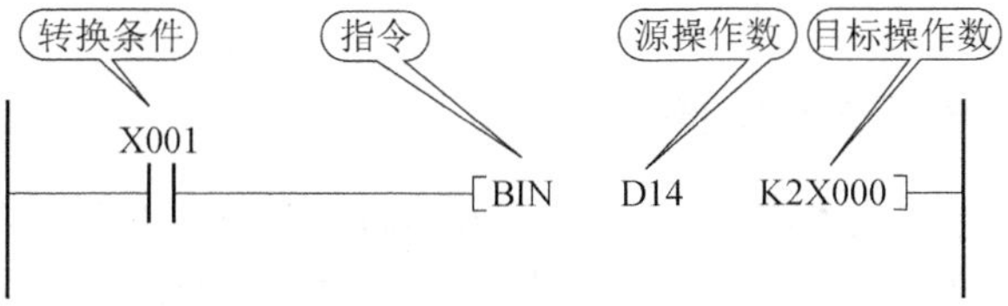

LD　　X001
BIN　　K2X000　D14

图 5-33　BIN 指令

4. 算术及逻辑运算指令

算术类主要有加、减、乘、除，逻辑类主要有与、或、非等，如表 5-15 所示。

表 5-15　算术及逻辑运算指令

分类	FNC No.	指令助记符	功能说明	对应不同型号的 PLC				
				FX0S	FX0N	FX1S	FX1N	FX2N(C)
算术与逻辑运算	20	ADD	二进制加法运算	√	√	√	√	√
	21	SUB	二进制减法运算	√	√	√	√	√
	22	MUL	二进制乘法运算	√	√	√	√	√
	23	DIV	二进制除法运算	√	√	√	√	√
	24	INC	二进制加 1 运算	√	√	√	√	√
	25	DEC	二进制减 1 运算	√	√	√	√	√
	26	WAND	字逻辑与	√	√	√	√	√
	27	WOR	字逻辑或	√	√	√	√	√
	28	WXOR	字逻辑异或	√	√	√	√	√
	29	NEG	求二进制补码	×	×	×	×	√

(1)加、减、乘、除指令。加减乘除指令有 ADD、SUB、MUL、DIV 指令，源操作数可取所有的数据类型，目标操作数可取 KnY、KnM、KnS、T、C、D、V 和 Z。16 位运算占 7 个程序步，32 位运算占 13 个程序步。

加法指令 ADD 的编号为 FNC20，它将源操作数相加，结果送到指定的目标元件中，如图 5-34 所示。

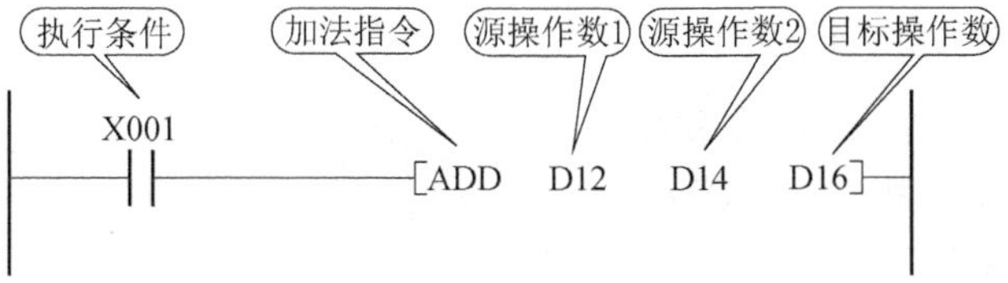

LD　　X001
ADD　D12　D14　D16

图 5-34　加法指令

减法指令 SUB 的编号为 FNC21，将源操作数相减结果送到指定的目标元件中。如图 5-35 所示，当 X001 = ON 时，执行(D10)−20 →(D10)。

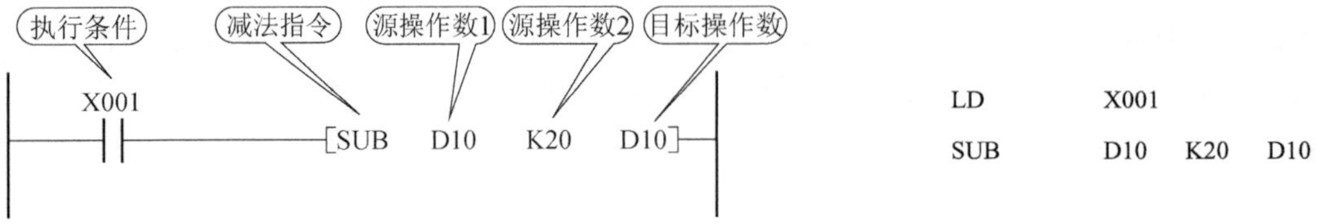

图 5-35 减法指令

乘法指令 MUL 的编号为 FNC22，将源操作数相乘结果送到目标元件中。如图 5-36 所示，当 X000=ON 时，执行(D0)×(D2)→(D4、D3)，乘积的低位字送到 D3，乘积的高位字送到 D4；当 X001=ON 时，执行(D2、D1)×(D3、D2)→(D7、D6、D5、D4)，乘积的低 32 位送到 D5、D4，乘积的高位字送到 D6、D7。

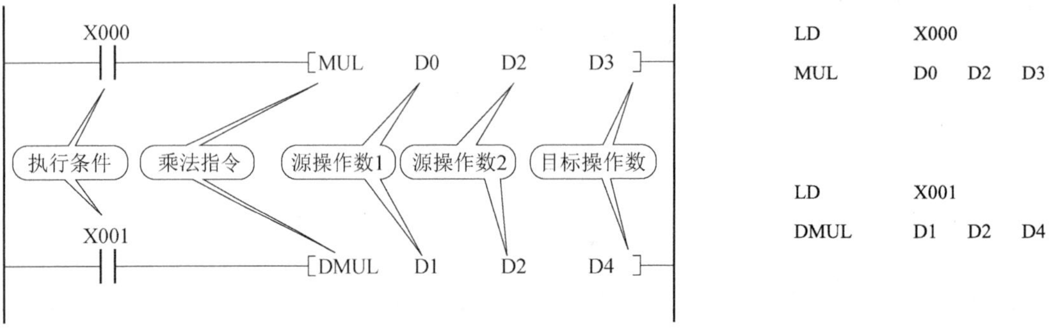

图 5-36 乘法指令

除法指令 DIV 的编号为 FNC23，将源操作数相除得到的结果送到指定的目标元件，余数送到下一个元件中。如图 5-37 所示，当 X000 = ON 时，执行(D0)÷(D1)→(D3…D4)，其中 D0 为被除数，D1 为除数，D3 为商数，D4 为余数；当 X001 = ON 时，执行(D1)÷(D2)→(D4、D5、D6、D7)中，其中 D1 为被除数，D2 为除数，D4、D5 为商数，D6、D7 为余数。

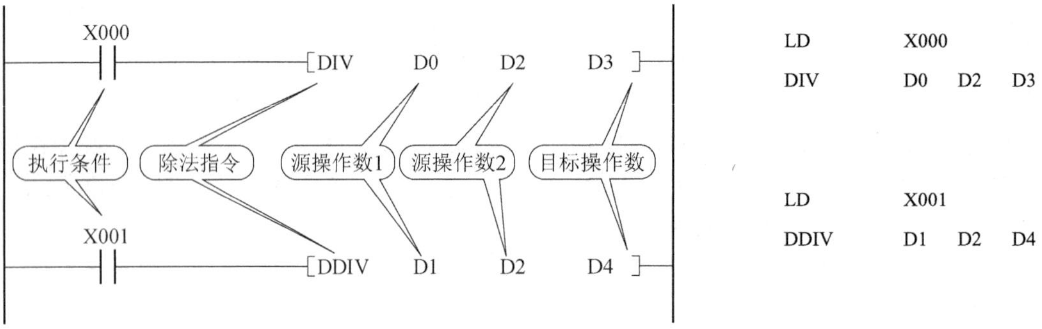

图 5-37 除法指令

(2)加 1 和减 1 指令。加 1 指令 INC(Increment)和减 1 指令 DEC(Decrement)的功能指令编号分别为 FNC24 和 FNC25。它们的操作数均可取 KnY、KnM、KnS、T、C、D、V 和 Z，16 位运算占 3 个程序步，32 位运算占 5 个程序步。如图 5-38 所示 X000 每次由 OFF 变为 ON 时，D10 中的二进制数自动加 1。当 X001 由 OFF 变为 ON 时，D11 中的二进制数自动减 1。

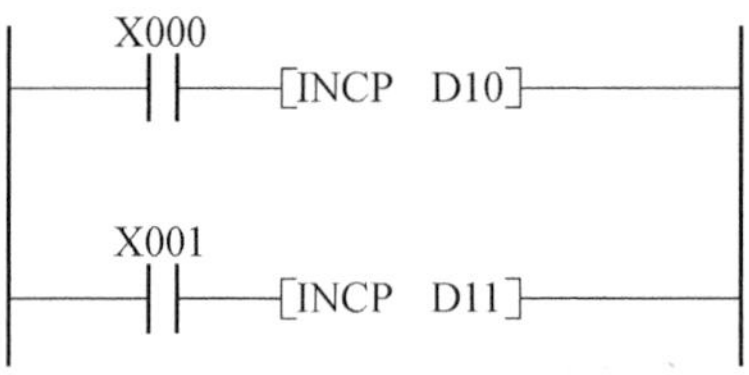

图 5-38 加 1 减 1 指令

(3) 字逻辑运算指令。字逻辑运算指令包括 WAND（字逻辑与）、WOR（字逻辑或）、WXOR（字逻辑异或）和 NEG（求补）指令，它们的功能指令编号分别为 FNC26～FNC29。WAND、WOR 和 WXOR 指令的[S1.]和[S2.]均可取所有的数据类型，目标操作数可取 KnY、KnM、KnS、T、C、D、V 和 Z，16 位运算占 7 个程序步，32 位运算占 13 个程序步。NEG 指令只有目标操作数，同样可取 KnY、KnM、KnS、T、C、D、V 和 Z，但 16 位运算占 3 个程序步，32 位运算占 5 个程序步。逻辑运算关系如表 5-16 所示。

表 5-16　逻辑运算关系表

与			或			异或		
M=A·B			M=A+B			M=A⊕B		
A	B	M	A	B	M	A	B	M
0	0	0	0	0	0	0	0	0
0	1	0	0	1	1	0	1	1
1	0	0	1	0	1	1	0	1
1	1	1	1	1	1	1	1	0

5. 循环与移位指令

循环与移位类功能指令是使位数据与字数据向指定方向循环、移位的指令，如表 5-17 所示。

表 5-17　循环与移位指令

分类	FNC No.	指令助记符	功能说明	对应不同型号的 PLC				
				FX0S	FX0N	FX1S	FX1N	FX2N(C)
循环与移位	30	ROR	循环右移	×	×	×	×	√
	31	ROL	循环左移	×	×	×	×	√
	32	RCR	带进位右移	×	×	×	×	√
	33	RCL	带进位左移	×	×	×	×	√
	34	SFTR	位右移	√	√	√	√	√
	35	SFTL	位左移	√	√	√	√	√
	36	WSFR	字右移	×	×	×	×	√
	37	WSFL	字左移	×	×	×	×	√
	38	SFWR	FIFO(先入先出)写入	×	×	√	√	√
	39	SFRD	FIFO(先入先出)读出	×	×	√	√	√

其中循环移位指令包括循环右移 ROR、ROL、RCR、RCL 循环左移、带进位标识的右循环移位和带进位标识的左循环移位，是一种将目的操作数首尾相连接的移位，编号为 FNC30～FNC33；位数据移位指令包括位右移指令 SFTR 和位左移指令 SFTL，编号分别为 FNC34 和 FNC35；字数据移位指令包括字右移和字左移指令 WSFR(P)和 WSFL(P)指令，编号分别为 FNC36 和 FNC37；移位寄存器写入/读出指令包括 FIFO 写入指令 SFWR 和的功能 FIFO 读出指令 SFRD，指令编号为 FNC38 和 FNC39。

6. 数据处理指令

数据处理指令包括区间复位、译码和编码、ON 位数统计和 ON 位判别、平均值、报警器置位与复位、二进制平方根、二进制整数→浮点数转换等，如表 5-18 所示。

表 5-18 数据处理指令

分类	FNC No.	指令助记符	功能说明	对应不同类型的 PLC				
				FX0S	FX0N	FX1S	FX1N	FX2N(C)
数据处理	40	ZRST	区间复位	√	√	√	√	√
	41	DECO	解码	√	√	√	√	√
	42	ENCO	编码	√	√	√	√	√
	43	SUM	统计 ON 位数	×	×	×	×	√
	44	BON	检测指定位是否 ON	×	×	×	×	√
	45	MEAM	求平均值	×	×	×	×	√
	46	ANS	报警器置位	×	×	×	×	√
	47	ANR	报警器复位	×	×	×	×	√
	48	SQR	求平方根	×	×	×	×	√
	49	FLT	整数与浮点数转换	×	×	×	×	√

其中区间数据复位指令 ZRST 也称为成批复位指令，其功能指令编号为 FNC40；解码与编码指令为 DECO(P)和 ENCO(P)，编号为 FNC41 和 FNC42；ON 位数统计和 ON 位判别指令为 SUM(P)和 BON(P)，编号为 FNC43 和 FNC44；平均值指令 MEAN 的功能指令编号为 FNC45，另外还有报警器置位复位指令 ANS 和 ANR，编号为 FNC46 和 FNC47，以及平方根指令 SQR 编号为 FNC48，二进制整数→二进制浮点数转换指令 FLT 编号为 FNC49，高低字节交换指令 SWAP 编号为 FNC147。

7. 高速处理和方便指令

高速处理指令的功能指令编号为 FNC50～FNC59，包括输入/输出刷新指令、刷新和滤波器时间常数调整指令、矩阵输入指令、高速计数器比较置位指令、高速计数器比较复位指令、区间比较指令、速度检测指令、脉冲输出指令、脉宽调制指令和可调速脉冲输出指令。另外还有一些编号为 FNC60～FNC69 的方便指令。指令助记符详见表 5-19。

表 5-19 高速处理指令和方便指令

分类	FNC No.	指令助记符	功能说明	对应不同型号的 PLC				
				FX0S	FX0N	FX1S	FX1N	FX2N(C)
高速处理指令	50	REF	输入/输出刷新	√	√	√	√	√
	51	REFF	输入滤波时间调整	×	×	×	×	√
	52	MTR	矩阵输入	×	×	√	√	√
	53	HSCS	比较置位(高速计数器用)	×	√	√	√	√
	54	HSCR	比较复位(高速计数器用)	×	√	√	√	√
	55	HSZ	区间比较(高速计数器用)	×	×	×	×	√
	56	SPD	脉冲密度	×	×	√	√	√
	57	PLSY	指定频率脉冲输出	√	√	√	√	√
	58	PWM	脉宽调制输出	√	√	√	√	√
	59	PLSR	带加减速脉冲输出	×	×	√	√	√
方便指令	60	IST	状态初始化	√	√	√	√	√
	61	SER	数据查找	×	×	×	×	√
	62	ABSD	凸轮控制(绝对式)	×	×	√	√	√
	63	INCD	凸轮控制(增量式)	×	×	√	√	√
	64	TTMR	示教定时器	×	×	×	×	√
	65	STMR	特殊定时器	×	×	×	×	√

续表

分类	FNC No.	指令助记符	功能说明	对应不同型号的 PLC				
				FX0S	FX0N	FX1S	FX1N	FX2N(C)
方便指令	66	ALT	交替输出	√	√	√	√	√
	67	RAMP	斜波信号	√	√	√	√	√
	68	ROTC	旋转工作台控制	×	×	×	×	√
	69	SORT	列表数据排列	×	×	×	×	√

8. 外部 I/O 设备和外围设备指令

外部 I/O 设备指令包括 10 键输入、16 键输入、BCD 数字开关输入、七段码译码、带锁存的多路七段显示、方向开关、ASCII 码转换和打印输出、读/写特殊功能模块指令等，外围设备指令包括串行通信、八进制数据传送、HEX→ASCII 转换、ASCII→HEX 转换、校验码、模拟量输入、模拟量开关设定、PID 算法、二进制数→格雷码、格雷码→二进制数、模拟量模块读出/写入等，指令助记符详如表 5-20 所示。

表 5-20　外部 I/O 设备和外围设备指令

分类	FNC No.	指令助记符	功能说明	对应不同型号的 PLC				
				FX0S	FX0N	FX1S	FX1N	FX2N(C)
外部 I/O 设备	70	TKY	10 键输入	×	×	×	×	√
	71	HKY	16 键输入	×	×	×	×	√
	72	DSW	BCD 数字开关输入	×	×	√	√	√
	73	SEGD	七段码译码	×	×	×	×	√
	74	SEGL	七段码分时显示	×	×	√	√	√
	75	ARWS	方向开关	×	×	×	×	√
	76	ASC	ASCII 码转换	×	×	×	×	√
	77	PR	ASCII 码打印输出	×	×	×	×	√
	78	FROM	BFM 读出	×	√	×	√	√
	79	TO	BFM 写入	×	√	×	√	√
外围设备	80	RS	串行数据传输	×	√	√	√	√
	81	PRUN	八进制位传送	×	×	√	√	√
	82	ASCI	HEX→ASCII 码	×	√	√	√	√
	83	HEX	ASCII 码→HEX	×	√	√	√	√
	84	CCD	校验	×	√	√	√	√
	85	VRRD	电位器变量输入	×	×	√	√	√
	86	VRSC	电位器变量区间	×	×	√	√	√
	88	PID	PID 运算	×	×	√	√	√
	170	GRY	二进制数→格雷码	×	×	×	×	√
	171	GBIN	格雷码→二进制码	×	×	×	×	√
	176	RD3A	FX0N-3A 读出	×	√	×	√	×
	177	WR3A	FX0N-3A 写入	×	√	×	√	×

9. 浮点数运算、高低字节交换和定位指令

浮点数运算、高低字节交换和定位指令以及助记符等信息如表 5-21 所示。

表 5-21　浮点数运算、高低字节交换和定位指令

分类	FNC No.	指令助记符	功能说明	对于不同型号的 PLC				
				FX0S	FX0N	FX1S	FX1N	FX2N(C)
浮点数运算	110	BCMP	二进制浮点数比较	×	×	×	×	√
	111	EZCP	二进制浮点数区间比较	×	×	×	×	√
	118	EBCD	二进制浮点数→十进制浮点数	×	×	×	×	√
	119	EBIN	十进制浮点数→二进制浮点数	×	×	×	×	√
	120	EADD	二进制浮点数加法	×	×	×	×	√
	121	EUSB	二进制浮点数减法	×	×	×	×	√
	122	EMUL	二进制浮点数乘法	×	×	×	×	√
	123	EDIV	二进制浮点数除法	×	×	×	×	√
	127	ESQR	二进制浮点数开平方	×	×	×	×	√
	129	INT	二进制浮点数→二进制整数	×	×	×	×	√
	130	SIN	二进制浮点数 Sin 运算	×	×	×	×	√
	131	COS	二进制浮点 Cos 运算	×	×	×	×	√
	132	TAN	二进制浮点 Tan 运算	×	×	×	×	√
	147	SWAP	高低字节交换	×	×	×	×	√
定位	155	ABS	ABS 当前值读取	×	×	√	√	×
	156	ZRN	原点回归	×	×	√	√	×
	157	PLSV	可变速的脉冲输出	×	×	√	√	×
	158	DRVI	相对位置控制	×	×	√	√	×
	159	DRVA	绝对位置控制	×	×	√	√	×

10. 时钟运算和触点比较指令

时钟运算指令共有 7 条，对时钟数据进行运算和比较，对 PLC 内置实时时钟进行时间校准和时钟数据格式化操作；触点比较指令是使用 LD、AND、OR 与比较条件(=、≠、≥、≤、>、<等 6 种)组合而构成的指令，就像一个触点一样，与比较指令 CMP 不同，触点比较指令本身相当于触点，结果则取决于比较的条件是否成立。使用时和普通触点一样放在梯形图的横线上，因而称为在线比较指令，触点比较指令共有 18 条。助记符等信息如表 5-22 所示。

表 5-22　时钟运算指令和触点比较指令

分类	FNC No.	指令助记符	功能说明	对应不同型号的 PLC				
				FX0S	FX0N	FX1S	FX1N	FX2N(C)
时钟运算	160	TCMP	时钟数据比较	×	×	√	√	√
	161	TZCP	时钟数据区间比较	×	×	√	√	√
	162	TADD	时钟数据加法	×	×	√	√	√
	163	TSUB	时钟数据减法	×	×	√	√	√
	166	TRD	时钟数据读出	×	×	√	√	√
	167	TWR	时钟数据写入	×	×	√	√	√
	169	HOUR	计时仪	×	×	√	√	×

续表

分类	FNC No.	指令助记符	功能说明	对应不同型号的 PLC				
				FX0S	FX0N	FX1S	FX1N	FX2N(C)
触点比较运算	224	LD=	[S1.]=[S2.]时起始触点接通	×	×	√	√	√
	225	LD>	[S1.]>[S2.]时起始触点接通	×	×	√	√	√
	226	LD<	[S1.]<[S2.]时起始触点接通	×	×	√	√	√
	228	LD<>	[S1.]< >[S2.]时起始触点接通	×	×	√	√	√
	229	LD≤	[S1.]≤[S2.]时起始触点接通	×	×	√	√	√
	230	LD≥	[S1.]≥[S2.]时起始触点接通	×	×	√	√	√
	232	AND=	[S1.]=[S2.]时串联触点接通	×	×	√	√	√
	233	AND>	[S1.]>[S2.]时串联触点接通	×	×	√	√	√
	234	AND<	[S1.]<[S2.]时串联触点接通	×	×	√	√	√
	236	AND<>	[S1.]< >[S2.]时串联触点接通	×	×	√	√	√
	237	AND≤	[S1.]≤[S2.]时串联触点接通	×	×	√	√	√
	238	AND≥	[S1.]≥[S2.]时串联触点接通	×	×	√	√	√
	240	OR=	[S1.]=[S2.]时并联触点接通	×	×	√	√	√
	241	OR>	[S1.]>[S2.]时并联触点接通	×	×	√	√	√
	242	OR<	[S1.]<[S2.]时并联触点接通	×	×	√	√	√
	244	OR<>	[S1.]< >[S2.]时并联触点接通	×	×	√	√	√
	245	OR≤	[S1.]≤[S2.]时并联触点接通	×	×	√	√	√
	246	OR≥	[S1.]≥[S2.]时并联触点接通	×	×	√	√	√

5.3　FX 系列 PLC 编程设计方法

如第 4 章所述，PLC 常用的编程语言有梯形图语言、助记符语言、流程图语言及高级语言等，不同的 PLC 可能采用不同的编程语言。现在最常用的编程设计方法为梯形图编程法和语句表编程法，FX 系列 PLC 编程采用梯形图和语句表编程方式。

5.3.1　梯形图的编程

梯形图是在继电器控制电路的基础上演绎出来的，具有形象、直观、实用的特点，电气技术人员容易接受。梯形图设计的前提条件是必须满足控制要求，此外在绘制梯形图时，还要遵循以下几条基本原则。

(1)梯形图按“从上而下，从左到右”的顺序绘制。与每个输出线圈相连的全部支路形成一个逻辑行，即一层阶梯。它们形成一组逻辑关系，控制一个动作。如图 5-39 所示，每一个逻辑行起于左母线，然后是触点的连接，最后终止于输出线圈。绘制梯形图时应注意，输出线圈与右母线之间不能有任何触点，而输出线圈与左母线之间必须要有触点。

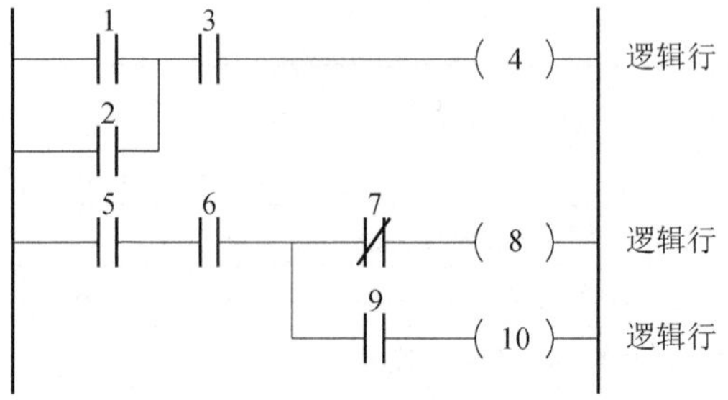

图 5-39　梯形图按“从上而下，从左到右”的顺序绘制

(2) 在每一个逻辑行中，串联触点多的支路应放在上方。如果将串联触点多的支路放在下方，则语句增多、程序变长，如图 5-40 所示。

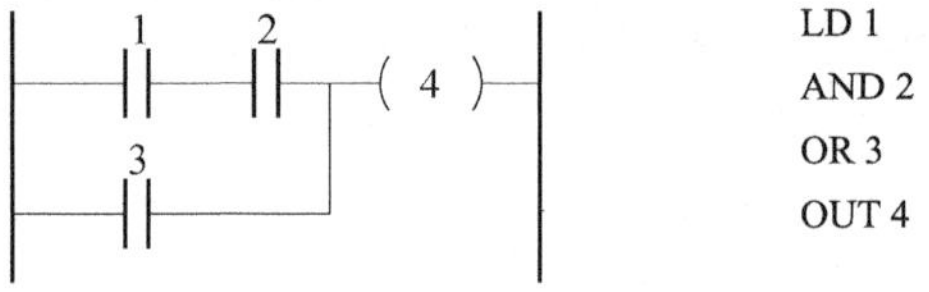

(a) 合理

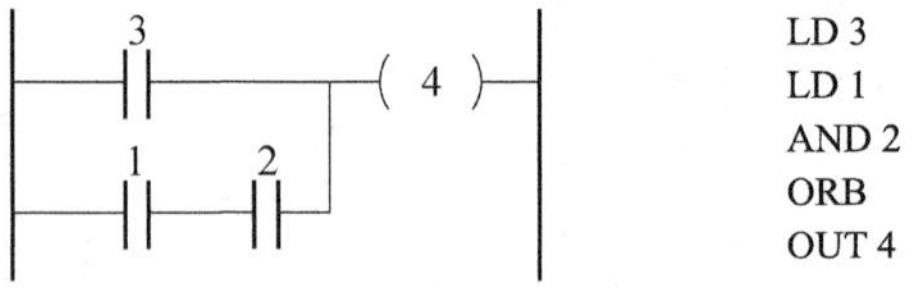

(b) 不合理

图 5-40　串联触点多的支路应放在上方

在每个逻辑行中，并联触点多的电路应放在左方。如果将并联触点多的电路放在右方，则语句增多、程序变长，如图 5-41 所示。

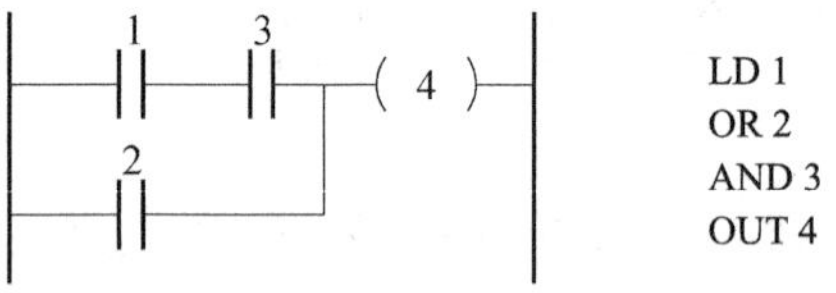

(a) 合理

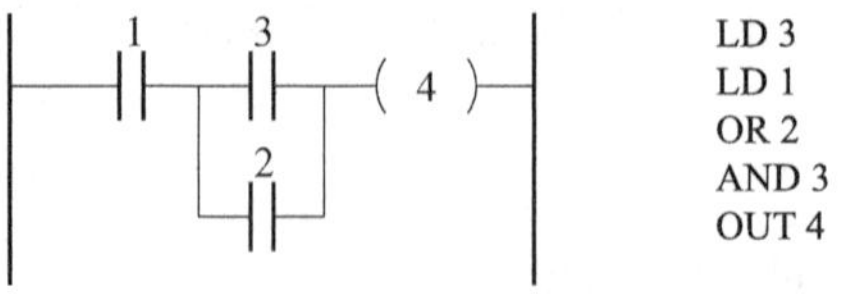

(b) 不合理

图 5-41　并联触点多的电路应放在左方

(3) 梯形图中的触点应画在水平支路上，不应画在垂直支路上。梯形图中，不允许一个触点上有双向“电流”通过。如图 5-42 (a) 所示，触点 5 上有双向“电流”通过，该梯形图不可编程。对于这样的梯形图，应该根据逻辑功能做适当的等效变换，如图 5-42 (b) 所示，再将其简化成如图 5-42 (c) 所示。

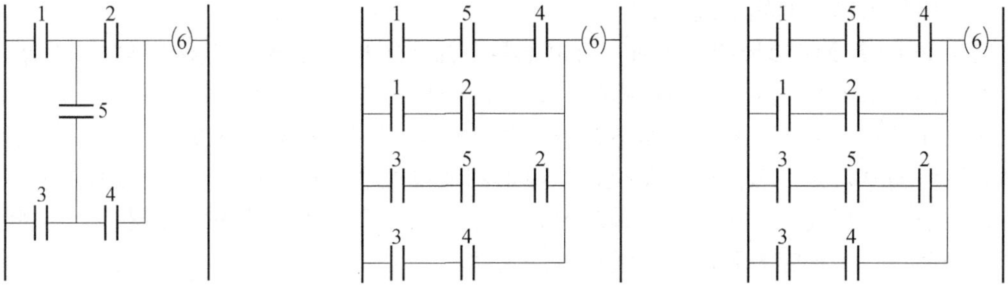

(a) 不允许　(b) 等效变换　(c) 合理

图 5-42　不允许一个触点上有双向“电流”通过

(4) 在梯形图中，如果两个逻辑行之间有互相牵连，逻辑关系又不清晰，应将梯形图进行变换，以便编程，如图 5-43 (a) 所示。梯形图可变换为图 5-43 (b) 所示的梯形图。

(a) 逻辑关系不清晰的梯形图　(b) 变换后的梯形图

图 5-43　变换

5.3.2　语句表编程

语句表是用助记符来表达 PLC 的各种控制功能，类似于计算机的汇编语言，但又比汇编语言直观易懂、编程简单，因此也是一种广泛应用的编程语言，一般与梯形图语言配合使用，互为补充。目前，大多数 PLC 都具有语句表编程功能，但是各个厂家生产的 PLC 支持的语句表指令一般各不相同，所以不能兼容。

对于语句表编程来说，语句是用户程序的基本单元，每条语句都规定了 CPU 该如何动作，实现什么功能。PLC 的语句表由操作码和操作数组成。

操作码决定 CPU 要执行的功能，操作数提供执行过程中所需的参数。应该注意的是，有的操作码是没有操作数的。图 5-44 是语句表编程的一个例子。

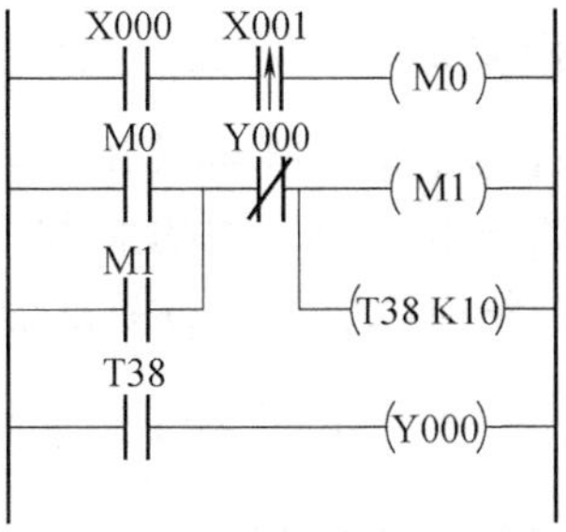

(a) 梯形图

LD	X000	
ANDP	X001	
OUT	M0	
OR	M1	
ANI	Y0	
OUT	M1	
OUT	T38	K10
LD	T38	
OUT	Y000	

(b) 语句表

图 5-44　语句表编程示例

梯形图与语句表编程的区别：

利用 PLC 指令对梯形图编程时，可以把整个梯形图程序看成由许多个网络块组成，而每个网络块都起始于左母线，所有的网络块组合在一起就是一个梯形图程序。

触点和线圈等组成的独立电路称为网络(Network)，用编程软件生成的梯形图和语句表程序中有网络编号，允许以网络为单位，给梯形图加以注释。梯形图程序可以通过编译软件直接转换成语句表形式。在用语句表编程时，也允许以网络块为单位进行编程，语句表程序与梯形图程序有一一对应关系，可以通过软件互换。

梯形图是使用最多的编程语言，非常直观易懂。特别熟练的设计人员在某些情况下会直接用语句表编程，虽然编写的程序比较简短，但是不直观。

5.4 步进指令及其编程方法

生产机械以及工业过程控制中常以顺序控制的方式来实现控制，为此 PLC 专门设计了步进指令，方便实现顺序控制并便于阅读修改。

5.4.1 步进指令

FX 系列 PLC 的步进指令有 STL(步进触点指令)和 RET(步进返回指令)两条，与状态器 S 配合才具有步进功能。FX2N 系列 PLC 有 900 个状态元件可用于顺序功能图中，其中 S0～S9 为初始状态器，存储顺序功能图中的起始状态数据，S10～S19 为回零状态继电器，S20～S899 是普通状态器。

1. 步进触点指令 STL

步进触点(也称为步进开始)指令 STL(Step Ladder)的意义为激活某个状态，利用内部软元件，在顺序控制中进行步进式控制的指令，梯形图上体现为从母线上引出的状态触点。STL 指令有建立子母线的功能，以使该状态的所有操作均在母线上进行。步进触点指令在梯形图中的使用如图 5-45 所示。只有步进触点闭合时它后面的电路才能动作，如果步进触点断开则其后面的电路将全部断开。

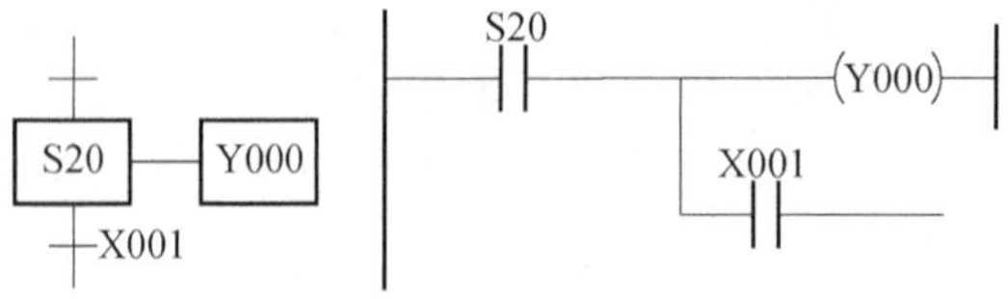

图 5-45　步进触点指令在梯形图中的使用

步进 STL 触点只有动合触点，没有动断触点，每个状态继电器 S 记录一个工步，如图 5-45 所示，STL S20 有效(为 ON)，则进入 S20 表示的一步(类似于本步的总开关)，开始执行本阶段该做的工作(驱动 Y000)，并判断进入下一步的条件(X001 为 ON)是否满足。一旦结束本步信号为 ON，则关断 S20 进入下一步 S2 步。

2. 步进返回指令 RET

步进返回(也称为步进结束)指令 RET 是用来复位 STL 指令的，表示状态流程结束，退出步进状态。

RET 指令功能相当于将母线重新返回到原来的主母线(主程序)位置，其后不跟任何操作数。状态程序结束必须使用 RET 指令。

注意使用步进指令时，状态的地址号不能重复；步进指令开始前，必须使用 SET 指令使该步进点置位，即在 STL 前面先要 SET，如图 5-46(a)所示。步进梯形图中，不同步内可以重复使用同一个输出线圈；不能同时动作的输出线圈不要设计在相邻步进点内，采取联锁保护后则可；同一编号的定时器不在相邻步进点内使用，不相邻则可；一个步进点一般都要完成 3 个任务：驱动输出线圈、设定转移条件、设置下一个步进点，如图 5-46(b)所示。

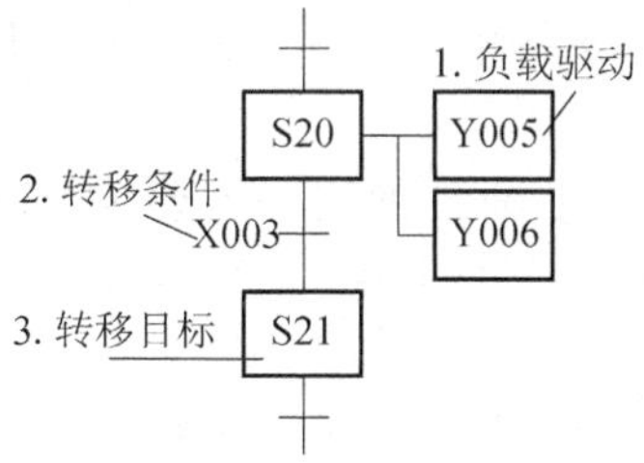

(a) SET 指令

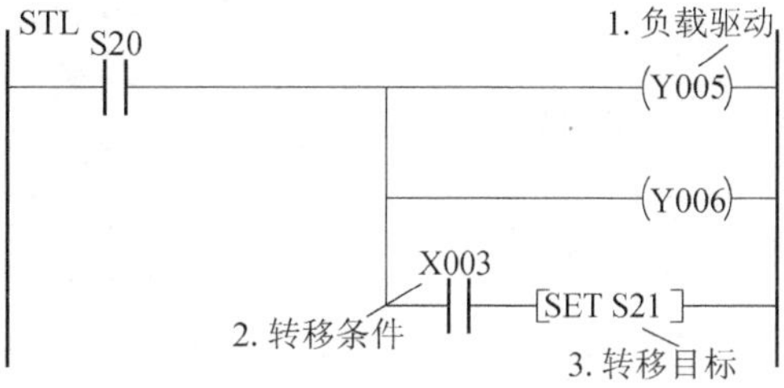

(b) STL 指令

图 5-46　步进指令的符号与含义

在 STL 指令内不能使用 MC / MCR 指令，虽可在 STL 指令内使用跳转指令 CJ，但动作复杂；在中断程序和子程序中，不能使用 STL 指令；需要使用停电保持功能时，需用掉电保持状态的 S 元件；与步进梯形图相关的特殊辅助继电器有 M8000(PLC 运行时恒 ON)、M8002(PLC 停止到运行时送出一个脉冲)、M8034(ON 时外部输出全部为 OFF)、M8040(ON 时步进点的移动全部禁止)、M8046(一个步进点动作时为 ON)、M8047(ON 时可读动作进行的步进点并显示)。步进指令使用前，可用 ZRST 指令一起复位各步进点。

5.4.2　步进指令编程方法

用经验设计法设计梯形图时，没有一套固定的方法和步骤可以遵循，具有很大的试探性和随意性，对于不同的控制系统，没有一种通用容易掌握的设计方法。在设计复杂系统的梯形图时，用大量的中间单元来完成记忆、联锁和互锁等功能，由于需要考虑的因素很多，还互相交织，分析起来非常困难，并且很容易发生遗漏。用经验设计法设计出的梯形图修改很麻烦、阅读很困难，给系统的维修和改进带来困难。因而 FX 系列 PLC 增加的步进顺控指令和状态继电器，可以将控制系统的工作流程图转化为 PLC 能够识别的状态转移图来编制顺序控制程序。

步进顺控的编程过程就是设计状态转移图的过程：将一个复杂的控制过程分解为若干个工作状态，弄清楚各状态的工作细节(即各状态的功能、转移条件和转移方向)，再依据总的控制顺序要求，将这些状态联系起来，形成状态转移图，进而编绘梯形图程序。

1. 状态转移图

状态转移图(Sequential Function Chart，SFC)即顺序功能表图，是描述控制系统过程、功能和特性的一种图形，是设计 PLC 顺序控制程序的有力工具。图 5-47 所示为 SFC 的一般形式，它主要由步、有向连线、转换、转换条件和动作(命令)组成。

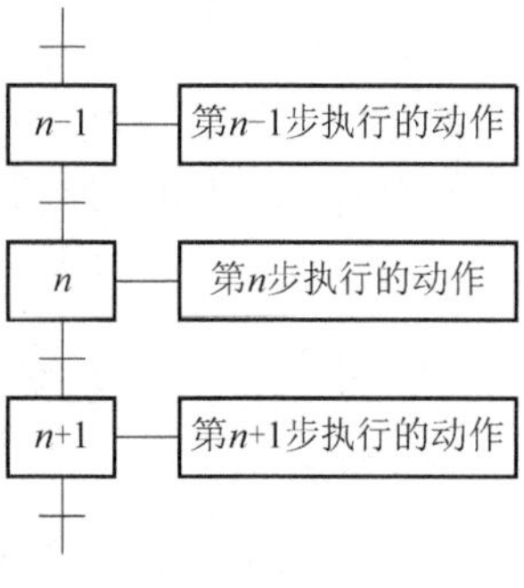

图 5-47　SFC 的一般形式

图 5-47 中 n−1、n、n+1 为状态，是构成状态转移图的基本元素，其作用是从主母线上提供一个状态触点，形成子母线。状态转移图中的状态具有负载驱动、状态转移条件和状态转移目标 3 个要素。

2. 设计状态转移图的方法和步骤

设计状态转移图时，一是将流程图中的每一个工序(或阶段)用 PLC 的一个状态继电器来替代；二是将流程图中的每个阶段要完成的工作(或动作)用 PLC 的线圈指令或功能指令来替代；三是将流程图中各个阶段之间的转移条件用 PLC 的触点或电路块来替代；四是流程图中的箭头方向就是 PLC 状态转移图中的转移方向。

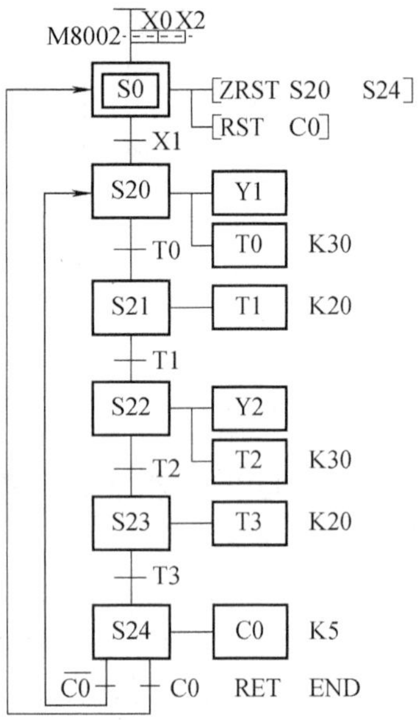

图 5-48 电动机循环正反转控制的状态转移图

图 5-48 所示为电动机循环正反转控制的状态转移图。

(1) 将整个控制过程按任务要求分解，其中的每一个工序都对应一个状态(即步)，并分配状态继电器。

图 5-48 中电动机循环正反转控制的状态继电器分配如下：复位→S0，正转→S20，暂停→S21，反转→S22，暂停→S23，计数→S24。

(2) 掌握每个状态的功能、作用。状态的功能是通过 PLC 驱动各种负载来完成的，负载可由状态元件直接驱动，也可由其他软触点的逻辑组合驱动。

(3) 找出每个状态的转移条件和方向，即在什么条件下将下一个状态“激活”。状态的转移件可以是单一的触点，也可以是多个触点的串、并联电路的组合。

(4) 根据控制要求或工艺要求，画出状态转移图。

3. 状态转移和驱动过程

状态转移图的编程方法是：先驱动、后转移。除初始状态外，其他所有状态只有在前一状态被激活且具有转移条件时才能开启。一旦下一个状态被激活，上一状态会自动关闭。“激活”可视为该段程序被扫描执行，关闭则视为该段程序被跳过，不执行。

4. 状态转移图的特点

(1) 可以将复杂的控制任务或控制过程分解成若干个状态。

(2) 相对某一个具体的状态来说，控制任务简单了，给局部程序的编制带来了方便。

(3) 整体程序是局部程序的综合，只要清楚各状态需要完成的动作、状态转移的条件和转移的方向，就可以进行状态图的设计。

(4) 图形很容易理解，可读性很强，能清楚地反映全部控制的工艺过程。

5.5 项目单元 4：组合机床的 FX 系列 PLC 编程

组合机床是针对特定工件进行特定加工而设计的一种高效率自动化专业设备。这类设备大多能实现多机多刀同时工作，并且具有工作自动循环功能。双面钻孔组合机床主要用于在工件的两相对表面上钻孔，其结构简图如图 5-49 所示。

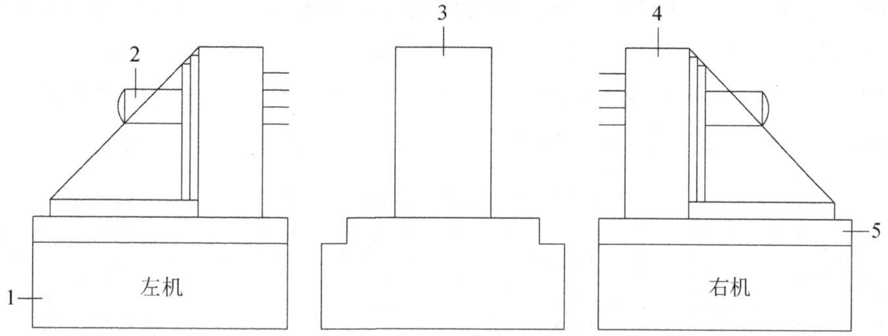

1-侧底座；2-刀具电动机；3-工件定位夹紧装置；4-主轴箱及钻头；5-动力滑台

图 5-49　双面钻孔组合机床的结构简图

本项目单元的控制要求如下。

(1) 根据要求设计双面钻床组合机床控制系统的 PLC 控制线路梯形图程序并进行检查。

(2) 安装与调试双面钻孔组合机床控制系统的 PLC 控制线路。

5.5.1　电路设计分析

1. 双面钻孔组合机床的主运动

机床由液压动力滑台提供进给动力，电动机拖动主轴箱的刀具主轴，提供切削主动力，工件的定位及夹紧装置由液压系统驱动。

机床的工作循环图如图 5-50 所示。机床工作时，工件装入定位夹紧装置，按下启动按钮 SB4，工件开始定位和夹紧，然后左、右两面的动力滑台同时进行快速进给、工进和快退的加工循环，在此同时，刀具电动机也启动工作，冷却泵在工进过程中提供切削液。加工结束后，动力滑台退回原位，夹紧装置松开并拔出定位销，依次加工的工作循环结束。

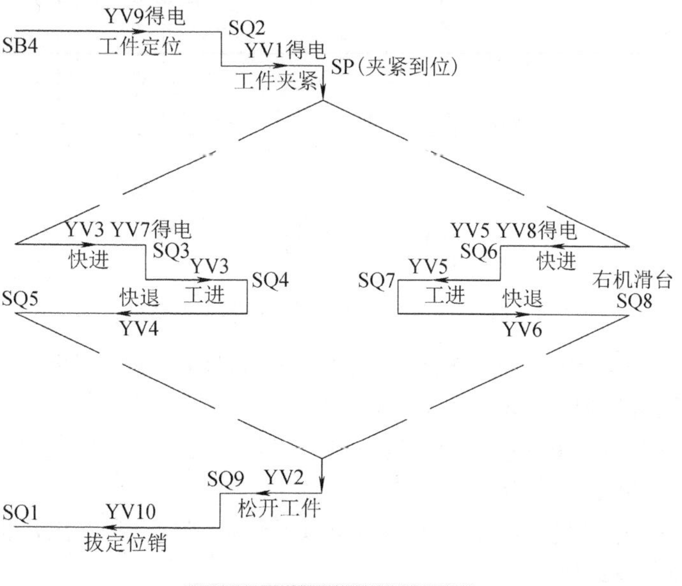

图 5-50　机床的工作循环图

2. 机床的拖动及控制要求

(1) 机床动力滑台和工件定位、夹紧装置由液压系统驱动。电磁阀线圈 YV9 和 YV10 控制定位销液压缸活塞运动方向；YV1 和 YV2 控制夹紧液压缸活塞运动方向；YV3、YV4 和 YV7 为左机滑台油路中电磁阀换向线圈；YV5、YV6 和 YV8 为右机滑台油路中电磁阀换向线圈。电磁阀换向线圈动作过程如表 5-23 所示。

表 5-23　电磁阀换向线圈动作过程

	YV1	YV2	YV3	YV4	YV5	YV6	YV7	YV8	YV9	YV10	转换指令
工件定位									+		SB4
工件夹紧	+		+		+	+		+			SQ2
滑台快进	+		+			+					SP(夹紧到位)
滑台工进	+										SQ3、SQ6
滑台快退	+			+			+				SQ4、SQ7
松开工件		+									SQ5、SQ8
拔定位销										+	SQ9
停止											SQ1
	夹紧		左机滑台			右机滑台			定位		

注：+代表动作。

(2) 该组合机床共有 4 台电动机，其主电路如图 5-51 所示。

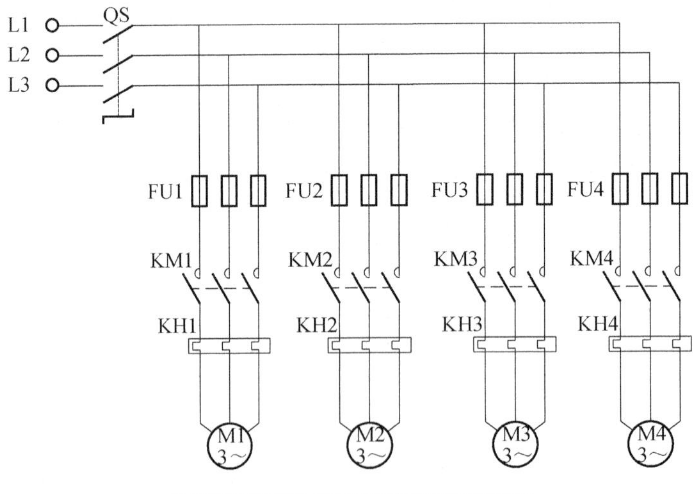

图 5-51　双面钻孔组合机床主电路

① M1 为液压泵电动机，液压泵电动机 M1 应先启动，使系统正常供油后，其他电动机的控制电路及液压系统的控制电路才能通电工作。

② M2 为左机的刀具电动机，M3 为右机的刀具电动机，刀具电动机应在滑台进给开始时启动运转，滑台退回到原位后停止运转。

③ M4 为冷却泵电动机，冷却泵电动机可以手动控制启动和停止，也可以在滑台工进时启动，在工进结束后自动停止。

(3) 要求组合机床能分别在自动和手动两种方式下运行。

5.5.2　程序设计

1. 分配输入/输出(I/O)点

由 PLC 组成的双面钻孔组合机床控制系统共有输入信号 22 个，均为开关量，其中选择开关一个，按钮 11 个，检测元件 10 个；共有输出信号 15 个，其中电磁阀 10 个，控制 4 台电动机的接触器 4 个，指示灯 1 个。选择 FX2N-48MR 型主机，主机共有 24 个输入点和 24 个输出点，除能满足要求外，还有一定的余量。输入/输出(I/O)点的分配如表 5-24 所示。

表 5-24　输入/输出(I/O)点分配

输入				输出			
序号	名称	元件符号	输入点编号	序号	名称	元件符号	输入点编号
1	手动和自动选择开关	SA	X0	1	工件夹紧指示灯	HL	Y0
2	总停止按钮	SB1	X1	2	工件夹紧电磁阀	YV1	Y1
3	油泵电动机启动按钮	SB2	X2	3	工件松开电磁阀	YV2	Y2
4	液压系统停止按钮	SB3	X3	4	左机前进电磁阀	YV3	Y3
5	液压系统启动按钮	SB4	X4	5	左机后退电磁阀	YV4	Y4
6	左刀具电动机点动按钮	SB5	X5	6	右机前进电磁阀	YV5	Y5
7	右刀具电动机点动按钮	SB6	X6	7	右机后退电磁阀	YV6	Y6
8	夹具松开按钮	SB7	X7	8	左机快进电磁阀	YV7	Y7
9	左机快进点动按钮	SB8	X10	9	右机快进电磁阀	YV8	Y10
10	左机快退点动按钮	SB9	X11	10	工件定位电磁阀	YV9	Y11
11	右机快进点动按钮	SB10	X12	11	松开定位电磁阀	YV10	Y12
12	右机快退点动按钮	SB11	X13	12	油泵电动机启动接触器	KM1	Y13
13	松开工件定位行程开关	SQ1	X14	13	左机刀具电动机启动接触器	KM2	Y14
14	工件定位行程开关	SQ2	X15	14	右机刀具电动机启动接触器	KM3	Y15
15	左机滑台快速结束行程开关	SQ3	X16	15	冷却泵电动机启动接触器	KM4	Y16
16	左机滑台工进结束行程开关	SQ4	X17				
17	左机滑台快退结束行程开关	SQ5	X18				
18	右机滑台快速结束行程开关	SQ6	X19				
19	右机滑台工进结束行程开关	SQ7	X20				
20	右机滑台快退结束行程开关	SQ8	X21				
21	工作压紧原位行程开关	SQ9	X22				
22	工件夹紧压力继电器	SP	X23				

2. 画出 PLC 接线图

PLC 接线图如图 5-52 所示。

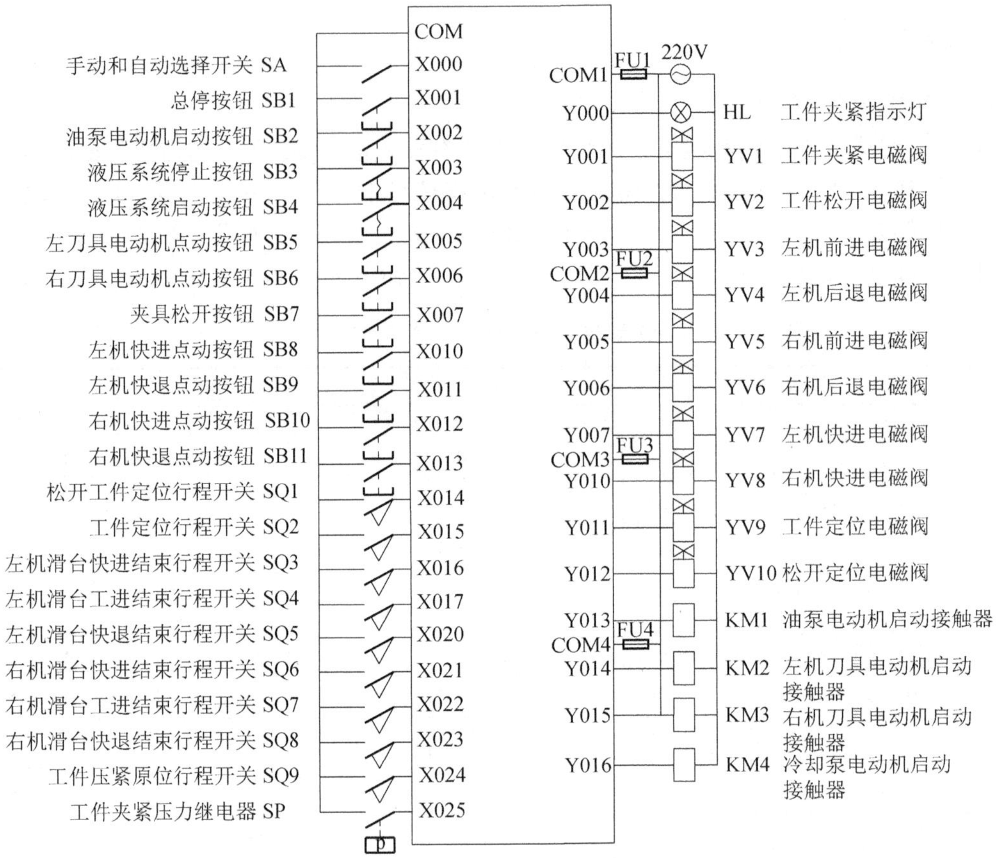

图 5-52 PLC 接线图

3. 设计梯形图程序

双面钻孔组合机床控制要求中提出：液压泵电动机 M1 应先启动，在系统正常供油后，其他电动机和冷却系统控制电动机才能启动，控制程序应满足这一要求。

组合机床有手动工作方式和自动工作方式，通过开关 SA 选择不同的工作方式。假设 SA 断开时，机床的工作方式在自动工作方式，SA 闭合时，手动工作方式，程序控制总框图如图 5-53 所示。

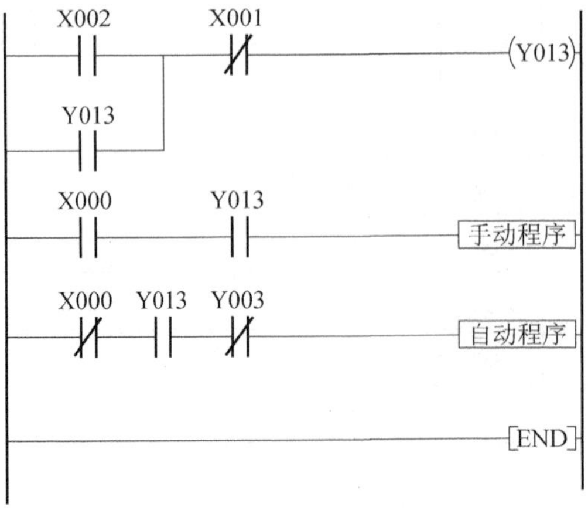

图 5-53 程序控制总框图

(1) 手动控制程序。利用主控指令编写手动控制程序如图 5-54 所示。

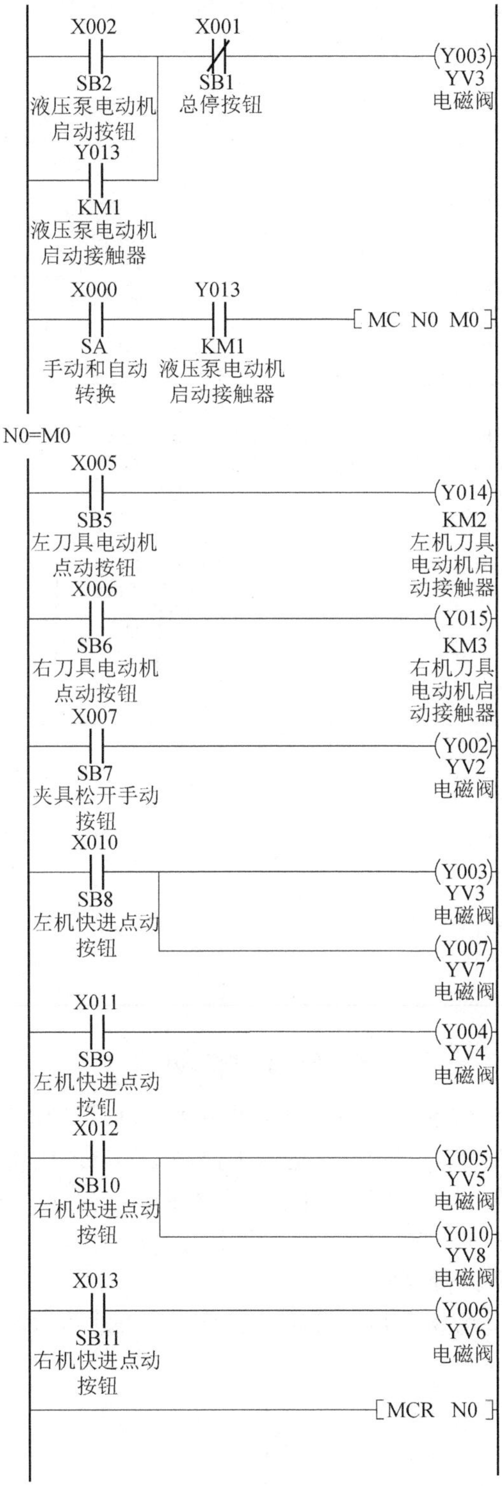

图 5-54　手动控制程序

(2) 自动控制程序。根据如图 5-50 所示机床循环图，可以画出机床自动工作状态流程图如图 5-55 所示。

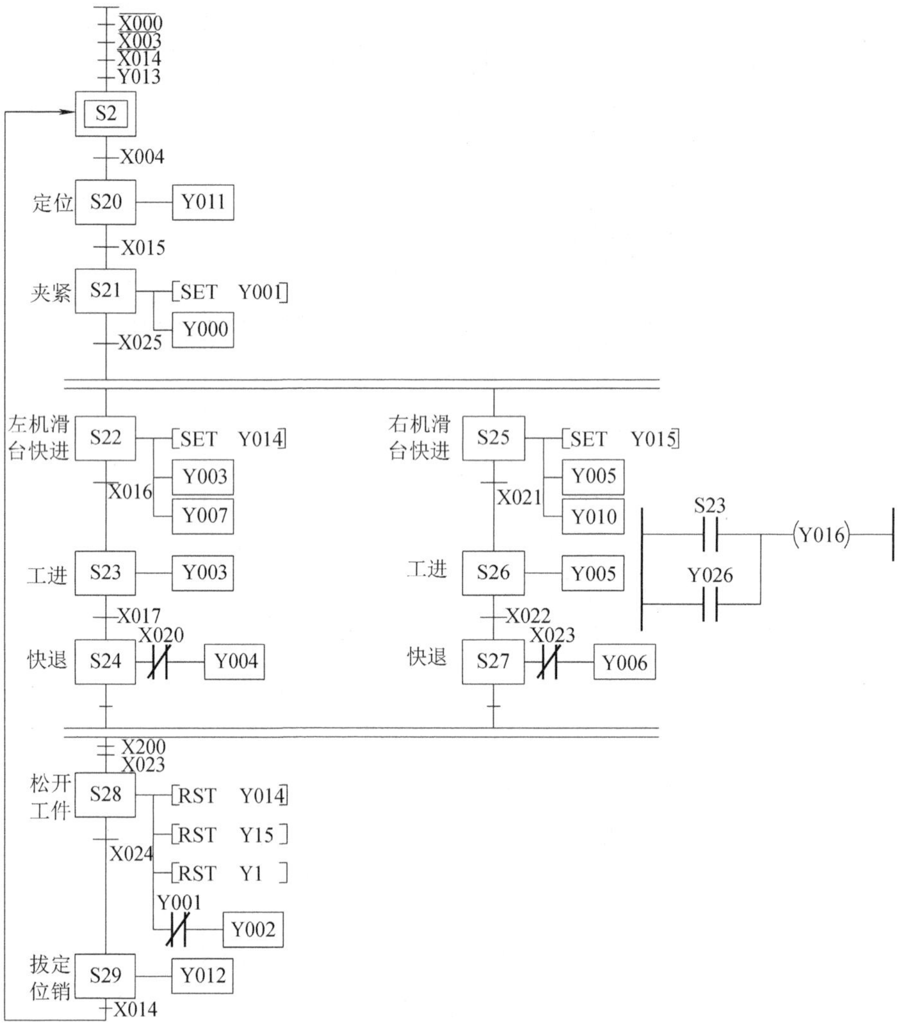

图 5-55　自动控制程序

因为该机床没有装料机械手，是手工将工件放到夹具上，加工完毕后，人工取下工件，所以工作方式为半自动。在 PLC 开机后，进入半自动工作方式的初始状态 S2，按下启动按钮 SB4，系统进入半自动工作状态，当一个工作循环结束后，又进入 S2 初始状态，为下一个加工做准备。双面钻孔组合机床自动控制梯形图如图 5-56 所示。

4. 用编程软件输入和传输程序

完成所有指令的输入与编辑之后，按照前面介绍的方法传输程序并模拟调试，确认程序的正确性。

5.5.3　安装和调试

(1) 原位返回功能的实现。

(2) 通电调试。

(3) 输出抗干扰措施的设置，抗干扰措施是在交流负载两端并接 RC 放电回路，直流负载并接放电二极管。

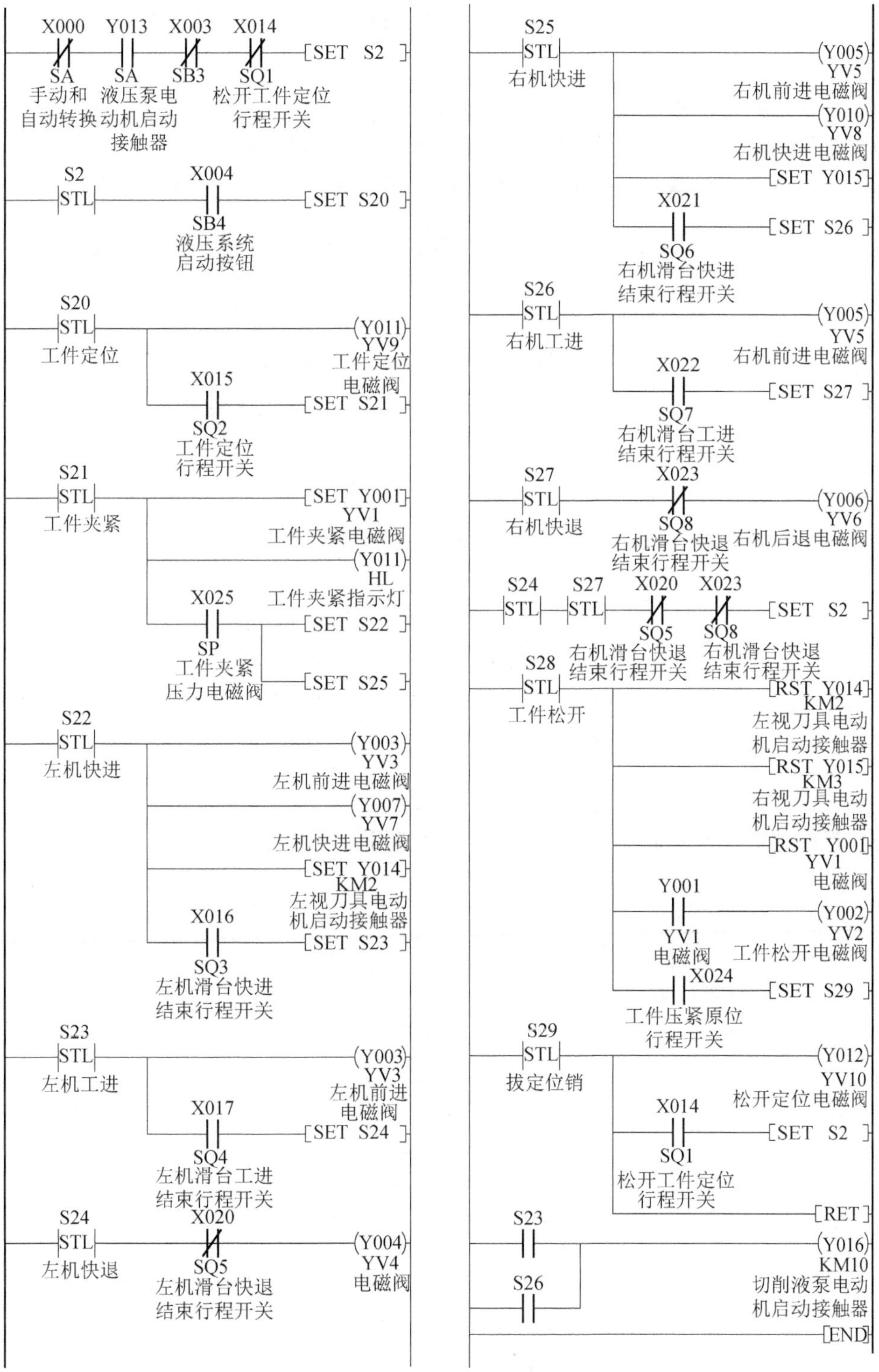

图5-56　自动控制梯形图

练　习　题

5-1　什么叫状态流程图？状态流程图包括几方面？

5-2　三菱FX2N系列PLC的STL步进梯形指令有什么特点？

5-3　写出梯形图对应的指令表，找出程序中启动接点、停止接点、自锁接点。

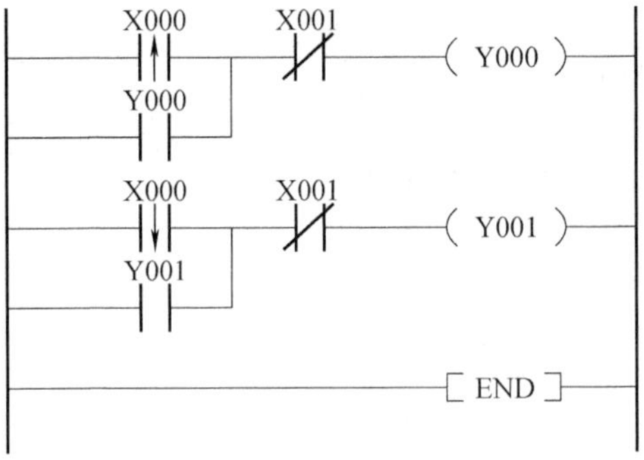

5-4　写出对应的指令表。

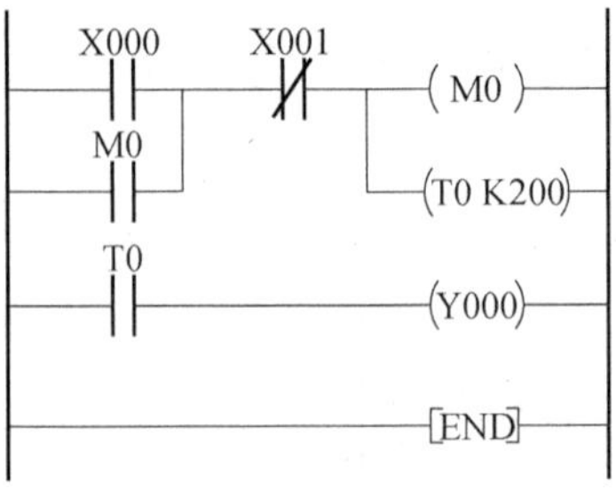

5-5　说明FX2N-48MT型号中48、M、T的意义，并说明它的输入、输出点数各是多少。

第 6 章　西门子 S7 系列可编程序控制器及其编程方法

目前 PLC 技术的发展方向主要是朝着小型化、标准化、系列化、智能化、高速化、大容量化及网络化的方向发展，这使得 PLC 功能更强，可靠性更高。西门子 S7 系列 PLC 产品包括 LOGO、S7-200、S7-300、S7-400、工业网络、HMI 人机界面、工业软件等，覆盖了所有自动化领域，充分体现了 PLC 目前的发展方向。图 6-1 是 S7-200 系列 PLC 控制加煤车运动接线图。

图 6-1　S7-200 系列 PLC 控制加煤车运动接线图

本章主要介绍西门子 S7 系列 PLC 的系统组成、常用的一些编程指令以及 PLC 程序设计方法。通过本章内容的学习，大家应能够使用西门子 S7-200PLC 常用的编程指令来编写出满足要求的 PLC 控制程序。

本章知识要点

(1) 了解西门子 PLC 的各模块组成；

(2) 掌握 S7-200 系列 PLC 编程指令；

(3) 掌握常用的 PLC 编程方法。

6.1　S7 系列 PLC 简介

西门子 S7 系列 PLC 分为三类，S7-200 系列、S7-300 系列和 S7-400 系列。其中 S7-200 系列是超小型 PLC，适用于各行各业，各种场合中的自动检测、监测及控制等；S7-300 系列是模块化小型 PLC 系统，适用于中等性能要求，各种单独的模块之间可进行广泛组合以用于扩展；而 S7-400 系列则适用于中、高档性能范围。

6.1.1 西门子 S7 系列 PLC 型号

1. 西门子 S7-200 PLC

西门子 S7-200PLC 系列产品是整体式结构的小型可编程控制器，结构紧凑，可靠性高，运行速度快，具有良好的扩展性以及强大的指令系统，可以满足各种各样的自动化控制系统的需要。S7-200PLC 控制系统由 CPU 主机模块、扩展模块及其他设备组成。

CPU 主机模块将微处理器、电源、输入电路和输出电路集成在一个紧凑的外壳中，形成一个功能强大的 Micro PLC，如图 6-2 所示。目前 S7-200PLC 主要有 CPU221、CPU222、CPU224、CPU226 等几种规格，其外形略有区别，基本结构相似。可根据实际控制要求选择相应技术指标的 CPU 主机。将个人计算机或者编程器中的程序下载到主机后，S7-200PLC 将保留所需程序，用于监控程序中的输入输出设备。

图 6-2　S7-200 系列 CPU

S7-200PLC 系列主机提供一定数量的数字量输入/输出(I/O)接口，在主机 I/O 点数不能满足控制要求时，可以选配各种输入输出接口模块来进行扩展。西门子为 S7-200 系列提供了多种扩展模块，包括数字量 I/O 扩展模块、模拟量 I/O 扩展模块、智能模块和其他一些特殊的功能模块。扩展模块时，通过 CPU 模块和扩展模块上的扩展电缆把各个扩展模块依次连接起来。在进行最大 I/O 配置时需要考虑以下几个因素的限制：允许主机所带扩展模块的数量、数字量输入/输出映像寄存器区的大小和模拟量输入/输出映像寄存器区的大小。表 6-1 列出了 S7-200 系列 CPU 的几个主要技术指标。

表 6-1　S7-200 CPU22 *的主要技术指标

指标	CPU221	CPU222	CPU224	CPU226
本机数字量 I/O	6 入/4 出	8 入/6 出	14 入/10 出	24 入/16 出
可扩展模块数量	0	2	7	7
数字量 I/O 映像区	128 入/128 出	128 入/128 出	128 入/128 出	128 入/128 出
模拟量 I/O 映像区	0	16 入/16 出	32 入/32 出	32 入/32 出

由于 S7-200 系列是超小型化的 PLC，它适用于各行各业，各种场合的自动检测、监测及控制等。它的强大功能使其无论单机运行，或是连成网络都能实现复杂的控制功能。

2. 西门子 S7-300 PLC

S7-300 系列系统采用模板式结构，如图 6-3 所示，主要由下列模块组成。

中央处理单元(CPU)：各种 CPU 有各种不同的性能。例如，有的 CPU 上集成有输入/输出点，有的 CPU 上集成有 PROFIBUS-DP 通信接口等。

信号模块(SM)：用于数字量和模拟量输入/输出。

通信处理器(CP)：用于连接网络和点对点连接。

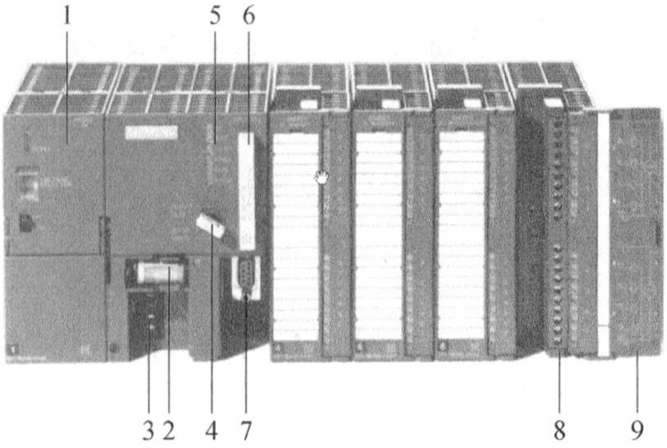

图 6-3　S7-300 系列 CPU

功能模块(FM)：用于调整计数、定位操作(开环或闭环定位)和闭环控制。

负载电源模块(PS)：用于将 SI-MATIC S7-300 连接到 120/230V 交流电源，或 24/48/60/100V 直流电源。

接口模块(IM)：用于多机架配置时连接主机架(CR)和扩展机架(ER)。S7-300 通过分布式的主机架(CR)和 3 个扩展机架(ER)，可以操作多达 32 个模块，运行间无需风扇。

> **案例 6-1**
>
> 某公司有多台薄膜卷绕机，原设备采用机械式计数，卷绕动力采用离合器传动，元件卷绕的起动、停止、圈数控制等均由人工操作控制，因此存在产品参数离散性大、产品质量与生产效率因人而异等不足之处。现在需要将其改造成自动化设备。工艺要求简述如下：由于卷制材料是十几微米的薄膜，要求卷轴平稳起动，均匀加速，以使用张力平稳；中间在某些位置需要停顿，做一些必要的处理，再继续卷绕；和起动一样，停顿或停止时，必须均匀减速，保持张力平稳；要求最后圈数准确。
>
> **问题：**
>
> (1)组成一套易于操作的自动化系统需要哪些器件？
>
> (2)如何实现稳定可靠的控制？

S7-300 的主要功能：高速(0.6～0.1μs)的指令处理在中等到较低的性能范围内开辟了全新的应用领域;浮点数运算可以有效地实现更为复杂的算术运算;一个带标准用户接口的软件工具方便用户给所有模块进行参数赋值;方便的人机界面服务已经集成在 S7-300 操作系统内，人机对话的编程要求大大减少。SIMATIC 人机界面(HMI)从 S7-300 中取得数据，S7-300 按用户指定的刷新速度传送这些数据。S7-300 操作系统自动地处理数据的传送；CPU 的智能化的系统连续监控系统的功能是否正常、记录错误和特殊系统事件(例如，超时、模块更换等)；多级口令保护可以使用户高度、有效地保护其技术机密，防止未经允许的复制和修改；S7-300PLC 设有操作方式选择开关，操作方式选择开关像钥匙一样可以拔出，当钥匙拔出时，就不能改变操作方式。这样就防止非法删除或改写用户程序。

相对于 S7-200 来说，S7-300 通信功能更为强大，可以通过 STEP7 的用户界面提供通信组态功能。这使得组态非常容易、简单。S7-300PLC 具有多种不同的通信接口，并通过多种通信处理器来连接 AS-I 总线接口和工业以太网总线系统；串行通信处理器用来连接点到点的通信系统；多点接口(MPI)集成在 CPU 中，用于同时连接编程器、PC、人机界面系统及其他 SIMATIC S7/M7/C7 等自动化控制系统。

S7-300 CPU 支持的通信类型有以下几种。

过程通信：通过总线(AS-I 或 PROFIBUS)对 I/O 模块周期寻址(过程映像交换)。

数据通信：在自动控制系统之间或人机界面(HMI)和几个自动控制系统之间，数据通信会周期地进行或被用户程序或功能块调用。

3. 西门子 S7-400 PLC

S7-400 PLC 采用模块化无风扇的设计，可靠耐用。同时可以选用多种级别(功能逐步升级)的 CPU，并配有多种通用功能的模板，这使用户能根据需要组合成不同的专用系统。当控制系统规模扩大或升级时，只要适当地增加一些模板，便能使系统升级和充分满足需要。

S7-400 PLC 主要由下列模块(部件)组成。

电源模块(PS)：将 SIMATIC S7-400 连接到 AC120/230V 或 DC24V 电源上。

中央处理单元(CPU)：有多种 CPU 可供用户选择，有些带内置的 PROFIBUS-DP 接口，用于各种性能可包括多个 CPU 以加强其性能。

I/O 模块(SM)：数字量输入和输出(DI/DO)与模拟量输入和输出(AI/AO)的信号模块。

通信处理器(CP)：用于总线连接和点到点的连接。

功能模块(FM)：专门用于计数、定位凸轮等控制任务。

SIMATIC S7-400 还提供以下部件：接口模块(IM)，用于连接中央控制单元和扩展单元。SIMATIC S7-400 中央控制器最多能连接 21 个扩展单元。

6.1.2 S7-200 系列 PLC 的编程元件

PLC 的程序运行过程其实质是对存储器中的数据进行操作或处理的过程。根据功能不同，将数据存储器划分为若干区域，由此组成的各种内部元件就是 PLC 的编程元件，也称为软元件。这些编程元件沿用了传统继电器的名称，分别称为输入继电器、输出继电器、辅助继电器、定时器等。注意要和传统的继电器区别开来，这些软元件没有实际物理器件和物理触点，由相应电子电路、寄存器和存储器单元组成，有固定地址，可以提供无限个触点。而软元件的触点其实质就是对其所对应的存储器位进行读操作，其线圈的通断实质是对应存储器位的置位和复位。

> **案例 6-1 分析**
>
> (1) 在设计薄膜卷绕机的 PLC 系统时，首先要考虑选用何种电机，电机用什么器件驱动，PLC 如何对电机进行控制，如何对电机的转速进行检测，要达到高精度应该如何提高输出的精度，如何进行人机交互等，进而根据这些条件查找相应的器件型号，选择合适的硬件。
>
> (2) 要实现稳定可靠的控制，就要设计合理的程序结构，分析程序要达到的要求。要平稳起动、加速、减速、平稳停止就要控制输出脉冲的频率，使用 S7-200 程序中的向导模块就可以实现。

1. 输入继电器 I

输入继电器就是位于 PLC 数据存储区的输入映像寄存器，PLC 的每个输入端子对应一个输入继电器，用于接收现场的开关信号，如控制按钮、行程开关及各种传感器的输入信号等。需要注意的是，输入继电器的状态只能由输入端子的状态决定，而不能由程序指令来改变。当外部常开按钮闭合，对应的输入映像寄存器的位状态为“1”(BIT=1)，则程序中的常开触点闭合，常闭触点断开。输入继电器用“I”表示，位地址范围为 I0.0～I15.7，可以进行位、字节、字和双字操作。

2. 输出继电器 Q

输出继电器就是位于 PLC 数据存储区的输出映像寄存器，PLC 的每个输出端子对应一个输出继电器，用于向外部负载提供开关信号，如接触器线圈、指示灯、电磁阀等。当对应的输出线圈“得电”时，意味着对应的输出映像寄存器的位状态为“1”(BIT=1)，相应的输出端子开关闭合，对应的外部负载接通，同时程序中的常开触点闭合，常闭触点断开。输出继电器的触点可以任意使用，使用次数不受限制。输出继电器用“Q”表示，位地址范围为 Q0.0～Q15.7，可以进行位、字节、字和双字操作。

3. 辅助继电器 M

辅助继电器(或中间继电器)就是位于 PLC 数据存储区的内部标志位存储器，和继电器控制系统中的中间继电器功能相同，没有输入输出端子与之对应。因此辅助继电器不接收外界输入信号，也不能直接驱动外部负载，只能用于内部逻辑运算。输出继电器用“M”表示，位地址范围为 M0.0～M31.7，可以进行位、字节、字和双字操作。

4. 变量存储器 V

变量存储器用来存放全局变量、程序执行中控制逻辑操作的中间结果及其他相关的数据。变量存储器用“V”表示，可以进行位、字节、字、双字操作。

5. 局部存储器 L

局部存储器用来存放局部变量。S7-200PLC 提供 64 字节的局部变量存储器，可以用作暂时存储器或为子程序传递参数。不同程序的局部存储器不能相互访问。局部存储器用“L”表示，位地址范围为 L0.0～L63.7，可以进行位、字节、字和双字操作。

6. 特殊继电器 SM

特殊继电器具有特殊功能，用来存储系统的状态变量、有关的控制参数和信息。为用户提供一些特殊功能及系统信息，或者实现某种控制功能。特殊继电器用“SM”表示，根据功能和性质不同具有位、字节、字和双字操作方式。例如，SMB0 有 8 个状态位 SM0.0～SM0.7，部分含义如下。

SM0.0：始终接通。

SM0.1：首次扫描为 1，以后为 0，用于系统初始化。

SM0.2：当 RAM 中保存的数据丢失时，SM0.2 接通一个扫描周期。

SM0.3：PLC 开机后进入 RUN 方式，SM0.3 接通一个扫描周期。

SM0.4：提供一个周期为 1min 的时钟脉冲，30s 闭合，30s 断开。

SM0.5：提供一个周期为 1s 的时钟脉冲，0.5s 闭合，0.5s 断开。

7. 定时器 T

定时器是 PLC 中重要的编程元件，是累计时间增量的内部元件，其作用类似于继电器控制系统中的时间继电器，用于需要延时控制的场合。使用时需要提前设置时间设定值，当输入条件满足时开始计时，当前值从 0 开始按照一定的时间单位增加，当定时器的当前值达到预设定值时，定时器状态位被置为 1，其常开触点闭合，常闭触点断开。定时器用“T”表示，有效地址范围为 T(0～255)。

8. 计数器 C

计数器用来累计其输入端脉冲电平由低到高的次数，是应用非常广的编程元件，常用来对产品进行计数或进行特定功能的编程。使用时需要提前设置计数设定值，当计数器的输入条件满足时，当前值从 0 开始累计其输入端脉冲上升沿(正跳变)的次数，当计数器的当前值达到预设定值时，计数器的状态位被置为 1，其常开触点闭合，常闭触点断开。计数器用“C”表示，有效地址范围为 C(0～255)。

9. 顺序控制继电器 S

顺序控制继电器用于顺序控制或步进控制。顺序控制继电器(SCR)指令是基于顺序功能图(SFC)的编程指令，将控制程序进行逻辑分段，从而实现顺序控制。顺序控制继电器用“S”表示，可以进行位、字节、字和双字操作。

10. 模拟量的输入映像寄存器 AI

模拟量的输入模块电路将外部输入的模拟信号进行模数(A/D)转换，转换成一个字长(16 位)的数字量信号，存放在模拟量的输入映像寄存器(AI)中。AI 中的值为只读值，只能进行读取操作。模拟量的输入映像寄存器用“AI”表示，长度为一个字长，且从偶数号进行编址，有效地址范围为 AIW(0～62)。

11. 模拟量的输出映像寄存器 AQ

PLC 的运算结果存放在模拟量的输出映像寄存器(AQ)中，通过数模(D/A)转换成模拟量信号，以控制外部负载。AQ 中的值为只写值，不能读取，只能进行写入操作。模拟量的输入映像寄存器用“AQ”表示，长度为一个字长，且从偶数号进行编址，有效地址范围为 AQW(0～62)。

12. 累加器 AC

累加器用来数据(如运算数据、中间数据和计算结果)的存储器，也可用来向子程序传递参数或返回参数。S7-200PLC 提供了四个 32 位累加器，分别为 AC0、AC1、AC2、AC3。累加器可进行读和写两种操作，数据长度取决于进出累加器的数据类型(字节、字、双字)，使用时只表示出累加器的地址编号，如 AC0。

13. 高速计数器 HC

高速计数器用来累计比 CPU 主机扫描频率更快的高速脉冲信号，计数过程与扫描周期无关。高速计数器的当前值为双子长(32 位)的整数，且为只读值。高速计数器编址时采用名称 HC 加编号的方式，如 HC1、HC2。

从上述内容可知，S7-200 系列 PLC 将数据存储区分为若干区域，定义为不同功能的编程元件。存储器类型包括：输入映像寄存器、输出映像寄存器、模拟量的输入映像寄存器、模拟量的输出映像寄存器、变量存储器、局部存储器等。对于不同型号的 CPU，其地址范围是不同的。表 6-2 列出 S7-200 系列一些型号 CPU 的常用存储器范围及特性。使用过程中要注意地址范围，合理分配变量，防止产生冲突。

表 6-2 S7-200 系列一些型号 CPU 的常用存储范围及特性

CPU 型号 / 存储器特性	CPU221	CPU222	CPU224	CPU 224XP CPU 224XPsi	CPU226
输入映像寄存器	I0.0～I15.7	I0.0～I15.7	I0.0～I15.7	I0.0～I15.7	I0.0～I15.7
输出映像寄存器	Q0.0～Q15.7	Q0.0～Q15.7	Q0.0～Q15.7	Q0.0～Q15.7	Q0.0～Q15.7
模拟量输入	AIW0～AIW30	AIW0～AIW30	AIW0～AIW62	AIW0～AIW62	AIW0～AIW62
模拟量输出	AQW0～AQW30	AQW0～AQW30	AQW0～AQW62	AQW0～AQW62	AQW0～AQW62
变量存储器	VB0～VB2047	VB0～VB2047	VB0～VB8191	VB0～VB10239	VB0～VB10239
位存储器	M0.0～M31.7	M0.0～M31.7	M0.0～M31.7	M0.0～M31.7	M0.0～M31.7
特殊存储器 只读	SM0.0～SM179.7 SM0.0～SM29.7	SM0.0～SM299.7 SM0.0～SM29.7	SM0.0～SM549.7 SM0.0～SM29.7	SM0.0～SM549.7 SM0.0～SM29.7	SM0.0～SM549.7 SM0.0～SM29.7
定时器	256 (T0～T255)	256 (T0～T255)	256 (T0～T255)	256 (T0～T255)	256 (T0～T255)
计数器	C0～C255	C0～C255	C0～C255	C0～C255	C0～C255
顺序控制继电器	S0.0～S31.7	S0.0～S31.7	S0.0～S31.7	S0.0～S31.7	S0.0～S31.7
累加寄存器	AC0～AC3	AC0～AC3	AC0～AC3	AC0～AC3	AC0～AC3

6.2 S7-200 系列 PLC 的编程指令

不同的厂家生产的 PLC 为用户提供多种类型的编程语言，以适应不同用户的需要。本节主要介绍 S7-200PLC 常用的一些编程指令及其使用方法，包括基本指令和功能指令。

对于西门子 S7-200PLC 系列来说，有梯形图(LAD)、语句表/指令表 (STL)和功能块编程(FBD)三种编程语言。其中梯形图是最为常用的编程语言。为便于阐述，使用了能流的概念。能流可以看成一种虚拟的电流，如图 6-4 所示，假设梯形图的左侧母线为电源的正极或负极，右侧的器件与电源的负极或正极相连，则会出现电流从左侧流到右侧，这就是能流的概念。能流能否经过取决于每个触点的状态。图 6-4 中如果 I0.1 闭合，I0.2 断开，I0.3 断开，则能流可以到达 Q0.1，无法到达 Q0.2。

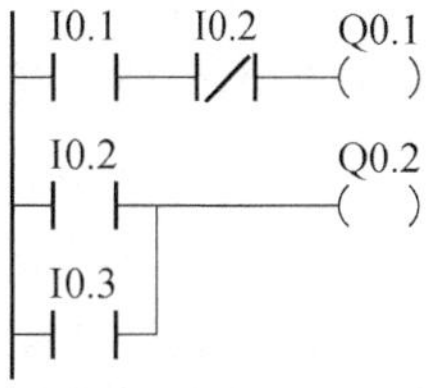

图 6-4　典型的梯形图

6.2.1　S7-200 系列 PLC 的基本指令

基本指令包括取指令与输出指令、触点串联与并联指令、置位/复位指令、电路块操作指令、逻辑堆栈指令、正/负跳变指令和立即指令等。基本指令进行运算的过程是：从存储器得到位(BIT)逻辑值，参与中间控制运算或从输入映像寄存器中得到被控对象的状态值(I/O 值)和操作台发出的命令等，通过逻辑运算，来决定用户程序的执行和输出。在梯形图中用触点来描述所使用的开关量的状态，梯形图中的每个触点状态为 ON 或 OFF，取决于分配给它的位操作数的状态。如果位操作数是“1”(BIT=1)，同时与其对应的常开触点为 ON，常闭触点为 OFF。如果位操作数是“0”(BIT=0)，则与其对应的常开触点为 OFF，常闭触点为 ON。触点条件为 ON 时，允许能流通过；触点条件为 OFF 时，不允许能流通过。能流到达才允许相应的指令执行。多个触点的串、并逻辑组合成一个梯级。

1. 取指令与输出指令：LD、LDN、=

1)取指令 LD

LD(Load)：取指令，用于动合触点与左母线相连接。

LD 指令用于输入触点的状态。其 LAD 指令格式如图 6-5(a)所示，本章图中 bit 指位地址。其输入输出形式均为能流，当位操作数是“1”(BIT=1)时，能流通过；当位操作数是“0”(BIT=0)时，无能流通过。

其 STL 指令格式：LD　bit

其操作数：I、Q、M、SM、T、C、V、S 和 L。

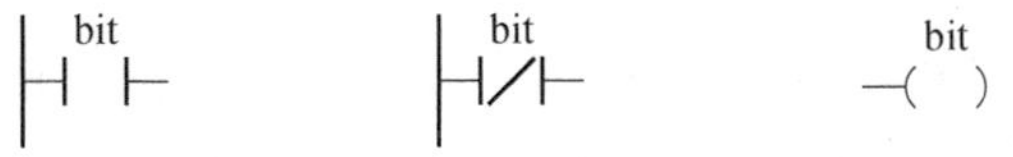

(a)取指令　(b)取非指令　(c)输出指令

图 6-5　取指令与输出指令的 LAD 指令格式

2)取非指令 LDN

LDN(Load Not)：取非指令，用于动断(常闭)触点与左母线相连接。

LDN 指令用于输入与触点相反的逻辑状态。输入取反指令的 LAD 指令格式如图 6-5(b)所示。输入输出同样为能流形式，当 BIT=0 时，允许能流通过；BIT=1 时，输出没有能流。

其 STL 指令格式：LDN　bit

其操作数：I、Q、M、SM、T、C、V、S 和 L。

3)输出指令

=(OUT)：输出指令。

输出指令将逻辑的运算结果写入输出映像寄存器中，从而决定下一扫描周期的状态，输出端子的状态改变要等到集中刷新处理后才能表现出来。输出指令也可将结果写入内部存储器中，以备后面的程序使用。对于 STL 指令，就是将栈顶的逻辑位值复制到存储器中指定的位置。

一般情况下，输出以线圈的形式表示。在同一程序中，同一个元件只使用一次“=”指令，即为单线圈输出。输出指令的 LAD 指令格式如图 6-5(c)所示，其输入形式为能流，输出形式为 BIT 的位值。在一个扫描周期中，当有能流到达时，使 BIT 的位逻辑值置 1，否则置 0。在 S7-200PLC 中 T 和 C 采用功能块方式输出。

输出指令的 STL 指令格式： = bit

操作数： Q、M、V、S 和 L。

取指令与输出指令的使用举例如图 6-6 所示。

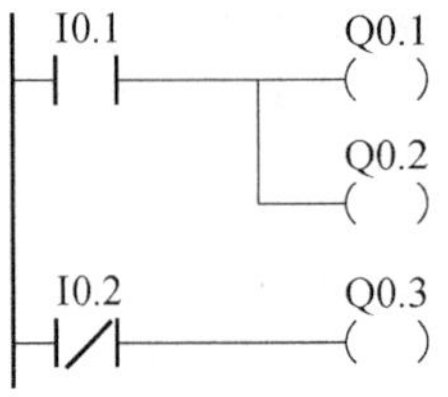

(a) 梯形图LAD

```
LD   I0.1
=    Q0.1
=    Q0.2

LDN  I0.2
=    Q0.3
```

(b) 指令表STL

图 6-6 取指令与输出指令的使用举例

2. 触点串联指令：A、AN

A(And)：与指令，用于单个动合触点的串联连接，表示与运算。

AN(And Not)：与非指令，用于单个动断触点的串联连接。

与指令的 STL 指令格式：A bit

与非指令的 STL 指令格式：AN bit

A 和 AN 指令的操作数：I、Q、M、SM、T、C、V、S 和 L。

3. 触点并联指令：O、ON

O(Or)：或指令，用于单个动合触点的并联连接，表示或运算。

ON(Or Not)：或非指令，用于单个动断触点的并联连接。

或指令的 STL 指令格式：O bit

或非指令的 STL 指令格式：ON bit

O 和 ON 指令的操作数：I、Q、M、SM、T、C、V、S 和 L。

触点串联及并联指令的使用举例如图 6-7 所示。

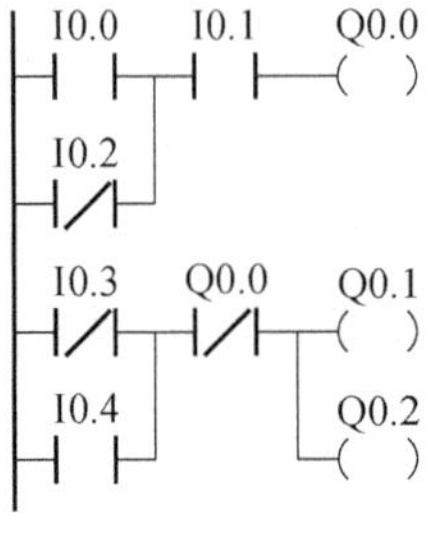

(a) 梯形图LAD

```
LD   I0.0
ON   I0.2
A    I0.1
=    Q0.0

LDN  I0.3
O    I0.4
AN   Q0.0
=    Q0.1
=    Q0.2
```

(b) 指令表STL

图 6-7 触点串联及并联指令的使用举例

4. 置位/复位指令：S、R

置位 S(Set) 和复位 R(Reset) 指令用于置位或复位从指定的地址开始的 N 个元件的逻辑值并保持。该指令可以一次置位或复位 1～255 个存储器中的连续 BOOL 值，由 BIT 指定起始地址。如果复位指令指定的是定时器或计数器，指令不但复位定时器或计数器位，而且清除定时器或计数器的当前值。置位/复位指令的 LAD 指令格式如图 6-8 所示。

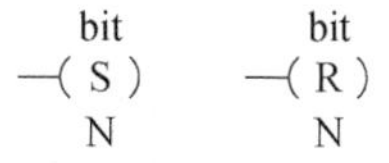

图 6-8　置位/复位指令的 LAD 指令格式

置位/复位指令的 STL 指令格式：S　bit，N

R　bit，N

置位/复位指令的使用举例如图 6-9 所示。

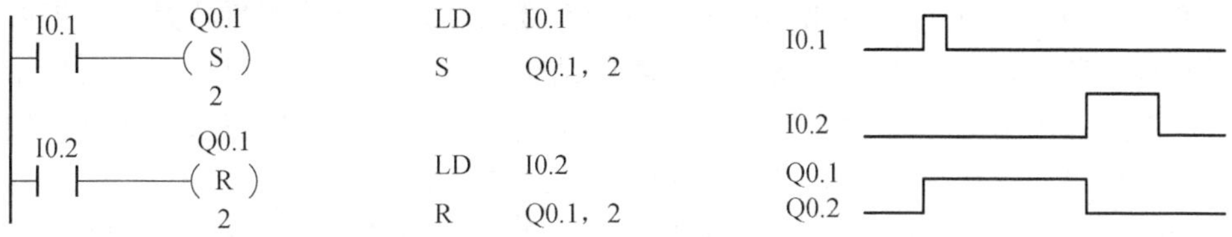

(a) 梯形图LAD　(b) 指令表STL　(c) 时序图

图 6-9　置位/复位指令的使用举例

5. 电路块操作指令：OLD、ALD

1) 块或指令 OLD

OLD(Or Load)：块或指令，用于串联电路块与其他触点或其他电路块之间的并联。

OLD 指令将堆栈中第一层和第二层的值进行逻辑或操作，结果放入栈顶(堆栈第一层)并使栈中第三层及以后的值依次上移，堆栈深度减 1。OLD 指令可以解决多分支并联控制电路的汇合问题，用于两个或两个以上的触点组的并联编程。

OLD 指令的 STL 指令格式：OLD

2) 块与指令 ALD

ALD(And Load)：块与指令，用于并联电路块与其他触点或其他电路块之间的串联。

ALD 指令将堆栈中第一层和第二层的值进行逻辑与操作，结果放入栈顶(堆栈第一层)并使栈中第三层及以后的值依次上移，堆栈深度减 1。ALD 指令可以解决串联电路的分支问题，用于两个或两个以上的触点组的串联编程。在触点组开始时要使用 LD、LDN 指令，每完成一次触点组的串联连接，都要写上一个 ALD 指令。ALD 指令无操作数。

ALD 指令的 STL 指令格式：ALD

3) OLD 和 ALD 指令使用时注意以下几点

(1) 串联电路块并联连接或者并联电路块串联连接时，串联电路块或者并联电路块开始时均要使用 LD、LDN 指令。

(2) 从第二条支路开始，每完成一次触点组的并联或串联连接，都要写上一个 OLD 或 ALD 指令。

(3) OLD 和 ALD 指令均不带操作数。

电路块操作指令的使用举例如图 6-10 所示。

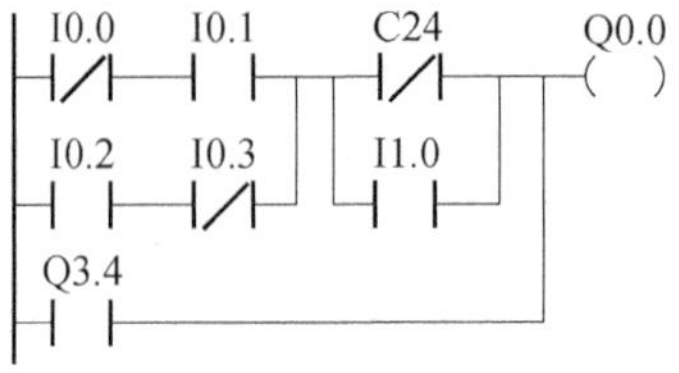

(a) 梯形图LAD

```
LDN    I0.0
A      I0.1
LD     I0.2
AN     I0.3
OLD
LDN    C24
O      I1.0
ALD
O      Q3.4
=      Q0.0
```

(b) 指令表STL

图 6-10　电路块操作指令的使用举例

6. 逻辑堆栈指令：LPS、LRD、LPP、LDS

S7-200 PLC 使用一个九层逻辑堆栈来处理所有逻辑操作。该逻辑堆栈是一组能够存储和取出数据的暂存单元，栈顶用来存储逻辑运算的结果，下面八层用来存储中间运算结果。堆栈中的数据按照“先进后出”的原则存取。每一次进行入栈操作，新值放入栈顶，栈底值丢失；每一次进行出栈操作，栈顶值弹出，栈底值补进随机数。

逻辑堆栈指令主要用来处理触点的复杂逻辑关系。在 LAD 中没有对应的堆栈指令格式，但在 LAD 转化为 STL 的过程中，编译系统软件会自动为 LAD 加上相应的堆栈指令。当使用 STL 时，必须自己操作管理逻辑堆栈。堆栈操作从本质上较好地解决了逻辑位值的与、或运算问题，即控制电路的串、并联问题。

1) 逻辑推入栈指令 LPS

逻辑推入栈指令用来复制栈顶的值，并将这个值推入栈，推入栈时栈底的值丢失，所以用户要自己对其管理。在梯形图的分支结构中，可以形象看出，该指令用于分支路的开始，即生成一条新的母线，其左侧为原来的主逻辑块，右侧为若干新的从逻辑块。该指令将当前运算值复制并放入堆栈，以备后用。该指令无操作数。

STL 指令格式：LPS

2) 逻辑读栈指令 LRD

逻辑读栈指令将堆栈中第二层的值复制到栈顶，即栈顶值被更新，其他层的数据不变。该指令无操作数。使用 LRD 指令从堆栈中读取主逻辑块的运算结果。LRD 指令用于第二个及以后的从逻辑块的编程。

STL 指令格式：LRD

3) 逻辑出栈指令 LPP

逻辑出栈指令是逻辑推入栈的反操作，堆栈中第二层的值成为栈顶新值，原来各层的值依次上移一层，栈底加入一随机值。在梯形图的分支结构中，LPP 指令用于分支路的结束，即新母线结束，返回原母线。该指令无操作数。

STL 指令格式：LPP

4) 装入堆栈指令 LDS

装入堆栈指令复制堆栈中第 *N* 层的值到栈顶，栈底值丢失，原来各层的值依次下压一层。编程时一般很少使用该指令。

STL 指令格式：LDS　N

其中，N 为 0～8 的常数。

逻辑堆栈指令的使用举例如图 6-11 所示。使用逻辑堆栈指令时需要注意以下几点。

(1) 由于受堆栈空间的限制(九层堆栈)，LPS 和 LPP 指令连续使用时应少于九次。

(2) LPS 和 LPP 指令必须成对使用，它们之间可以使用 LRD 指令。

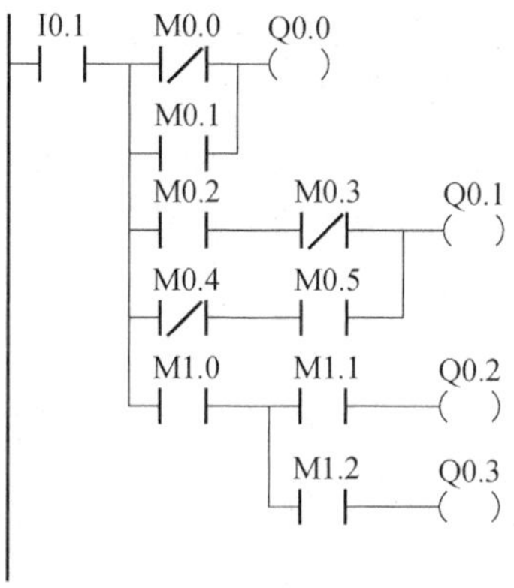

(a) 梯形图

```
LD      I0.1
LPS
LDN     M0.0
O       M0.1
ALD
=       Q0.0
LRD
LD      M0.2
AN      M0.3
LDN     M0.4
A       M0.5
OLD
ALD
=       Q0.1
LPP
A       M1.0
LPS
A       M1.1
=       Q0.2
LPP
A       M1.2
=       Q0.3
```

(b) 语句表

图 6-11　逻辑堆栈指令的使用举例

7. 取反指令和空操作指令：NOT、NOP

1) 取反指令 NOT

取反(NOT)指令用于对某一位的逻辑值取反。取反指令的 LAD 指令格式如图 6-12 所示。其输入输出形式均为能流。该指令为无条件执行指令。当输入有能流到达时，阻断能流，则输出没有能流。当输入没有能流到达时，输出有能流。取反指令只是作为条件参与控制，不与存储区中任何单元发生联系。

图 6-12　取反指令的 LAD 指令格式

取反指令的 STL 指令格式：NOT

2) 空操作指令 NOP

NOP：空操作指令，用于调试及修改程序，也可用于短暂的延时。预先在程序中设置一些 NOP 指令，在修改和增加其他指令时，可以使程序地址的更改量减小。它的使用对程序不产生任何影响。

其指令格式：NOP　N

其中，操作数 N 是一个 0～255 的常数，表示要进行空操作的次数。

8. 正、负跳变指令：EU、ED

正负跳变指令用于检测开关量状态的变化方向。正、负跳变指令为无条件执行指令，该指令也是无操作数指令。正、负跳变指令的 LAD 指令格式如图 6-13 和图 6-14 所示。

图 6-13　正跳变指令的 LAD 指令格式

图 6-14　负跳变指令的 LAD 指令格式

正跳变(Positive Transition)指令每检测到一次输入的能流由无到有(位状态由 0 到为 1)

的正跳变，让能流接通一个扫描周期，即产生一个扫描周期的脉冲，也称为上升沿脉冲 EU 指令。

负跳变(Negative Transition)指令每检测到一次输入的能流由有到无(位状态由 1 到 0)的负跳变，让能流接通一个扫描周期，即产生一个扫描周期的脉冲，也称为下降沿脉冲 ED 指令。

正、负跳变指令均无操作数，其使用方法如图 6-15 所示。

正、负跳变指令 STL 指令格式为：EU(正跳变指令)；ED(负跳变指令)。

执行 EU 指令时，若第 n 次扫描时栈顶值是 0，第 n+1 次扫描时其值为 1，则 EU 指令将栈顶值置 1，允许其后的指令执行，并持续一个扫描周期时间，否则栈顶值置 0。

执行 ED 指令时，若第 n 次扫描时栈顶值是 1，第 n+1 次扫描时其值为 0，则 ED 指令将栈顶值置 1，允许其后的指令执行，并持续一个扫描周期时间，否则栈顶值置 0。

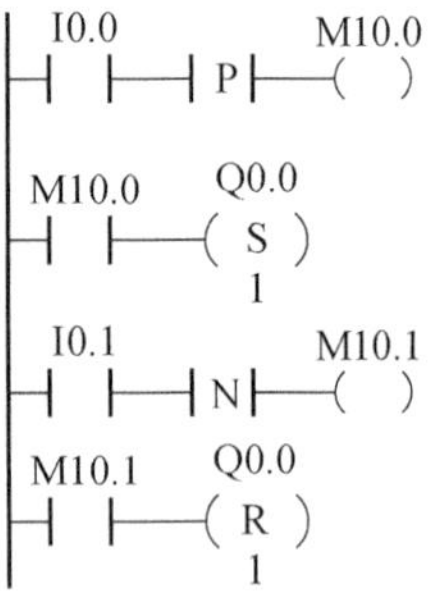

(a) 梯形图LAD

```
LD    I0.0
EU
=     M10.0
LD    M0.0
S     Q0.0, 1
LD    I0.1
ED
=     M10.1
LD    M10.1
R     Q0.0, 1
```

(b) 指令表STL

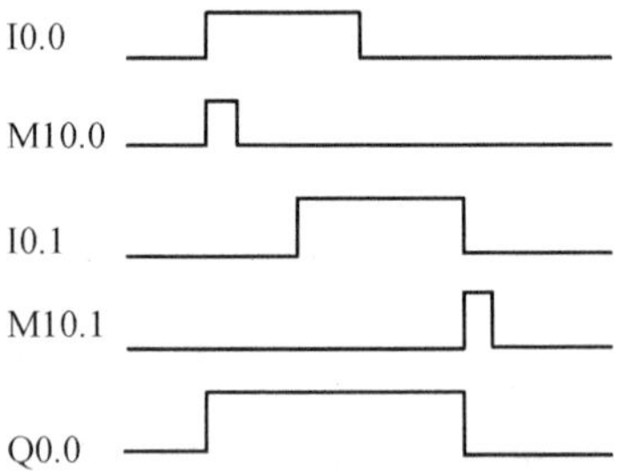

(c) 时序图

图 6-15　正、负跳变指令的使用举例

9. 立即 I/O 指令

PLC 程序是循环扫描执行的，对于 I/O 集中进行处理。这样虽然解决了计算机顺序执行的问题，但同时造成了 I/O 响应的延迟。为此，S7-200 提供了立即 I/O 指令，程序可以对 I/O 进行立即刷新处理。显然，立即 I/O 指令加强了程序的实时性，但总体上延长了 PLC 的循环扫描时间。

1) 立即输入指令

立即输入指令与输入指令不同的是，立即输入指令的位状态值由物理输入点的当前状态决定。执行立即输入指令时，立即对物理输入点进行采样。物理输入点的状态为 1 时，相当于常开触点立即闭合，将相应的物理值存入栈顶，但输入映像寄存器并不刷新。

立即输入/输出指令的 LAD 指令格式如图 6-16 所示。

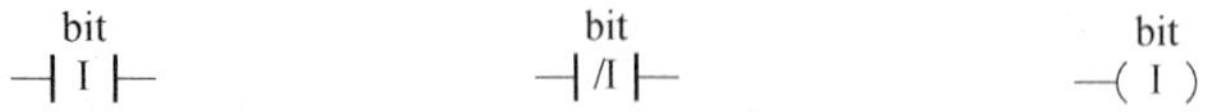

(a) 立即输入指令　(b) 立即输入取反指令　(c) 立即输出指令

图 6-16　立即输入/输出指令的 LAD 指令格式

立即输入取指令 STL 指令格式：LDI　bit

AI　bit

OI　bit

立即输入取反指令 STL 指令格式：LDNI　　bit

ANI　　bit

ONI　　bit

对于立即输入指令、立即输入取反指令，bit 的取值范围只限于 BOOL 型的 I 存储区。

2）立即输出指令

立即输出指令只能用于输出继电器 Q。执行指令时，立即输出指令将栈顶的值立即复制到物理输出点指令位置，同时将修改的值写入输出映像寄存器中，指令后面的程序可以使用新值。

立即输出指令 STL 格式：　=I　　bit

对于立即输出指令，BIT 的取值范围为 Q 存储器区。

3）立即置位/复位指令

立即置位/复位指令可以一次立即置位/复位从指定位地址开始的 N(1～128) 个连续的位并保持。该立即置位/复位指令的 LAD 指令格式如图 6-17 所示。

图 6-17　立即置位/复位指令的 LAD 指令格式

其 STL 指令格式：SI　bit，N

RI　bit，N

10. 定时器指令：TON、TONR、TOF

由于现场设备动作速度比较缓慢且存在差异，高速的 PLC 在控制这些设备时需要使用定时器，以使设备协调地运行。

1）定时器的分类

(1) 按功能分类：S7-200PLC 定时器分为接通延时定时器(TON)、有记忆的接通延时定时器(TONR)和断开延时定时器(TOF)三种类型。

① 接通延时定时器 TON。定时器使能端(IN)有效时，开始计时。定时器当前值从 0 开始计时，当前值(Txxx)大于或等于预设值时，定时器被置位。同时当前值仍继续计数，一直到最大值 32767。无论何时，使能端断开时，定时器被复位，当前值为 0。

② 有记忆的接通延时定时器 TONR。定时器使能端有效时，开始计时。定时器当前值从 0 开始计时，当前值(Txxx)大于或等于预设值时，定时器被置位。当使能端无效时，定时器的当前值被保持，等待下一次的使能端接通，当前值从上次的保持值继续计时，可累计许多时间间隔。当前值计数最大可达 32767。定时器必须使用复位(R)指令对其复位。

③ 断开延时定时器 TOF。TOF 用来在输入断开后延时一段时间断开输出。当使能输入接通时，定时器位立即接通，并把当前值设为 0。当使能输入断开时，定时器开始计时，当前值从 0 开始计时，当达到预设时间时，定时器位断开，并且停止计时当前值。当使能输入断开的时间短于预设时间时，定时器位保持接通。TOF 指令必须用输入信号的接通到断开的跳变启动计时，并且每次都从 0 重新开始。

如果 TOF 定时器在顺控(SCR)区，而且顺控区没有启动，那么 TOF 定时器的当前值设置为 0，定时器位设为断开，不计时。

(2) 按定时分辨率分类：按定时分辨率分，有 1ms、10ms、100ms 三种定时器。定时器的定时时间为分辨率乘以设定值。PLC 中的定时器共有 256 个，每个定时器都有唯一的编号，不同的编号决定了定时器的功能和分辨率，而某一个标号的定时器的功能和分辨率是固定的。

定时器编号和分辨率如表 6-3 所示。在同一个程序中不能把同一个定时器同时用作 TON 和 TOF，即当使用了 TON 的 T32 时，就不能再使用 TOF 的 T32。

表 6-3　定时器编号和分辨率

定时器类型	分辨率/ms	计时最大值/s	定时器编号
TONR	1	32.767	T0，T64
	10	327.67	T1～T4，T65～T68
	100	3276.7	T5～T31，T69～T95
TON、TOF	1	32.767	T32，T96
	10	327.67	T33～T36，T97～T100
	100	3276.7	T37～T63，T101～T255

不同分辨率的定时器，由于刷新处理方法不同，对定时精度产生的影响也不同。

对于 1ms 分辨率的定时器，定时器位和当前值每隔 1ms 刷新一次，不与扫描周期同步。当扫描周期大于 1ms 时，在一个扫描周期内，定时器位和当前值刷新多次。

对于 10ms 分辨率的定时器，定时器位和当前值于每个程序扫描周期的开始刷新。定时器位和当前值在整个扫描周期过程中保持不变。

对于 100ms 分辨率的定时器，定时器位和当前值在指令执行时才刷新，因此，为了使定时器准确，在一个程序扫描周期中，一般只执行一次 100ms 定时器指令。

2）指令介绍

定时器指令的 LAD 和 STL 指令格式如表 6-4 所示。

表 6-4　定时器指令格式

类型 / 格式	接通延时定时器	有记忆的接通延时定时器	断开延时定时器
LAD	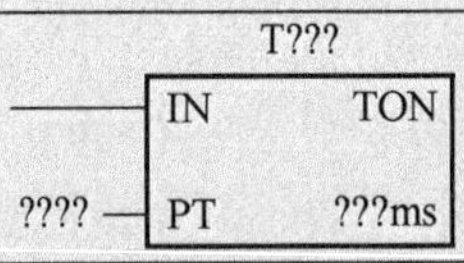	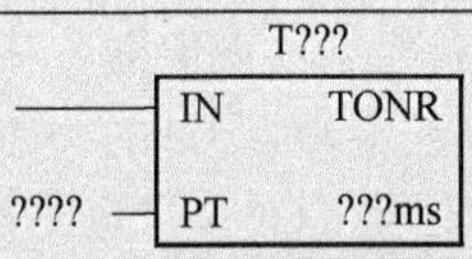	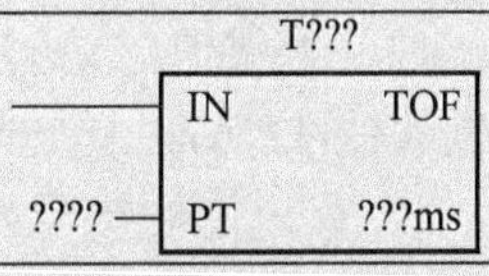
STL	TON　Txxx，PT	TONR　Txxx，PT	TOF　Txxx，PT

定时器名称为 TON、TONR 和 TOF 三种。

IN：表示输入的是一个位值逻辑信号，起着一个使能输入端的作用。

Txxx：表示定时器的编号。

PT：定时器的预设值。

操作数的取值范围如下。

Txxx：WORD 常数(0～255)。

IN：BOOL 能流。

PT：INT　VW，IW，QW，MW，SW，SMW，LW，AIW，T，C，AC，*VD，*AC，*LD 及常数。

在程序中，既可以访问定时器位(表明定时器状态)，也可以访问定时器的当前值，它们的使用方式相同，都以定时器加编号的方式访问。定时器指令的使用举例如图 6-18 所示，通过定时器产生一个周期可调的脉冲信号发生器。

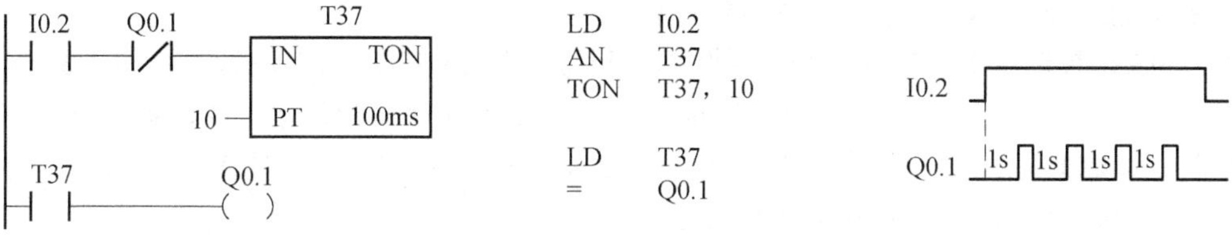

(a) 梯形图LAD　　(b) 指令表STL　　(c) 时序图

图 6-18　定时器指令的使用举例

11. 计数器指令：CTU、CTD、CTUD

在实际应用中应用计数器对产品进行计数等控制任务。计数器指令的 LAD 和 STL 指令格式如表 6-5 所示。

表 6-5　计数器指令格式

类型 / 格式	递增计数器	递减计数器	递增/递减计数器
LAD	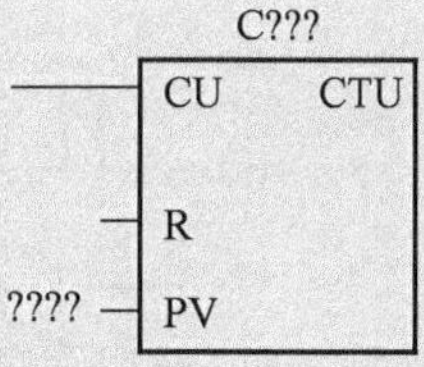	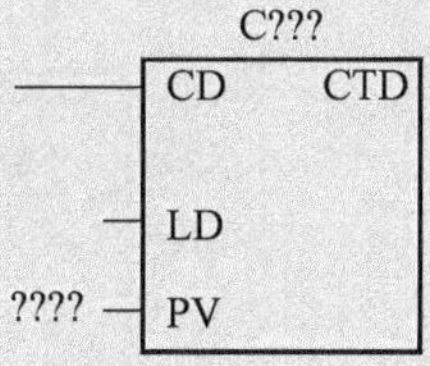	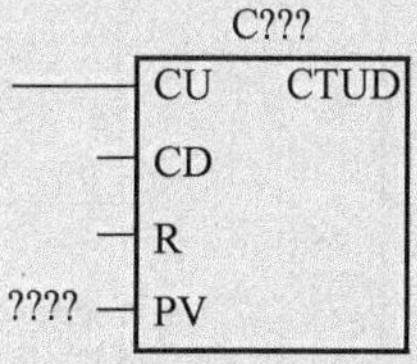
STL	CTU　Cxxx，PV	CTD　Cxxx，PV	CTUD　Cxxx，PV

S7-200PLC 的计数器有三种：CTU、CTD、CTUD，它们分别表示递增计数器、递减计数器、递增/递减计数器。

Cxxx：计数器编号。程序可以通过计数器编号对计数器位或计数器当前值进行访问。

CU：递增计数器脉冲输入端，上升沿有效。

CD：递减计数器脉冲输入端，上升沿有效。

R：复位输入端。

LD：装载复位输入端，只用于递减计数器。

PV：计数器预置值。

其 STL 指令格式：CTU　　Cxxx，PV

CTUD　　Cxxx，PV

CTD　　Cxxx，PV

操作数的取值范围如下。

Cxxx：WORD　常数。

CU，CD，LD，R：　BOOL 能流。

PV：INT　VW，IW，QW，MW，SW，SMW，LW，AIW，T，C，AC，*VD，*AC，*LD 及常数。

(1) 递增计数器指令 CTU。首次扫描时，计数器位为 OFF，当前值为 0。在每一个 CU 输入端的上升沿（从 OFF 到 ON），计数器当前值从 0 开始递增计数，当计数当前值（Cxxx）大于或等于预置计数值（PV）时，计数器位被置位。计数继续进行，一直到最大值 32767 时停止计数。当复位输入端(R)置位时，计数器被复位。

(2)递减计数器指令 CTD。首次扫描时，计数器位为 OFF，当前值为 PV。在每一个输入 CD 的上升沿(从 OFF 到 ON)，计数器当前值从 PV 开始进行递减计数。当计数当前值(Cxxx)减为 0 时，计数器位被置位，并停止计数。当装入(LD)输入时，计数器把预设值(PV)装入计数器，同时复位计数器位，可以开始计数。

(3)递增/递减计数器指令 CTUD。首次扫描时，计数器位为 OFF，当前值为 0。在每一个 CU 输入的上升沿递增计数；在每一个 CD 输入的上升沿递减计数。当计数当前值(Cxxx)大于或等于预置计数值(PV)时，计数器被置位。计数继续进行，计数器的当前值从-32767～32767 可循环往复的变化。当复位输入端(R)置位时，计数器被复位。

计数器指令的使用举例如图 6-19 所示。

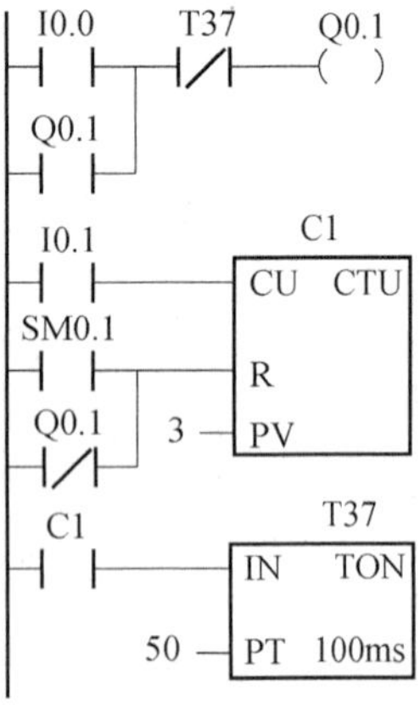

(a)梯形图LAD

```
LD    I0.0
O     Q0.1
AN    T37
=     Q0.1
LD    I0.1
LD    SM0.1
ON    Q0.1
CTU   C1，3
LD    C1
TON   T37，50
```

(b)指令表STL

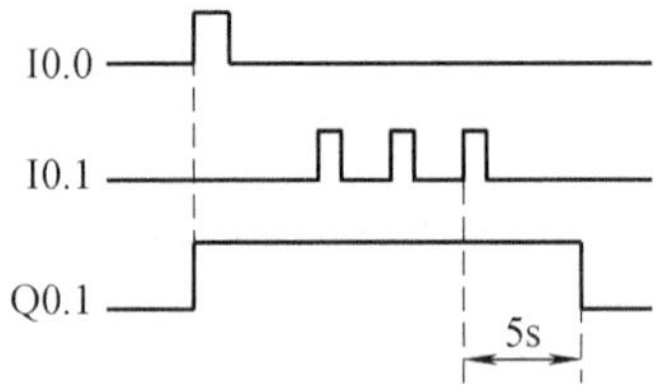

(c)时序图

图 6-19 计数器指令的使用举例

S7-200 提供了 C0～C255 共 256 个计数器，每一个计数器都具有三种功能。由于每个计数器只有一个当前值，因此不能把一个计数器号同时作为几个类型的计数器来使用。在程序中，既可以访问计数器位(表明计数器状态)，也可以访问计数器的当前值，它们的使用方式相同，都以计数器加编号的方式访问，可根据使用的指令方式的不同由程序确定。

6.2.2 S7-200 系列 PLC 的功能指令

1. 比较指令

比较指令用来将两个操作数(IN1 和 IN2)按指定条件进行比较，条件成立，则触点闭合。比较指令包括数值比较和字符串比较两类，它们都属于逻辑运算类指令。比较指令只是作为条件来使用，并不对存储器中的具体单元进行操作。对梯形图指令来说，就是接通或切断能流；对语句表语言来说，就是根据条件对栈顶实施置 1 或置 0 的操作。比较指令的 LAD 指令格式如图 6-20 所示。

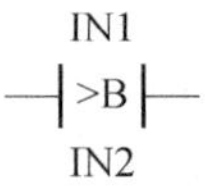

图 6-20 比较指令的 LAD 指令格式

IN1、IN2 为比较指令的两个操作数，按操作数的数据类型可以分为字节(BYTE)比较、整数(INT)比较、双字整数(DINT)比较、实数(REAL)比较和字符串比较五种类型。数值比较指令的运算符有：=、>=、<、<=、>和<>(不等于)六种。而字符串比较指令运算符只有=和<>两种。比较指令可以进行 LD、A 和 O 编程。

比较指令名称可以为以下名称：

= =B　　= =I　　= =D　　= =R

<>B　　<>I　　<>D　　<>R

>=B　　>=I　　>=D　　>=R

<=B　　<=I　　<=D　　<=R

>B　　>I　　>D　　>R

<B　　<I　　<D　　<R

1)数值比较指令

当比较结果为真时，该指令使能流通过，否则切断能流。

比较的运算有：IN1=IN2(等于)、IN1>=IN2(大于或等于)、IN1<=IN2(小于或等于)、IN1>IN2(大于)、IN1<IN2(小于)和 IN1< >IN2(不等于)。

其 STL 指令格式：LDB=IN1，IN2

AB=IN1，IN2

OB=IN1，IN2

IN1 和 IN2 的寻址范围：IB，QB，MB，SMB，VB，SB，LB，AC，*VD，*LD，*AC，常数。IN1，IN2 的数据类型要匹配。

2)字符串比较指令

字符串比较指令用于比较两个 ASCII 码字符串。

如果比较结果为真，使能流通过，允许其后续指令执行，否则切断能流。

能够进行的比较运算有：IN=IN2(字符串相同)；IN1<>IN2(字符串不同)。

其 STL 指令格式：LDS=IN1，IN2；

AS=IN1，IN2；

OS=IN1，IN2

LDS<>IN1，IN2；

AS<>IN1，IN2；

OS<>IN1，IN2

当比较结果为真时，将栈顶数值置 1，否则置 0。

IN1 和 IN2 的寻址范围：VB，LB，*VD，*LD，*AC。

无论是否有能流，比较指令都将执行。如果没有能流输入，输出为 0；如果有能流输入，则能流输出的情况取决于比较指令的执行结果。结果为真，允许能流通过；结果为假，切断能流。

2. 传送指令

S7-200PLC 提供了多种方式的数据传送指令，可以灵活方便地对存储器中的各个位置的值以不同的方式进行修改。

1)字节、字、双字和实数传送指令

用来进行一个数据的传送，其 LAD 和 STL 指令格式如表 6-6 所示，将输入端(IN)指定的数据传送到输出端(OUT)。

表 6-6　字节、字、双字和实数传送指令格式

指令名称	字节传送	字传送	双字传送	实数传送
LAD	MOV_B EN　ENO IN　OUT	MOV_W EN　ENO IN　OUT	MOV_DW EN　ENO IN　OUT	MOV_R EN　ENO IN　OUT
STL	MOVB　IN，OUT	MOVW　IN，OUT	MOVD　IN，OUT	MOVR　IN，OUT

根据传送的数据类型，指令名称可以是 MOV_B、MOV_W、MOV_D、MOV_R，分别表示进行字节传送、字传送、双字传送和实数传送。

指令功能：当 EN=1 时，将操作数 IN 中指明的存储区中的值传送到 OUT 指明的存储区中。当需要使用指针时，可以使用双字传送指令创建一个指针。

ENO=0 的错误条件：0006(间接寻址错误)。

2) 块传送指令

块传送指令为多个数据(最多 255 个)传送指令，其 LAD 和 STL 指令格式如表 6-7 所示。

表 6-7　块传送指令格式

指令名称	字节块传送	字块传送	双字块传送
LAD	BLKMOV_B EN　ENO IN　OUT N	BLKMOV_W EN　ENO IN　OUT N	BLKMOV_D EN　ENO IN　OUT N
STL	BMB　IN，OUT，N	BMW　IN，OUT，N	BMD　IN，OUT，N

字节块传送(BLKMOV_B)、字块传送(BLKMOV_W)和双字块传送(BLKMOV_D)指令可传送指定数量的数据到一个新的存储区，数据的起始地址为 IN，数据长度为 *N* 个字节、字或者双字，新块的起始地址为 OUT 指定的地址。

指令功能：当 EN=1 时，将从起始地址 IN 开始的 *N* 个数据传送到从 OUT 开始的 *N* 个存储单元中。

3) 字节立即传送指令

字节立即传送指令包括字节立即读(BIR)指令和字节立即写(BIW)指令两种。

其 LAD 和 STL 指令格式如表 6-8 所示。

表 6-8　字节立即传送指令格式

指令名称	字节传送	字传送
LAD	MOV_BIR EN　ENO IN　OUT	MOV_BIW EN　ENO IN　OUT
STL	BIR　IN，OUT	BIW　IN，OUT

指令名称可以是 MOV_BIR、MOV_BIW，分别表示进行字节立即读、字节立即写。

字节立即传送令是立即 I/O 指令功能的扩展，允许以字节为单位在 I/O 点和存储器之间进行数据传送。

字节立即读指令（BIR）读入输入端 IN 指定字节地址的物理输入点（IB）的值，并将结果存入输出端 OUT 指定字节地址的存储单元中，但输入映像寄存器并不刷新。字节立即写指令（BIW）从输入端 IN 指定字节地址的存储单元读取数据，写入输出端 OUT 指定字节地址的物理输出点（QB），同时刷新相应的输出映像寄存器。

使 ENO=0 的出错条件：0006（间接寻址错误）；不能访问扩展模块。

4）交换指令

交换指令的 LAD 指令格式如图 6-21 所示。该指令用来交换输入字 IN 的高字节和低字节，结果仍然放在 IN 指定地址的存储单元中。

其 STL 指令格式：SWAP　IN

使 ENO=0 的错误条件：0006。

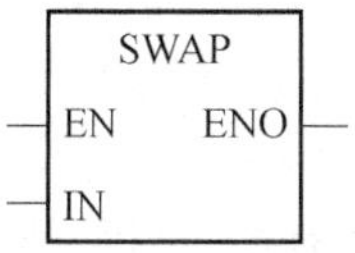

图 6-21　交换指令的 LAD 指令格式

3. 数学运算指令

S7-200PLC 支持相同位数的各种数据类型进行加、减、乘、除运算，它们的指令格式相同。

1）四则运算指令

四则运算指令的 LAD 和 STL 指令格式如表 6-9～表 6-11 所示。

表 6-9　整数与双整数加法和减法指令格式

指令名称	整数加法	整数减法	双整数加法	双整数减法
LAD	ADD_I EN ENO IN1 OUT IN2	SUB_I EN ENO IN1 OUT IN2	ADD_DI EN ENO IN1 OUT IN2	SUB_DI EN ENO IN1 OUT IN2
STL	+I　IN2，OUT	-I　IN2，OUT	+D　IN2，OUT	-D　IN2，OUT

IN1、IN2 是指令所要求的操作数。OUT：指令执行结果的存放单元地址。

整数加法（ADD_I）和整数减法（SUB_I）指令功能：当使能输入端有效时，将两个 16 位符号整数相加或相减，产生一个 16 位的结果输出到 OUT 对应地址的存储单元中。

双整数加法（ADD_DI）和双整数减法（SUB_DI）指令功能：当使能输入端有效时，将两个 32 位符号整数相加或相减，产生一个 32 位的结果输出到 OUT 对应地址的存储单元中。

整数乘法（MUL_I）和整数除法（DIV_I）指令功能：当使能输入端有效时，将两个 16 位符号整数相乘或相除，产生一个 16 位的结果输出到 OUT 对应地址的存储单元中，整数除法指令不保留余数。

表 6-10　整数与双整数乘法和除法指令格式

指令名称	整数乘法	整数除法	双整数乘法	双整数除法	整数乘法产生双整数	整数除法产生双整数
LAD	MUL_I EN ENO IN1 OUT IN2	DIV_I EN ENO IN1 OUT IN2	MUL_DI EN ENO IN1 OUT IN2	DIV_DI EN ENO IN1 OUT IN2	MUL EN ENO IN1 OUT IN2	DIV EN ENO IN1 OUT IN2
STL	*I IN2，OUT	/I IN2，OUT	*D IN2，OUT	/D IN2，OUT	MUL IN2，OUT	DIV IN2，OUT

双整数乘法(MUL_DI)和双整数除法(DIV_DI)指令功能：当使能输入端有效时，将两个32位符号整数相乘或相除，产生一个32位的结果输出到OUT对应地址的存储单元中，双整数除法指令不保留余数。

MUL 指令功能：当使能输入端有效时，将两个16位符号整数相乘，产生一个32位的乘积输出到OUT对应地址的存储单元中。

DIV 指令功能：当使能输入端有效时，将两个16位符号整数相除，产生一个32位的结果输出到OUT对应地址的存储单元中。其中高16位是余数，低16位是商。

实数加法(ADD_R)和实数减法(SUB_R)指令功能：当使能输入端有效时，将两个32位实数相加或相减，产生一个32位的结果输出到OUT对应地址的存储单元中。

实数乘法(MUL_R)和实数除法(DIV_R)指令功能：当使能输入端有效时，将两个32位实数相乘或相除，产生一个32位的结果输出到OUT对应地址的存储单元中。

表 6-11　实数加减乘除指令格式

指令名称	实数加法	实数减法	实数乘法	实数除法
LAD	ADD_R EN ENO IN1 OUT IN2	SUB_R EN ENO IN1 OUT IN2	MUL_R EN ENO IN1 OUT IN2	DIV_R EN ENO IN1 OUT IN2
STL	+R　IN2，OUT	-R　IN2，OUT	*R　IN2，OUT	/R　IN2，OUT

2) 加 1 和减 1 指令

加1和减1指令用于对输入IN端对应的数据进行自动加1或减1操作，并把结果存放到输出端OUT指定的存储单元中。数据长度可为字节、字和双字，其中字节加1和减1是对无符号数进行操作。其LAD和STL指令格式如表6-12所示。

表 6-12　加 1 和减 1 指令格式

指令名称	字节加 1	字节减 1	字加 1	字减 1	双字加 1	双字减 1
LAD	INC_B EN ENO IN OUT	DEC_B EN ENO IN OUT	INC_W EN ENO IN OUT	DEC_W EN ENO IN OUT	INC_DW EN ENO IN OUT	DEC_DW EN ENO IN OUT
STL	INCB　OUT	DECB　OUT	INCW　OUT	DECW OUT	INCD　OUT	DECD　OUT

3) 函数运算指令

函数运算指令包括正弦、余弦、正切、自然对数、自然指数和平方根指令。其LAD和STL指令格式见表6-13。指令中所有的输入/输出操作数的类型都是32位的实数。

表 6-13　函数变换指令格式

指令名称	平方根	自然对数	自然指数	正弦	余弦	正切
LAD	SQRT EN ENO IN OUT	LN EN ENO IN OUT	EXP EN ENO IN OUT	SIN EN ENO IN OUT	COS EN ENO IN OUT	TAN EN ENO IN OUT
STL	SQRT IN，OUT	LN　IN，OUT	EXP　IN，OUT	SIN　IN，OUT	COS　IN，OUT	TAN　IN，OUT

平方根(SQRT)指令功能：当使能输入端(EN)有效时，将 32 位实数(IN)取平方根，产生一个 32 位的结果输出到 OUT 对应地址的存储单元中。

自然对数(LN)指令功能：当使能输入端(EN)有效时，将 32 位实数(IN)取自然对数，产生一个 32 位的结果输出到 OUT 对应地址的存储单元中。

自然指数(EXP)指令功能：当使能输入端(EN)有效时，将 32 位实数(IN)取以 e 为底的指数，产生一个 32 位的结果输出到 OUT 对应地址的存储单元中。

正弦(SIN)、余弦(COS)、正切(TAN)指令功能：当使能输入端(EN)有效时，将 32 位实数(IN)取正弦、余弦、正切，得到 32 位的结果输出到 OUT 对应地址的存储单元中。

使 ENO=0 的条件为：SM1.1；0006。

4. 逻辑运算指令

S7-200 CPU 支持对存储区以字节、字、双字形式的逻辑运算功能。这些逻辑运算功能包括：按位取反运算、与运算、或运算及异或运算。对应的逻辑运算指令分别为逻辑与(WAND)指令、逻辑或(WOR)指令、逻辑异或(WXOR)指令和取反(INV)指令。按照操作数的长度分为字节、字和双字逻辑运算。

1)与、或及异或运算指令

其 LAD 和 STL 指令格式如表 6-14～表 6-16 所示。

逻辑与(WAND)指令功能：将两个输入端 IN1 和 IN2 指定的逻辑数按位执行逻辑与运算，将结果放到 OUT 指定的存储单元中。

表 6-14　逻辑与运算指令格式

指令名称	字节与	字与	双字与
LAD	WAND_B EN ENO IN1 OUT IN2	WAND_W EN ENO IN1 OUT IN2	WAND_DW EN ENO IN1 OUT IN2
STL	ANDB　IN1，OUT	ANDW　IN1，OUT	ANDD　IN1，OUT

逻辑或(WOR)指令功能：将两个输入端 IN1 和 IN2 指定的逻辑数按位执行逻辑或运算，将结果放到 OUT 指定的存储单元中。

表 6-15　逻辑或运算指令格式

指令名称	字节或	字或	双字或
LAD	WOR_B EN ENO IN1 OUT IN2	WOR_W EN ENO IN1 OUT IN2	WOR_DW EN ENO IN1 OUT IN2
STL	ORB　IN1，OUT	ORW　IN1，OUT	ORD　IN1，OUT

逻辑异或(WXOR)指令功能：将两个输入端 IN1 和 IN2 指定的逻辑数按位执行逻辑异或运算，将结果放到 OUT 指定的存储单元中。

IN1 和 IN2 输入操作数，要求类型一致。

使 ENO=0 的条件：0006(间接寻址错误)；SM4.3 置位(运行时未发生编程问题)。

表 6-16　逻辑异或运算指令格式

指令名称	字节异或	字异或	双字异或
LAD	WXOR_B EN ENO IN1 OUT IN2	WXOR_W EN ENO IN1 OUT IN2	WXOR_DW EN ENO IN1 OUT IN2
STL	XORB　IN1，OUT	XORW　IN1，OUT	XORD　IN1，OUT

2) 逻辑取反运算指令

取反(INV)指令功能：将输入端 IN 指定的逻辑数按位取反，将结果放到 OUT 指定的存储单元中。其 LAD 和 STL 指令格式如表 6-17 所示。

表 6-17　逻辑取反运算指令格式

指令名称	字节取反	字取反	双字取反
LAD	INV_B EN ENO IN OUT	INV_W EN ENO IN OUT	INV_DW EN ENO IN OUT
STL	INVB　OUT	INVW　OUT	INVD　OUT

按照数据类型可分为字节取反运算指令(INV_B)、字取反运算指令(INV_W)、双字取反运算指令(INV_DW)。

5. 字符串指令

1) 字符串操作指令

其 LAD 指令格式如图 6-22 所示。

指令包括 SLEN(求字符串长度指令)、SCPY(字符串复制指令)、SCAT(字符串连接指令)。这些指令的 ENO=0 的条件是 0006；0091。

2) 子字符串操作指令

其 LAD 指令格式如图 6-23 所示。

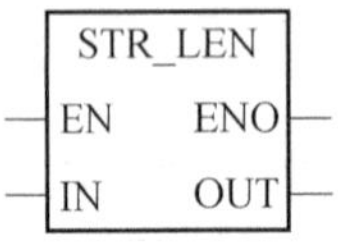

图 6-22　字符串操作指令的 LAD 指令格式

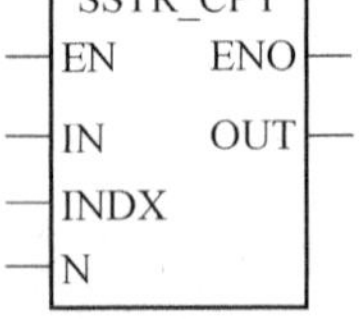

图 6-23　复制子字符串操作指令的 LAD 指令格式

该指令将 IN 输入的字符串从 INDX 开始、长度为 N 的子字符串复制到 OUT 指定的存储单元中。

其中 IN 连接输入的字符串，INDX 指子字符串在原字符串中的开始位置，N 表示子字符串的长度，OUT 是子字符串的输出。ENO=0 的条件是 0006、0091、009B。

6. 移位和循环指令

S7-200 PLC 的移位和循环移位指令包括左移位、右移位、循环左移位、循环右移位和移位寄存器指令。

其移位指令分别为左移位指令(SHL)、右移位指令(SHR)、循环左移位指令(ROL)和循环右移位指令(ROR)和移位寄存器指令(SHRB)。

1)移位指令

移位指令包括左移位指令(SHL)和右移位指令(SHR)，根据数据长度可以分为字节型、字型和双字型三种，其最大可移位数分别为 8、16 和 32。移位指令的 LAD 和 STL 指令格式如表 6-18 和表 6-19 所示。

表 6-18　左移位指令格式

指令名称	字节左移位	字左移位	双字左移位
LAD	SHL_B EN ENO IN OUT N	SHL_W EN ENO IN OUT N	SHL_DW EN ENO IN OUT N
STL	SLB　OUT，N	SLW　OUT，N	SLD　OUT，N

左移位指令(SHL)：把输入端 IN 指定的数据左移 N 位，右端空出的位用 0 填充，其结果存入 OUT 指定的存储单元中。

右移位指令(SHR)：把输入端 IN 指定的数据右移 N 位，左端空出的位用 0 填充，其结果存入 OUT 指定的存储单元中。

移位次数 N 的数据类型为 BYTE 型。SM1.1 存储最后一次移出的位值。

表 6-19　右移位指令格式

指令名称	字节右移位	字右移位	双字右移位
LAD	SHR_B EN ENO IN OUT N	SHR_W EN ENO IN OUT N	SHR_DW EN ENO IN OUT N
STL	SRB　OUT，N	SRW　OUT，N	SRD　OUT，N

其 ENO=0 的错误条件：0006(间接寻址)；SM4.3。

受影响的标志位：SM1.0；SM1.1。

2)循环移位指令

循环移位指令包括循环左移位指令(ROL)和循环右移位指令(ROR)，根据数据长度可以分为字节型、字型和双字型三种，其最大可移位数分别为 8、16 和 32。移位指令的 LAD 和 STL 指令格式如表 6-20 和表 6-21 所示。

表 6-20　循环左移位指令格式

指令名称	字节循环左移位	字循环左移位	双字循环左移位
LAD	ROL_B EN ENO IN OUT N	ROL_W EN ENO IN OUT N	ROL_DW EN ENO IN OUT N
STL	RLB　OUT，N	RLW　OUT，N	RLD　OUT，N

表 6-21　循环右移位指令格式

指令名称	字节循环右移位	字循环右移位	双字循环右移位
LAD	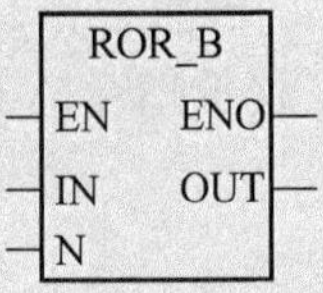	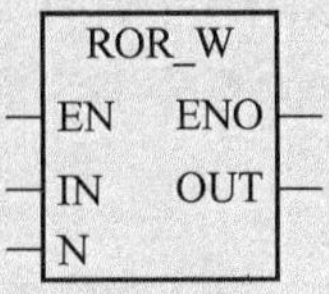	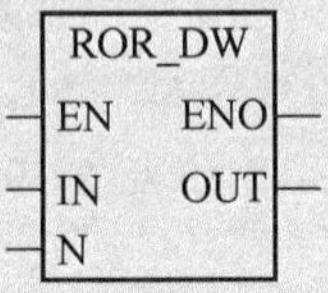
STL	RRB　OUT，N	RRW　OUT，N	RRD　OUT，N

循环左移位指令(ROL)：把输入端 IN 指定的数据循环左移 N 位，右端空出的位填入被移出的位，其结果存入 OUT 指定的存储单元中。

循环右移位指令(ROR)：把输入端 IN 指定的数据循环右移 N 位，左端空出的位填入被移出的位，其结果存入 OUT 指定的存储单元中。

循环移位与移位指令的区别在于移出后补进的值。循环移位不补 0，补进的是移出的值。SM1.1 存储最后一次移出的位值。

移位次数 *N* 的数据类型为 BYTE 型。对于字节、字和双字循环移位指令，如果所需移位次数 N 小于 8、16 或 32，则执行 N 次移位；若所需移位次数 N 大于或等于 8、16 或 32，则需要先对 N 取以 8、16 或 32 为底的模，其余数为实际移动位数。

3)移位寄存器指令

移位寄存器指令(SHRB)是可以指定移位寄存器的长度和移位方向的移位指令。其 LAD 指令格式如图 6-24 所示。

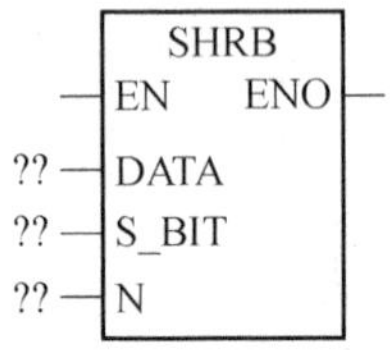

图 6-24　移位循环指令的 LAD 指令格式

STL 指令格式：SHRB　DATA，S_BIT，N

当移位寄存器的使能输入端(EN)有效时，数据输入端(DATA)的数值移入寄存器，并进行移位。

S_BIT 指定移位寄存器最低位的地址。

N 指定移位寄存器的长度和移位方向。移位寄存器的最大长度为 64 位，N 为正值表示正向移位，即向左移位，输入数据移入移位寄存器的最低位(S_BIT)，寄存器的最高位数据移出；若 N 为负值表示反向移位，即向右移位，输入数据移入移位寄存器的最高位，并移出寄存器最低位的数据。移出数据被放置在溢出内存位(SM1.1)中。

DATA 和 S_BIT 得操作数为 I，Q，M，SM，T，C，V，S，L。数据类型为 BOOL 变量。N 的操作数为 VB，IB，QB，MB，SB，SMB，LB，AC，常量。

7．转换指令

对同一个信息，用户往往需要按不同的格式进行访问，而转换指令可解决这一问题，用户并不需要知道信息在存储区中的存储格式。转换指令是对操作数的类型进行转换，并将转换结果输出到指定地址存储器单元。PLC 中的主要数据类型包括字节、整数、双整数和实数；主要码制为 BCD 码和 ASCII 码等。

1)数值转换指令

数值转换指令的 LAD 指令格式如图 6-25 所示。

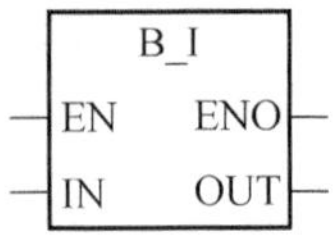

图 6-25　数值转换指令的 LAD 指令格式

不同的指令名称代表着不同的指令。这些指令包括：字节转为整数指令(B_I)、整数转为字节(I_B)指令等。下面分别加以介绍。

(1) B_I：将字节转为整数指令，即把输入操作数 IN 的字节值转换成一个整数，存入 OUT 指定的存储单元。它的 ENO=0 的条件是：SM4.3；0006。

其 STL 指令格式：BTI　IN，OUT

(2) I_B：将整数转为字节指令，即把输入 IN 的整数转换成一个字节，存入 OUT 指定的存储单元。整数的范围为 0～255，超了范围会造成溢出，输出不变化。它的 ENO=0 条件是：SM1.1；SM4.3；0006。影响的标志位是 SM1.1。

其 STL 指令格式：ITB　IN，OUT

(3) I_DI：将整数转为双整数指令，即把输入 IN 的整数转换成一个双整数，存入 OUT 指定的存储单元。负数时，自动进行符号扩展。它的 ENO=0 的条件是：SM4.3；0006。

其 STL 指令格式：ITD　IN，OUT

(4) DI_I：将双整数转为整数指令，即把输入 IN 的双整数转为一个整数，存入 OUT 指定的存储单元。若双整数超过整数的表示范围时，会造成溢出，但输出保持不变。

它的 ENO=0 的条件是：SM1.1；SM4.3；0006。影响的标志位为 SM1.1。

其 STL 指令格式：DTI　IN，OUT

(5) DI_R：将双字整数转为实数指令，即把输入 IN 的双字节整数转为一个实数，存入 OUT 指定的存储单元。它们是 32 位到 32 位的转换。它的 ENO=0 的条件是：SM4.3；0006。

其 STL 格式：DTR　IN，OUT

(6) BCD_I：将 BCD 码转为整数指令，即把输入 IN 的 BCD 码转换为整数，存入 OUT 指定的存储单元。BCD 码的有效输入是 0～9999。它的 ENO=0 条件是：SM1.6；SM4.3；0006。影响的标志位是 SM1.6。

其 STL 指令格式：BCDI　IN，OUT

(7) I_BCD：将整数转为 BCD 码指令，即把输入 IN 的整数转换成 BCD 码，存入 OUT 指定的存储单元。整数的有效输入范围为 0～9999。它的 ENO=0 条件是：SM1.6；SM4.3；0006。影响的标志位是 SM1.6。

其 STL 指令格式：IBCD　IN，OUT。

(8) ROUND：四舍五入指令。即把输入 IN 的实数值转换成双整数值，存入 OUT 指定的存储单元。如果小数部分大于 0.5，则向上进位整数加 1，且输入的实数的有效范围不能超过整数所能表示的范围。它的 ENO=0 的条件是：SM1.1；0006。影响的标志为 SM1.1。

其 STL 指令格式：ROUND　IN，OUT

(9) TRUNC：取整指令。将输入的实数值 IN 的整数部分转换成双整数值，存入 OUT 指定的存储单元，小数部分被舍去，输入的实数的有效范围不能超过整数所能表示的范围。它的 ENO=0 的条件是：SM1.1；0006。影响的标志位为：SM1.1。

其 STL 指令格式：TRUNC　IN，OUT

(10) SEG：段码指令。将输入操作数 IN(字节型)中低四位指定的字符，按照 1 表示点亮、最高位为 0 的七段数码管编码格式进行转换，并将结果存入 OUT 指定的存储单元。它的 ENO=0 的条件是：0006。

其 STL 指令格式：SEG　IN，OUT

(11) ENCO：编码指令，用于检测输入字操作数中为 1 的位值(最低)的位号，并将其存入 OUT 指定的字节存储单元，输入/输出操作数的类型是 WORD，BYTE。

其 STL 指令格式：ENCO　IN，OUT

(12) DECO：译码指令，编码指令的反操作，根据输入字节(IN)的低四位所表示的输出字的位号，并将输出字(OUT)的相应位为 1，其他位清 0。输入输出的操作数的类型是 BYTE，WORD。它的 ENO=0 的条件是 0006。

其 STL 指令格式：DECO　IN，OUT

2) ASCII 码与数值转换指令

(1) ASCII 码与十六进制数转换指令。其 LAD 指令格式如图 6-26 所示。

图 6-26　ASCII 码转换指令的 LAD 指令格式

指令包括 ASCII 码字符串转十六进制指令(ATH)和十六进制数转 ASCII 码字符串指令(HTA)。其中 LEN 表示输入操作数的长度。

ATH 指令是 ASCII 码字符串转十六进制指令。可以把从 IN 开始的长度为 LEN 的 ASCII 码字符串转换为十六进制数，放入从 OUT 开始的存储单元中。每一个 ASCII 码对应 4 位十六进制数，ASCII 码字符串的最大长度为 255 个字符。使 ENO=0 的条件为 SM1.7；SM4.3；0006；0091。影响的标志位为 SM1.7。

其 STL 指令格式：ATH　IN，OUT，LEN

HTA 指令可将十六进制数转至 ASCII 码字符串。把从 IN 开始的长度为 LEN 的十六进制数转换成 ASCII 码字符串放至从 OUT 开始的存储单元。可转换的十六进制数的最大个数为 255。它的 ENO=0 条件为 SM4.3；0006；0091。影响的标志位为 SM1.7。

其 STL 指令格式：HTA　IN，OUT，LEN

要注意的是，这两个字符串中有效的 ASCII 码是 30～39 和 41～46，即只能将 0～9 和 A～F 对应的 ASCII 码转换为十六进制数。

(2) 将数值转为 ASCII 码的指令。其 LAD 指令格式如图 6-27 所示。

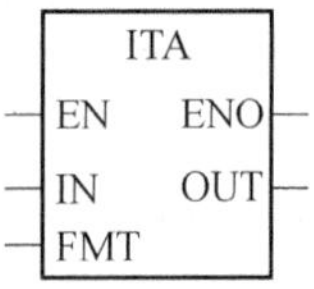

图 6-27　数值转为 ASCII 码指令的 LAD 指令格式

这些指令包括整数转为 ASCII 码指令(ITA)、双整数转为 ASCII 码指令(DTA)和实数转为 ASCII 码(RTA)指令。

FMT 表示字符串的格式说明。

指令中常用到的是 ITA 指令，作用是将整数转 ASCII 码，即将一个整数 IN 的各个数字转换成一个 ASCII 码字符串，转换结果放在 OUT 指定的连续 8 字节存储器单元中。FMT 指明转换后的摆放格式。

它的 ENO=0 的条件为 SM4.3；0006；无输出(非法格式)。

(3) 将字符串转换为数值的指令。将字符串转换为数字值的指令包括字符串转整数指令(STI)、字符串转双整数指令(STD)和子字符串转实数指令(STR)。即将一个字符串 IN，从偏移量 INDX 开始，转换为整数、双整数或者实数值，存储在 OUT 指定的存储单元中。其 LAD 指令格式如图 6-28 所示。

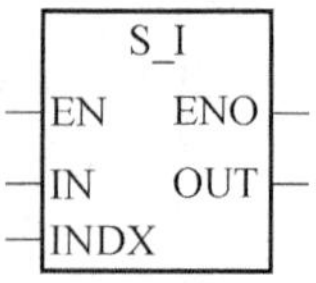

图 6-28　字符串转为数值指令的 LAD 指令格式

INDX 是 1 字节型操作数，用来指明从字符串的第几个字符开始进行转换。

S_I：子字符串转整数指令，可将输入 IN 的字符串从位置 INDX 开始转换为如下格式的整数：

[空格][+或-][数字 0～9]

当到达字符串的结尾或遇到第一个非法字符时，转换结束。当转换产生的整数值过大以致输出值无法表示时，溢出标志(SM1.1)会置位。例如，当输入字符串产生的数值大于 32767 或者小于-32768 时，字符串转整数指令会置位溢出标志(SM1.1)。当输入字符串中并不包含可以转换的合法数值时，溢出标志(SM1.1)也会置位。

8. 程序控制指令

程序控制指令大部分属于无条件执行指令，用于控制程序的走向。合理使用该类指令可以优化程序结构，增强程序功能。

1)一般控制指令

一般控制指令的 LAD 指令格式如图 6-29 所示。

图 6-29 一般控制指令的 LAD 指令格式

END：表示有条件结束指令，可根据逻辑关系终止当前扫描周期。使用 STEP7-Micro/WIN 软件编程时，自动在主程序加上一个无条件结束指令(MEND)。可以在主程序中使用结束指令，但是不能在子程序和中断服务程序中使用该指令。

STOP：是停止指令，可使 CPU 从 RUN 模式转到 STOP 模式，立即终止程序的执行。如果在中断程序中使用 STOP 指令，则立即终止中断服务程序的执行，并且忽略所有其他的中断。在本次扫描的最后，可完成 CPU 从 RUN 到 STOP 的切换。

WDR：看门狗复位指令，允许 CPU 的看门狗定时器重新被触发。在没有看门狗错误的情况下，这样可以增加一次扫描所允许的时间。在系统允许的情况下，如果用户程序需要的扫描周期很长，则应在程序中适时使用看门狗复位指令。

JMP：中转指令，使程序的流程中转到指定的标号 N 处的程序分支。

LBL：标号指令，可标记中转目的的位置 N(0～255)。

JMP 和 LBL 两条指令要求成对使用，可以在主程序、子程序或中断服务程序中使用中转指令。而且这两条指令必须位于同一程序代码段，不能从主程序中转到子程序或中断服务程序，同样也不能从子程序或中断服务程序中跳出。可以在 SCR 程序段中使用中转指令，但相应的标号指令必须也在同一个 SCR 段中。

2)循环指令

循环指令用于重复执行某段程序的情况，循环开始指令 FOR 用来标记循环体的开始，循环结束指令 NEXT 用来标记循环体的结束。循环指令的 LAD 指令格式如图 6-30 所示。

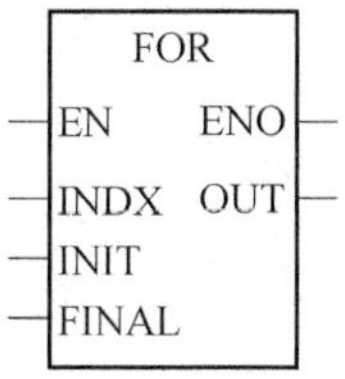

图 6-30 循环控制指令的 LAD 指令格式

FOR 和 NEXT 指令在使用时，每一条 FOR 指令对应一条 NEXT 指令，用于控制程序的某一部分循环执行，S7-200PLC 支持循环嵌套功能，深度可达 8 层。

INDX：循环控制变量当前计数值。

INIT：循环控制变量初始值。

FINAL：循环控制变量目标终止值。

FOR 和 NEXT 之间的程序为循环体，程序执行到循环体时，INIT 被复制到 INDX 中。如果 INDX 大于 FINAL 值，循环体不被执行。

每执行一次循环体，INDX 增加 1，并且同 FINAL 比较，如果大于终值，则退出循环。

如果进入 FOR-NEXT 循环时，栈顶值为 1，则当程序退出 FOR-NEXT 循环时，栈顶值也将为 1。

其 ENO=0 的条件：0006。

3) 子程序指令

S7-200PLC 程序支持子程序的调用，能够自动地完成子程序的返回，并且允许子程序进行嵌套调用，最多可达 8 级。中断服务程序中也可调用子程序，但不可以嵌套，支持子程序的递归调用。

(1) 指令格式。子程序 LAD 和 STL 指令格式如表 6-22 所示。

表 6-22　子程序指令格式

指令名称	子程序调用	参数子程序调用	子程序返回
LAD	SBR_n EN	SBR_n EN IN　OUT INOUT	—(RET)
STL	CALL　SBR_n	CALL SBR_n，IN，IN_OUT，OUT	CRET

通过编程软件建立子程序。当子程序调用指令(CALL)使能输入有效时，主程序把程序控制权给子程序。子程序结束后，必须返回主程序。编程软件自动为程序加上无条件返回指令(RET)。用户可以在子程序中加入条件返回指令(CRET)来退出子程序的执行，返回到主程序中 CALL 指令的下一条指令。

子程序可以进行无参数调用，也允许有参数调用。可以使用累加器在主程序和子程序之间进行参数的传递。在子程序调用时，累加器的值既不保存也不恢复。参数的定义在子程序的局部变量表中进行，最多可以传递 16 个参数。

(2) 参数分类。按照子程序与主程序的参数交换方式分为四类。

① IN：参数传入子程序。

② IN-OUT：指定参数位置的值调用子程序时传入子程序，子程序执行的结果同样也可通过此地址带到上一级程序。

③ OUT：子程序执行的结果值被返回到指定参数位置。

④ TEMP：只能在子程序内部暂时存储数据。

4) 参数的数据类型

参数的数据类型定义了参数的大小和格式。参数大小的长度可为布尔量(用于单独位的输入和输出)、字节、字、双字等。数据类型可为整数、双整数、实数等类型。能流仅允许对位输入操作。在局部变量表中，能流的说明必须在其他类型说明的前面。

当子程序传递值时，它们放在子程序的局部存储器中。局部变量表的最左列用不同的方式给出了传递参数的局部存储器地址和类型。当子程序调用时，输入参数被复制到子程序的局部存储器。当子程序退出时，从存储器复制参数值到指定的输出地址。

9. 时钟指令

时钟指令的作用是实现调用系统实时时钟或根据需要设定时钟对系统运行实时监控等功能。时钟指令的 LAD 指令格式如表 6-23 所示。

表 6-23　时钟指令格式

指令名称	读实时时钟指令	设定实时时钟指令
LAD	READ_RTC EN　ENO T	SET_RTC EN　ENO T
STL	TODR　T	TODW　T

指令名称为 READ-RTC 和 SET-RTC，分别表示读时钟指令和设定时钟指令。T 表示缓冲区起始地址。时钟缓冲区的格式如表 6-24 所示。

表 6-24　时钟缓冲区格式

T	T+1	T+2	T+3	T+4	T+5	T+6	T+7
年	月	日	小时	分钟	秒	0	星期

用户可以通过读实时时钟指令获取当前的日期和时间，并将其放入一个用户指定的存储区。同时，也可以通过修改存储区中的数据，用指令对实时时钟的数值进行修改、设定。

读实时时钟指令(TODR)：可以读取当前的日期和时间，并把它装入一个起始地址为 T 的 8 字节的缓冲区。

设定实时时钟指令(TODW)：可把一个起始地址为 T 的 8 字节的缓冲区中的数值(日期和时间)装入时钟，使其按缓冲区中要求的日期和时间开始计时。

指令中所有的数据都用 BCD 码表示，T+6 没有使用，年份只表示后两位，T+7 的取值范围为 0～7(0 禁用，1 表示星期日)。CPU 不具有核实日期与星期几是否相符的功能，无效日期可能被接受。不要同时在主程序和中断程序中使用访问时钟的指令，否则可能产生致命错误。

10. 中断指令

中断是使系统暂时中断现在正在执行的程序，转到中断服务子程序去处理中断事件，处理后返回原程序并继续执行。当系统对实时性和响应速度要求较高时，采用中断是解决的最好手段。继电器的逻辑控制是与中断的思想相矛盾的，但是随着指令执行速度的加快和扫描周期的缩短，现在的 PLC 已完全能够支持中断请求。S7-200 PLC 提供了对中断现场的保护功能，支持几十个中断，可在中断服务程序和主程序共享累加器和逻辑堆栈，但不允许中断嵌套，中断事件的触发既可由外部事件进行物理触发也可以由内部存储器位触发，而各种类型的中断有不同的优先级。

1) 中断类型

(1)通信口中断。S7-200PLC 允许用户使用程序控制通信端口，PLC 的串行通信口可由 LAD 或 STL 程序来控制。通信口的这种操作模式称为自由端口模式。在自由端口模式下，用户可用程序定义波特率、每个字符位数、奇偶校验及通信协议。利用接收和改善中断可简化程序对通信的控制。

(2)I/O 中断。S7-200 CPU 对 I/O 点状态的各种变化产生中断事件。这些事件允许对高速计数器脉冲输出及输入点的上升沿和下降沿作出响应。I/O 中断包含了上升沿或下降沿中断、高速计数器中断和脉冲串输出(PTO)中断。S7-200 CPU 可对 I0.0～I0.3 的上升沿或下降沿产生中断。

每种高速计数器可对高速事件实时响应，这些高速事件包括：计数器当前值等于预置值、相应于轴转动方向变化的计数方向改变、计数器外部复位等事件。这些高速事件如果采用改变 PLC 的扫描速率的方法是不能控制的。

(3)时基中断。S7-200 CPU 可以根据指定的时间间隔产生中断事件，时基中断包括定时中断和定时器 T32/T96 中断。可以用定时中断指定一个周期性的活动，周期以 1ms 为增量单位，周期时间为 1～255ms。对于定时中断 0，把周期时间写入 SMB34；对于定时中断 1，把周期时间写入 SMB35。

每当定时器溢出时，CPU 把控制权交给相应的中断程序，通常可用定时中断以固定的时间间隔去采样模拟量输入或周期性地执行固定的操作等方法。

2) 中断管理

S7-200 CPU 接到中断请求后，以优先级从高到低的顺序处理中断事件。在任何时刻只能执行一个中断程序。中断程序一旦开始执行，则一直执行到结束，不能被打断，若有新的中断请求只能在中断队列中排队等待。S7-200 CPU 用三个队列对上述三种类型的中断进行管理，队列是有长度的，若超出则队列溢出，可用不同的溢出标志对队列的溢出进行管理。中断的优先级只能决定中断同时到达时的响应次序，并不支持中断嵌套功能。其中优先级别的从高到低为：通信中断、I/O 中断和定时中断。具体事件优先级可以通过查询相应表格得到。

3) 中断指令

中断指令实现程序中断的允许、禁止、返回进行管理，每一个中断事件仅能指定一个中断服务程序，但可以重复指定。中断事件发生时，将执行为该事件最后指定的中断服务程序。可以为不同的中断事件指定同一个中断服务程序。

(1)LAD 指令格式。中断指令的 LAD 和 STL 指令格式如表 6-25 所示。

表 6-25　中断指令格式

指令名称	中断连接	中断分离	中断允许	中断禁止	中断返回
LAD	ATCH EN　ENO INT EVNT	DTCH EN　ENO EVNT	—(ENI)	—(DISI)	—(RETI)
STL	ATCH　INT，EVNT	DTCH　EVNT	ENI	DISI	CRETI

(2)指令名称。

① ENI：中断允许指令，全局的允许所有被连接的中断事件。

② DISI：中断禁止指令，全局地禁止所有被连接的中断事件。但中断事件的申请仍会进入申请队列进行排队，等待中断允许的到来。CPU 默认为全局中断禁止。

③ CRETI：中断条件返回指令，用来根据逻辑操作的条件，从中断服务程序中返回。在一个中断服务程序中可以使用多个 CRETI 指令。LAD 编程器自动为每一个中断服务程序在最后加上无条件中断返回指令(RETI)，无条件中断返回指令是中断程序必需的。

④ ATCH：中断连接指令，为中断事件(EVNT)指定中断服务程序号(INT)，并允许该中断事件。

⑤ DTCH：中断分离指令，将中断事件(EVNT)与中断服务程序之间的指定关系断开，同时禁止该中断。

(3)操作数类型和取值范围。

IN：BYTE　常数(0～127)。

EVNT：　BYTE 常数(0～33)。

6.3　S7-200 PLC 编程设计方法

梯形图是各种 PLC 通用的编程语言，尽管各厂家的 PLC 所使用指令不同，但梯形图的设计与编程方法大同小异。应用 S7-200PLC 的基本指令就可以实现各种逻辑控制，本节主要通过具体例子讨论 S7-200 系列的梯形图编程方法。

6.3.1　基本电路编程

PLC 不仅能取代继电器控制系统所具有的开关量逻辑控制、顺序控制、定时、计数等控制功能，而且还具有处理数字运算的能力，能通过数字量或模拟量输入/输出控制各种类型机械的生产过程。以下介绍一些常用基本控制电路的编程方法。

1. 电动机的启保停控制

电动机的启保停控制是最常见的控制，硬件设计中使用启动按钮、停止按钮及接触器等实现控制。下图是两种控制电机启停的方法。设置启动按钮地址为 I1.0、停止按钮为 I2.0，输出接触器地址为 Q0.3。其中图 6-31(a)是利用输入 I1.0 启动电机，由输出 Q0.3 常开触点实现自锁，再利用输入 I2.0 实现解锁，使电机停止；而图 6-31(b)则利用置位 S 指令和复位 R 指令实现自锁保持与解锁的。

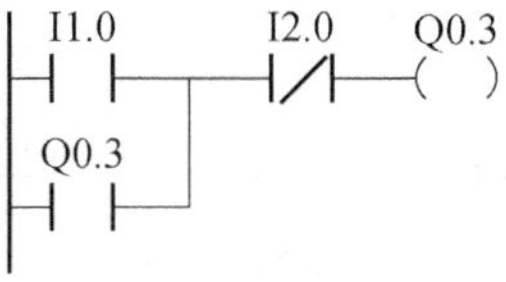

(a) 自锁、解锁实现启保停控制

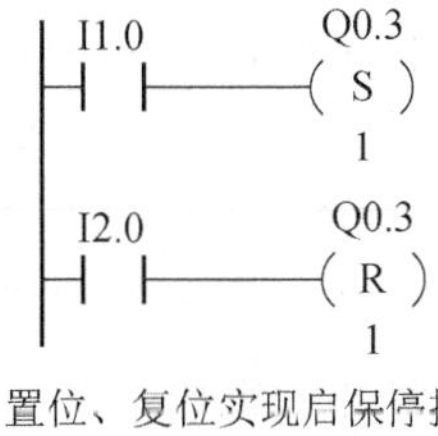

(b) 置位、复位实现启保停控制

图 6-31　电机启保停控制程序

2. 电动机点动启停控制

有些设备的运动部件的位置常常需要进行调整，这就要用到点动调整的功能。因此，硬件中需要加入点动按钮，设置其地址为 I3.0，则编程方法如图 6-32 所示。其中 M10.0 为辅助继电器，相当于电器中的中间继电器。当按下点动按钮，M10.0 线圈得电，其常闭触点断开，使 Q0.3 线圈断电，故先切断 Q0.3 自锁，再实现电动机的点动控制。

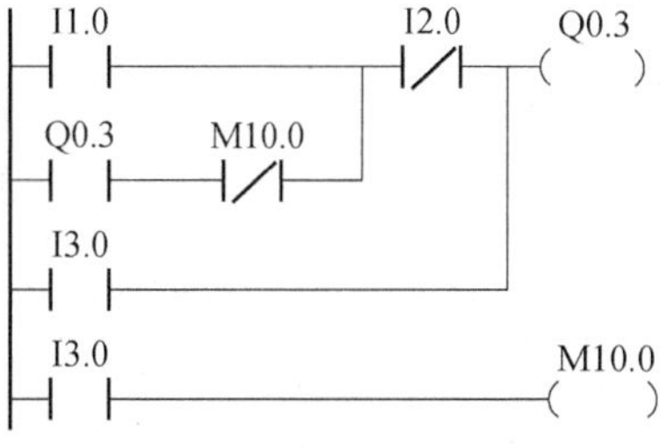

图 6-32　电动机点动控制程序

3. 电动机 Y-△启动控制

较大功率电动机如果在电源变压器容量不够大的情况下直接启动，会使电源变压器输出电压大幅下降，这样不仅会减小电动机本身的起动转矩，还会影响同一供电网中其他设备的正常工作，因此需要设计减压启动电路。

在几种常用方法中，采用 Y-△启动是一种理想的减压方法。这种启动方法在电动机启动时将定子绕组接成 Y 联结，待转速上升到额定转速时，再将定子绕组的接线改成△联结，让电动机在全压下运行，继电器控制电路图如第 2 章图 2-4 所示。电动机由接触器 KM1、KM2、KM3 控制，KM1 控制总电源，KM2 实现电动机绕组的 Y 形联结，KM3 实现电动机绕组的△联结。输入信号有停止按钮 SB1、启动控制 SB2，设置 SB1 地址为 I0.0，SB2 地址为 I0.1。输出信号提供给 KM1、KM2 和 KM3，设置 KM1 地址为 Q0.0，KM2 地址为 Q0.1，KM3 地址为 Q0.2。

图 6-33 为电动机 Y-△减压启动控制程序。由于控制电动机主回路的接触器在切换过程中电感的延时作用，可能会出现一个接触器的主触点还未断弧，另一个主触点已经合上现象，不能完全保证各触点不会同时接通，因此，需要在 PLC 的外部输出电路上将 KM2 和 KM3 的辅助动断触点串联在对方接触器线圈的回路中，实现硬件互锁。另外在实际工作中若考虑 KM2 完全断开(包括灭弧时间)到 KM3 接通这段时间应防止电源短路，请自行分析设计该如何设计控制梯形图。

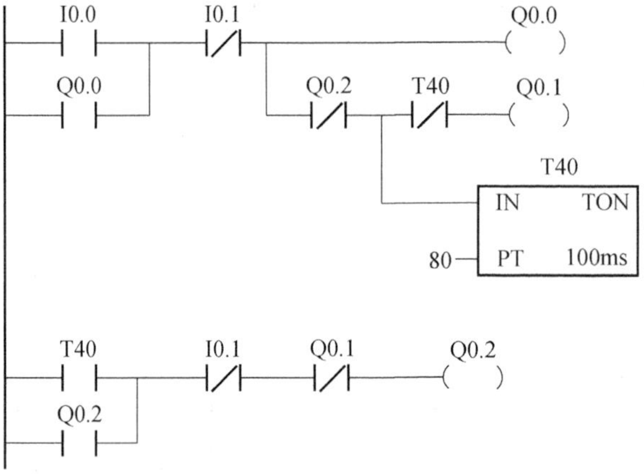

图 6-33 电动机 Y-△减压启动控制程序

4. 定时器、计数器控制程序

(1) 振荡电路。通过两个定时器实现输出的周期性通断，如图 6-34 所示。改变定时器的值可以输出多种周期和占空比的波形。

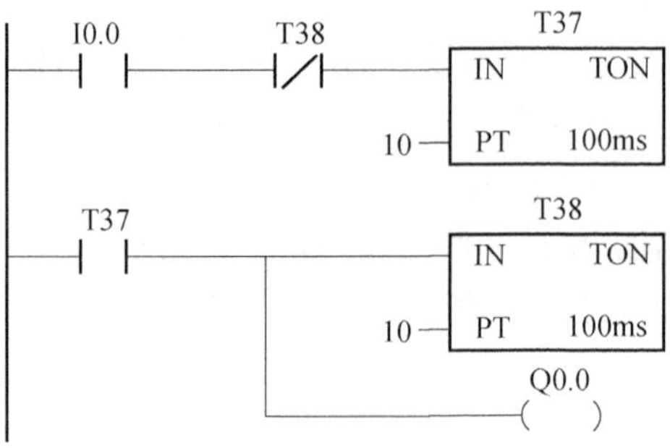

图 6-34 振荡电路控制程序

(2) 计数电路。在图 6-35 中，当 I0.0 接通时，Q0.0 和 Q0.1 有输出。Q0.1 输出状态合上 1s、关断 1s，连续计数 10 次后，Q0.0、Q0.1 停止输出。Q0.2 在第 10 个脉冲时，接通一个扫描周期后就关断。计数次数可通过改变计数器 PV 值来设置；Q0.1 输出脉冲周期由 T37 和 T38 的 PT 值决定。

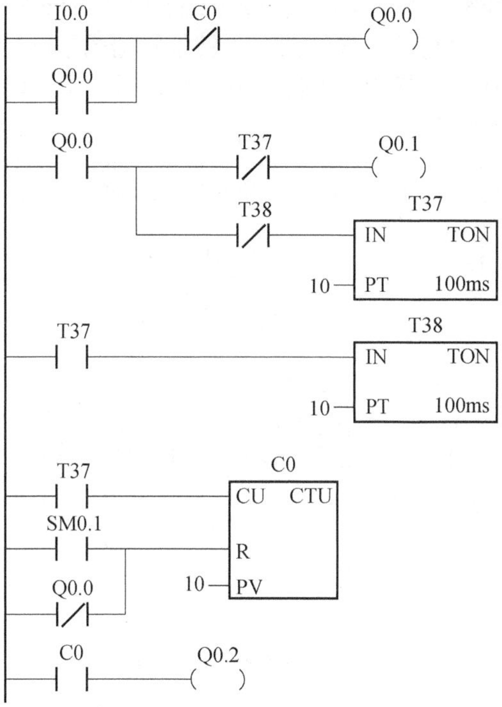

图 6-35　定时器和计数器程序

6.3.2　经验设计方法

掌握程序编写是学习 PLC 的重要内容，编程方法和编程语言的选择全由个人习惯而定，特别是编程思路与编写人员的经验有关，下面讨论经验设计法。

经验设计法类似于通常设计继电器控制电路图的方法。即在一些典型电路的基础上，根据被控对象对控制系统的具体要求，不断地修改和完善梯形图。有时需要多次反复地调试和修改，增加一些触点或中间编程元件，最后才能得到一个较为满意的结果。这种方法没有普遍规律可循，具有很大的试探性和随意性，最后的结果不是唯一的，设计所用的时间、设计的质量与设计者的经验有很大的关系，一般用于简单的梯形图设计。

用经验设计法设计 PLC 程序的设计步骤为：分析控制要求，了解控制过程；设计主令元件和检测元件，确定输入/输出设备；根据控制过程选择合适的编程元件，设计控制程序；检查程序能否实现控制要求，进行修改和完善。

下面以自动往返控制的小车为例来介绍，小车往返示意图如图 6-36 所示。

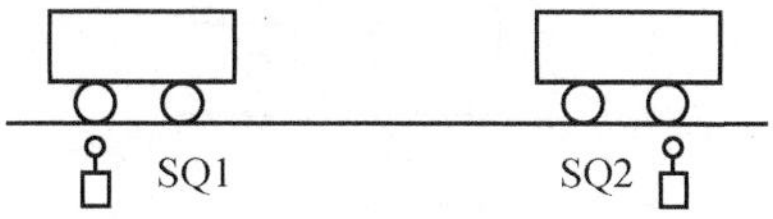

图 6-36　小车往返示意图

小车开始时停上左边，左限位开关 SQ1 的动合触点闭合。要求按下列顺序控制小车。

(1)按下右行启动按钮 SB1，小车右行。

(2)走到右限位开关 SQ2 处停止运动，延时 5s 后开始左行。

(3)回到左限位开关 SQ1 处时停止运行。

在异步电动机正反转控制电路的基础上设计的梯形图如图 6-37 所示。为防止电源短路，需要在 PLC 的外部输出电路上将正转接触器和反转接触器的辅助动断触点串联在对方接触器线圈的回路中，实现硬件互锁。若电机正转、反转切换时加上延时时间，从而更好地防止电源短路，请自行分析该如何实现。

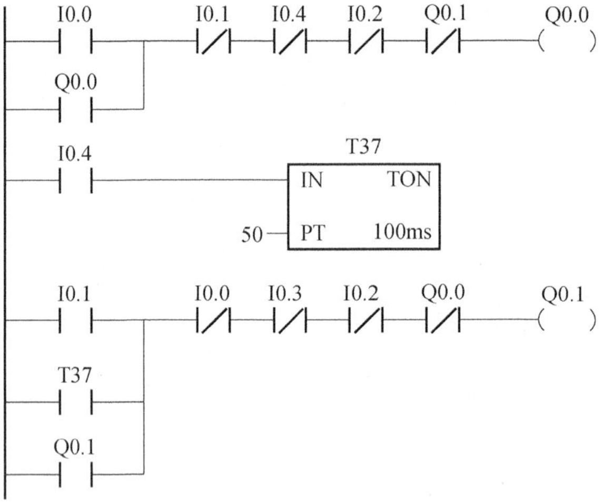

图 6-37　小车往返控制程序

6.3.3　顺序控制设计方法

工业控制中，经常有按照生产工艺事先安排的顺序进行控制的要求，称为顺序控制。对于那些按动作的先后顺序进行控制的系统，非常适合使用顺序控制设计方法。顺序控制设计法规律性很强，虽然编出来的程序偏长，但程序结构清晰，可读性强。

在使用顺序控制设计法编程时，顺序功能图是很重要的工具。顺序功能图能清楚地表现出系统各工作步的功能、步与步之间的转换顺序及其转换条件。

1. 顺序功能图的组成

顺序功能图的基本元素是流程步、有向连线、转换和动作说明，如图 6-38 所示。

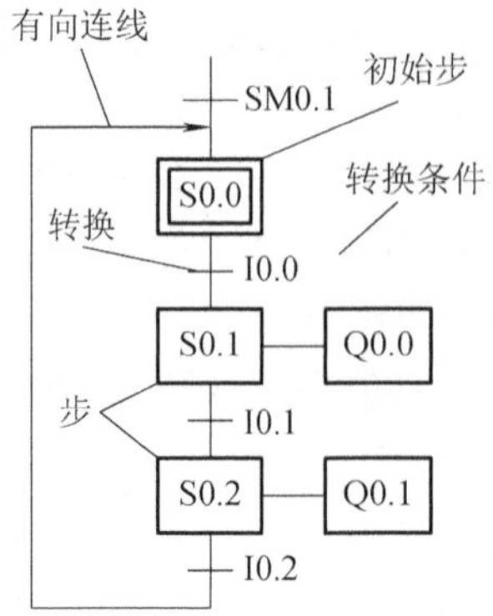

图 6-38　顺序功能图

(1)流程步。流程步又称工作步，它是控制系统中的一个稳定状态。流程步用矩形方框表示，框中用数字表示该步的编号，编号可以是实际的控制步序号，也可以是 PLC 中的工作位编号。对应于系统的初始状态工作步，成为初始步。初始步是系统运行的起点，一个系统至少需要有一个初始步，初始步用双线矩形表示。

(2)转换和转换条件。步的活动状态的转换是由一个或多个转换条件的实现来完成的，并与控制过程的发展相对应。两个步之间用一个有向线段表示可以从一个步转换到另一个步，代表向下转换方向的箭头可以忽略。转换条件在有向线段旁用文字或符号说明。

(3)动作说明。步并不是 PLC 的输出触点的动作，步只是控制系统中的一个稳定状态。在这个状态，可以有一个或多个 PLC 输出触点的动作，但是也可以没有任何输出动作，例如，某步只是驱动了定时器或是一个等待过程，所以步和 PLC 的动作是两件事情。对于一个步，可以有一个或几个动作，表示的方法是在步的右侧加一个或几个矩形框，并在框中加文字对动作进行说明。

(4)一些规则。

① 步和步之间必须有转换隔开。

② 转换和转换之间必须有步隔开。

③ 转换和步之间用有向线段连接，正常画顺序功能图的方向是从上向下或是从左向右。按照正常顺序画图时，有向线段可以不加箭头，否则必须加箭头。

④ 一个顺序功能图中至少有一个初始步。

2. 顺序功能图的类型

顺序功能图从结构上来分，可分为顺序结构、选择序列结构、并行分支结构、循环结构及复合结构。

(1)顺序结构。顺序结构是最简单的一种结构，这种结构功能表没有分支，每个步后只有一个步，步与步之间只有一个转换条件。

(2)选择序列结构。选择序列结构又称选择分支，如图 6-39 所示。选择分支开始是指一个工作步后面有几个后续步可供选择，各分支都有各自的转换条件，只选择执行某一个分支状态或分支状态序列。选择分支的结束称为合并，指几个选择分支在各自的转换条件成立时转换到公共步上。

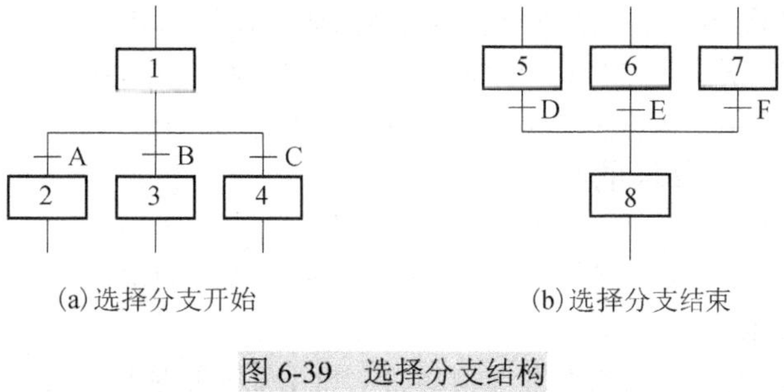

(a)选择分支开始　　(b)选择分支结束

图 6-39　选择分支结构

(3)并行序列结构。并行序列结构又称并行分支，如图 6-40 所示。所有的分支状态或分支状态序列都被选中执行，则称为并行性分支。其开始称为分支，用双线表示并行序列分支开始，转换条件放在双线上。并行序列结束称为合并，用双线表示并行序列的合并，转换条件放在双线之下。

(4)循环结构。循环结构用于一个顺序过程的多次反复执行。

(5)复合结构。复合结构就是一个集顺序、选择性分支、并行分支和循环结构于一体的结构。这种结构较复杂，在描述实际问题时要仔细。

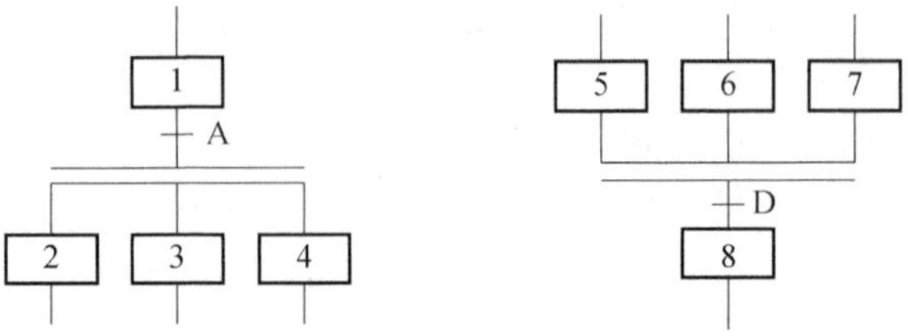

(a) 并行分支开始　　(b) 并行分支结束

图 6-40　并行分支结构

3. 顺序控制继电器(SCR)指令

顺序控制继电器指令是基于顺序功能图的编程方式。通过 SCR 指令将顺序功能图转换成梯形图。SCR 指令包括 LSCR(程序段的开始)、SCRT(程序段的转换)和 SCRE(程序段的结束)。一个 SCR 程序段对应顺序功能图中的一个步。

(1) 顺序控制继电器装载指令。顺序控制继电器装载(LSCR)指令用来表示一个 SCR 程序段(一个步)的开始。当 SCR 程序段的 S 位置位(如 S0.1 为 1)，则该 SCR 程序段开始工作。

在梯形图中，LSCR 指令用功能框图形式编程，直接连接到左母线上。

(2) 顺序控制继电器转换指令。顺序控制继电器转换(SCRT)指令执行 SCR 程序段的转换。当转换条件成立时，使该 SCR 程序段结束，激活下一个需要执行的 SCR 程序段。在梯形图中，SCRT 指令以线圈的形式编程。

(3) 顺序控制继电器结束指令。顺序控制继电器结束(SCRE)指令表示一个 SCR 程序段的结束。在梯形图中，SCRE 指令以线圈形式编程，直接连接到左母线上。

4. 顺序控制设计方法

如果一个控制系统可以分解成几个独立的控制动作，并且这些动作严格按照一定的顺序执行，这时采用顺序控制设计方法可以提高设计效率，程序的修改和调试也很方便。顺序控制设计方法步骤。

(1) 分析机械或生产工艺过程，确定输入和输出元件，分配 I/O 地址，并绘制硬件接线图。

(2) 将机械或生产工艺过程分解成几个独立控制动作，并绘制顺序功能图。

(3) 依据顺序功能图用 SCR 指令绘制顺序控制梯形图。顺序功能图中的每一步都对于一个 SCR 程序段。每个 SCR 程序段都应该包括：程序段的开始、需执行的动作(有些工作步没有动作，则可以省去)、转换以及程序段的结束。

采用 S7-200PLC 顺序控制设计方法，除了使用顺序控制继电器 SCR 指令，还可以使用置位/复位(S/R)指令、移位寄存器(SHRB)指令、辅助继电器 M 指令等实现编程。

现以 6.3.2 节中自动往返小车的控制为例来介绍顺序控制设计方法。

(1) 分析小车的控制要求，分配 I/O 地址。启动按钮地址 SB1 地址为 I0.0，行程开关 SQ1 地址为 I0.3，SQ2 地址为 I0.4，小车右行 KM1 地址为 Q0.0，小车左行 KM2 地址为 Q0.1。

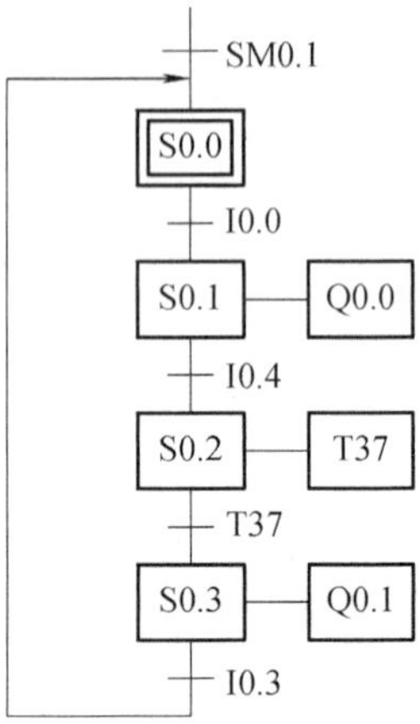

图 6-41　小车往返顺序功能图

(2) 根据小车控制过程绘制顺序功能图，如图 6-41 所示。

(3) 用 SCR 指令绘制自动往返小车的顺序控制梯形图，如图 6-42 所示。

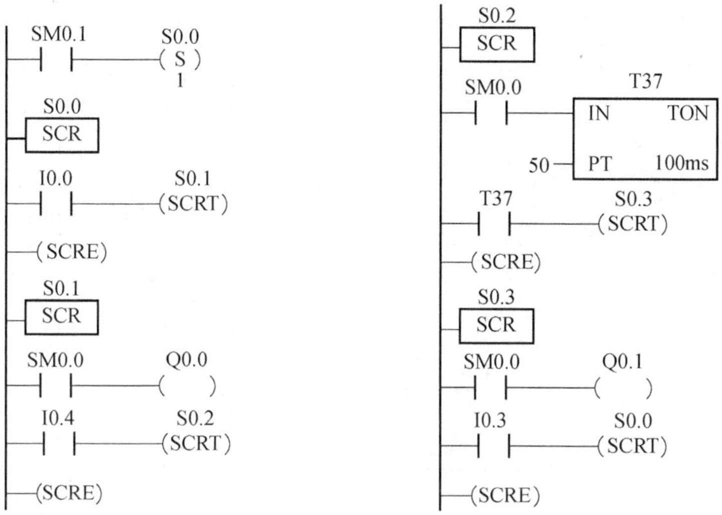

图 6-42　小车往返顺序控制梯形图

6.4　项目单元 5：天塔之光控制系统 S7-200 PLC 编程

1. 控制要求

天塔之光控制系统主要应用在闪光灯或花样灯饰中。现使用西门子 S7-200PLC 来实现天塔之光控制系统编程。控制要求：按下启动按钮后，LED 灯按以下规律显示：L1→L2、L3、L4、L5→L6、L7、L8、L9→L1，闪烁时间间隔为 1s，一直循环执行直至按下停止按钮，实现如图 6-43 所示的“天塔之光”。

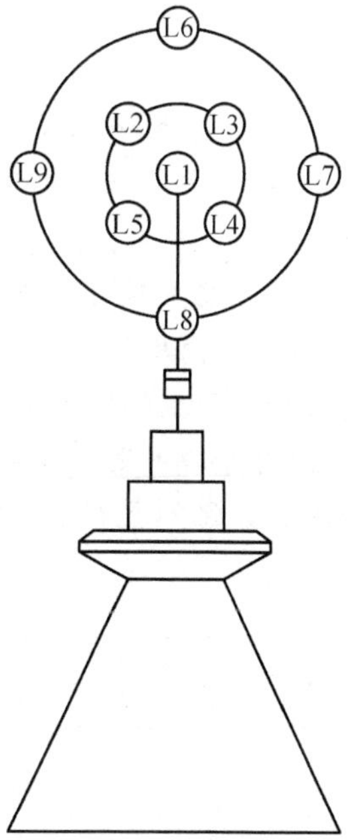

图 6-43　天塔之光控制

2. I/O 分配

根据控制要求，该控制系统输入为启动按钮和停止按钮，输出为 LED 灯，L1、L2、L3、L4、L5、L6、L7、L8 和 L9。其中 L2、L3、L4 和 L5 共用一个输出端子，L6、L7、L8 和 L9 共用一个输出端子，其 I/O 分配表如表 6-26 所示。

3. 程序设计

根据控制要求，采用移位寄存器指令来实现控制，移位寄存器长度为 3，正向移动，数据输入端 DATA 为 M10.0，要求循环时第一次 M10.0 位应为“1”，后两次应为“0”，一直循环直至按下停止按钮。设计“天塔之光”控制梯形图如图 6-44 所示。

表 6-26　“天塔之光”I/O 分配表

	名称	地址		名称	地址
输入信号	启动按钮	I0.0	输出信号	L1	Q0.0
	停止按钮	I0.1		L2、L3、L4、L5	Q0.1
				L6、L7、L8、L9	Q0.2

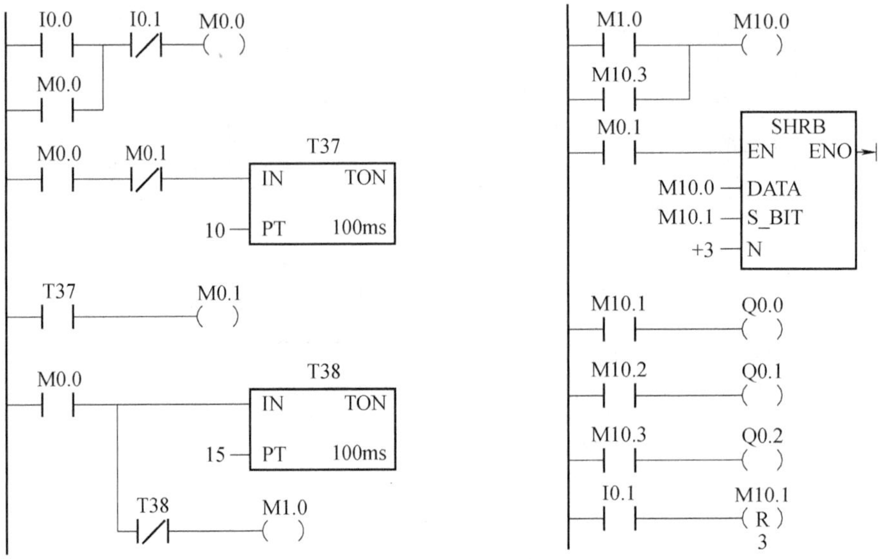

图 6-44 “天塔之光”控制梯形图

练 习 题

6-1 采用一只按钮每隔 3s 顺序启动三台电动机，试编写程序。

6-2 设计一个机床主轴的控制系统。两个三相异步电动机，一台拖动主轴，另一台控制润滑油泵。要求：主轴必须在润滑油泵启动后才可以启动；主轴正常工作时为正向连续运转；为调试方便主轴可以正反向点动；主轴停止后才允许润滑油泵停止；具有必要的电气保护。

6-3 简单的位置控制。控制要求：①用多齿凸轮与电动机联动，并用接近开关来检测多齿凸轮，产生的脉冲输入至 PLC 的计数器。②电动机转动至 4900 个脉冲时，使电动机减速，到 5000 个脉冲时，使电动机停止，同时剪切机动作将材料切断，并使脉冲计数复位。输入输出端子分配如表 6-27 所列。

表 6-27 输入输出端子分配

输入		输出	
元件名称	端子号	元件名称	端子号
启动按钮	I0.0	电机高速运转	Q0.0
停止按钮	I0.1	电机低速运转	Q0.1
接近开关	I0.2	剪切机	Q0.2
剪切结束	I0.3		

6-4 编写实现走马灯的梯形图程序。要求：运用循环移位指令实现 16 个彩灯的循环左移和右移，时间间隔为 4s。其中 I0.0 为启停开关，MD20 为设定的初始值，MW12 为移位位数，输出为 Q0.0～Q1.7。

6-5 现有三条运输皮带，每条皮带都由一台电动机拖动。按下启动按钮以后，3 号运输皮带开始运行。5s 以后，2 号运输皮带自动启动，再过 5s 以后，1 号运输皮带自动启动。停机的顺序与启动的顺序正好相反。试编写程序。

第 7 章　PLC 控制系统设计与应用实例

PLC 控制系统是以微处理器为基础，综合了现代计算机技术、自动控制技术和通信技术发展起来的一种新型的通用工业自动控制装置。它具有控制功能强、可靠性高、环境适应性好、配置灵活、编程简单、使用方便、易于扩展等优点。因此在工业自动控制、机电一体化和改造传统产业等方面得到了广泛应用，图 7-1 所示企业自动化生产车间所用设备都离不开 PLC 控制系统。

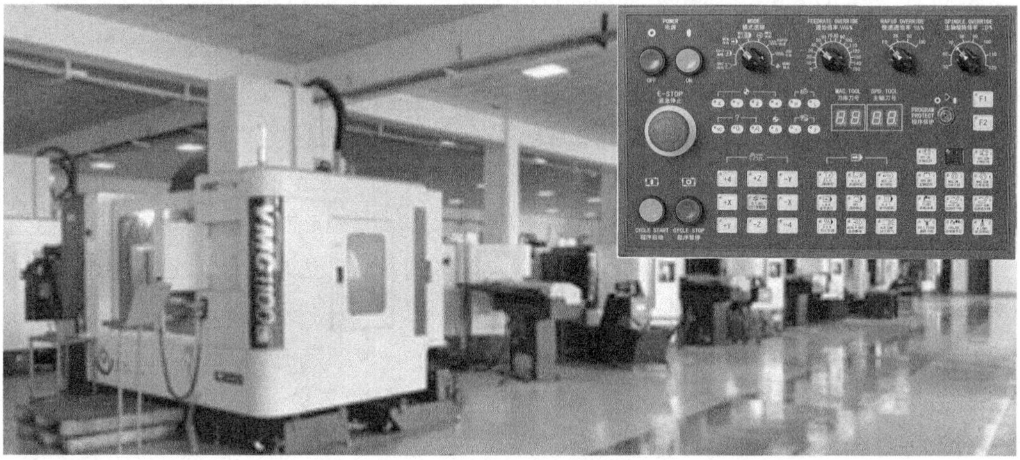

图 7-1　车间自动化设备

本书第 4 章介绍了可编程序控制器控制系统设计的基本原则、设计的基本内容以及设计的一般步骤，第 5、6 章分别介绍了三菱 FX2N 系列和西门子 S7-200 系列的编程指令和编程方法，本章将详细介绍 PLC 的系统设计方法，结合前 3 章内容，介绍 PLC 控制系统的典型案例电机控制、运料小车控制以及机械手控制。

通过本章的学习，你可以掌握可编程序控制器控制系统的设计方法以及生产过程中的典型 PLC 控制系统。

本章知识要点

(1) 了解 PLC 控制系统设计方法；

(2) 掌握典型 PLC 控制系统的程序设计方法；

(3) 本章各实例的编程。

7.1 可编程序控制器设计方法

在掌握了 PLC 的硬件系统、指令系统和编程方法以后，设计一个较大的 PLC 控制系统时，要全面考虑许多因素。无论设计多复杂的控制系统，一般都要按照规定的设计步骤进行系统设计。在第 4 章中已经对 PLC 控制系统设计的基本原则及设计的基本内容和一般步骤作了介绍，本章将进一步阐述 PLC 控制系统的设计步骤和内容，给出 PLC 控制系统设计的详细流程图。

7.1.1 PLC 控制系统的设计步骤和内容

1. 分析任务、确定总体控制方案

随着 PLC 功能的不断提高和完善，PLC 几乎可以完成工业控制领域的所有任务。但 PLC 还是有它最适合的应用场合，所以在接到一个控制任务后，首先要分析被控对象的控制过程和要求，选择最合适的控制装备(如 PLC、单片机、DCS 或 IPC)来完成该控制任务。例如，仪器仪表装置、家电的控制系统就要用单片机来实现；大型的过程控制系统大部分要用 DCS 来完成。而 PLC 最适合的控制对象是：工业环境较差，而对安全性、可靠性要求较高，系统工艺复杂，输入/输出以开关量为主的工业自控系统或装置。目前，可编程序控制器不仅处理开关量，而且对模拟量的处理能力也很强。所以在很多情况下，已可取代工业控制计算机(IPC)作为主控制器，来完成复杂的工业自动控制任务。

控制对象及控制装置(选定为 PLC)确定后，还要进一步确定 PLC 的控制范围。一般来说，能够反映生产过程的运行情况，能用传感器进行直接测量的参数，控制逻辑复杂的部分都由 PLC 完成。另外一部分，如紧急停车等环节，对主要控制对象还要加上手动控制功能，这就需要在设计电气系统原理图与编程时统一考虑。

2. PLC 的选型

当某一个控制任务决定由 PLC 来完成后， PLC 选型就成为最重要的事情。一方面是选择多大容量的 PLC，另一方面是选择什么品牌的 PLC 及外围设备。对第一个问题，首先要对控制任务进行详细的分析，找出所需要的 I/O 点数，包括开关量 I/O 点数和模拟量 I/O 点数以及这些 I/O 点数的性质。I/O 点的性质主要指它们是直流信号还是交流信号，电压多大，输出是用继电器型还是晶体管或是可控硅型。控制系统输出点的类型非常关键，如果它们之中既有交流 220V 的接触器、电磁阀，又有直流 24V 的指示灯，则最后选用的 PLC 的输出点数有可能大于实际点数。因为 PLC 的输出点一般是几个一组共用一个公共端，这一组输出只能有一种电源的种类和等级。所以一旦它们被交流 220V 的负载使用，则直流 24V 的负载只能使用其他组的输出端了。这样有可能造成输出点数的浪费，增加成本。所以要尽可能选择相同等级和种类的负载，如使用交流 220V 的指示灯等。一般情况下，继电器输出的 PLC 使用最多，但对于要求高速输出的情况，如运动控制时的高速脉冲输出，就要使用无触点的晶体管输出的 PLC 了。知道了这些以后，就可以定下选用多少点和 I/O 是什么类型的 PLC 了。对第二个问题，则有以下几个方面要考虑。

(1)功能方面。所有 PLC 一般都具有常规的功能，但对某些特殊要求，就要知道所选用的 PLC 是否有能力完成控制任务。例如，对 PLC 与 PLC、PLC 与智能仪表及上位机之间有灵活方便的通信要求；或对 PLC 的计算速度、用户程序容量等有特殊要求；或对 PLC 的位置控制有特殊要求等。这就要求用户对市场上流行的 PLC 品种有一个详细的了解，以做出正确的选择。

(2)价格方面。不同厂家的 PLC 产品价格相差很大，有些功能类似、质量相当、I/O 点数相当的 PLC 的价格能相差 40%以上。在使用 PLC 较多的情况下，这样的差价是必须考虑的因素。

(3)个人喜好方面。有些工程技术人员对某种品牌的 PLC 熟悉，所以一般比较喜欢使用这种产品。另外，甚至一些政治因素或个人情绪有时也会成为选择的理由。PLC 的主机选定后，如果控制系统需要，则相应的配套模块也就选定了。如模拟量单元、显示设定单元、位置控制单元或热电偶单元等。

(4)输出接口电路。若模块的输出为继电器型，外部电源及负载与 PLC 内部是充分隔离的，内外绝缘要求为 1500VAC 一分钟，继电器的响应时间为 10ms，在 5～30VDC/150VAC 电压下的最大负载电流为 2A/点。但要注意，驱动电感性负载时，要降低额定值使用，以免烧坏触点，尤其是直流感性负载；要并联浪涌保护器，以延长触点的寿命。但并联浪涌保护器后，整个开关延时会加长。该模块输出端中有一个公共点，当输出点较多时，会有多个输出公共端，一般 4 个或 8 个输出端共用一个公共端，由于公共端是相互隔离的，因此不同组的负载可以有不同的驱动电源。

晶体管型输出，在环境温度 40℃以下时，最大负载电流为 0.7A/点；若环境温度上升则应该减低负载的电流。使用晶体管输出的好处是其响应速度快，约为 25μs(通)和 120μs(断)。

(5)I/O 点数扩展和编址。CPU22*系列的每种主机所提供的本机 I/O 点的 I/O 地址是固定的，进行扩展时，可以在 CPU 右边连接多个扩展模块，每个扩展模块的组态地址编号取决于各模块的类型和该模块在 I/O 链中所处的位置。编址方法是同种类型输入或输出点的模块在链中按与主机的位置而递增，其他类型模块的有无以及所处的位置并不影响本类型模块的编号。

3. I/O 地址分配

输入/输出信号在 PLC 接线端子上的地址分配是进行 PLC 控制系统设计的基础。对软件设计来说，I/O 地址分配以后才可进行编程；对控制柜及 PLC 的外围接线来说，只有 I/O 地址确定以后，才可以绘制电气接线图、装配图，以及让装配人员根据线路图和安装图安装控制柜。分配输出点地址时，要注意前面提到的负载类型问题。

在进行 I/O 地址分配时最好把 I/O 点的名称、代码和地址以表格的形式列写出来。

4. 系统设计

系统设计包括硬件系统设计和软件系统设计。硬件系统设计主要包括 PLC 及外围线路的设计、电气线路的设计和抗干扰措施的设计等。软件系统设计主要指编制 PLC 控制程序。

选定PLC及其扩展模块(如需要的话)、分配完I/O地址后，硬件设计的主要内容就是电气控制系统原理图的设计，电气控制元器件的选择和控制柜的设计。电气控制系统原理图包括主电路和控制电路。控制电路中包括PLC的I/O接线以及自动部分和手动部分的详细连接等，有时还要在电气原理图中标上器件代号或另外配上安装图、端子接线图等，以方便控制柜的安装。电气元器件的选择主要是根据控制要求选择按钮、开关、传感器、保护电器、接触器、指示灯和电磁阀等。

控制系统软件设计的难易程度因控制任务而异，也因人而异。对经验丰富的工程技术人员来说，在长时间的专业工作中受到过各种各样的磨炼，积累了许多经验，除了一般的编程方法，更有他自己的编程技巧和方法。但不管怎么说，平时多注意积累和总结是很重要的。

目前常用的PLC程序设计方法有经验设计法和替换设计法、顺序控制设计法、时序图设计法和逻辑设计法以及功能指令的应用设计法等。

在程序设计时，除I/O地址列表外，有时还要把在程序中用到的中间继电器(M)、定时器(T)、计数器(C)和存储单元(V)以及它们的作用或功能列写出来，以便编写程序和阅读程序。

在编程语言的选择上，用梯形图编程还是用语句表编程或使用功能图编程，这主要取决于以下几点。

(1)有些PLC使用梯形图编程不是很方便(如书写不便)，则可用语句表编程，但梯形图总比语句表直观。

(2)经验丰富的人员可用语句表直接编程，就像使用汇编语言一样。

(3)如果是清晰的单顺序、选择顺序或并发顺序的控制任务，则最好是用顺序功能图来设计程序。

5. 系统调试

系统调试分为模拟调试和联机调试两种方式。

硬件部分的模拟调试可在断开主电路的情况下，主要试一试手动控制部分是否正确。

软件部分的模拟调试可借助于模拟开关和PLC输出端的输出指示灯进行，需要模拟量信号I/O时，可用电位器和万用表配合进行。调试时，可利用上述外围设备模拟各种现场开关和传感器状态，然后观察PLC的输出逻辑是否正确。如果有错误则修改后反复调试。现在PLC的主流产品都可在PC上编程，并可在计算机上直接进行模拟调试。

联机调试时，可把编制好的程序下载到现场的PLC中。有时PLC也许只有这一台，这时就要把PLC安装到控制柜相应的位置上。调试时一定要先将主电路断电，只对控制电路进行联调即可。通过现场联调信号的接入常常还会发现软硬件中的问题，有时厂家还要对某些控制功能进行改进，这种情况下，都要经过反复测试系统后，才能最后交付使用。

系统完成后一定要及时整理技术材料并存档，不然日后会需要几倍的辛苦来做这件事。这也是工程技术人员良好的习惯之一。

6. 程序固化

在程序测试好并投入运行试验成功后，一般都要将程序固化在有永久性记忆功能的EPROM中。

7. 编写技术文件

系统调试和运行试验成功后，整理技术资料，编制技术文件(包括设计资料、材料清单、调试及使用情况)、维护说明等。

7.1.2　PLC 控制系统的设计流程

概括上述设计步骤和设计内容，PLC 控制系统设计的流程可用图 7-2 表示。

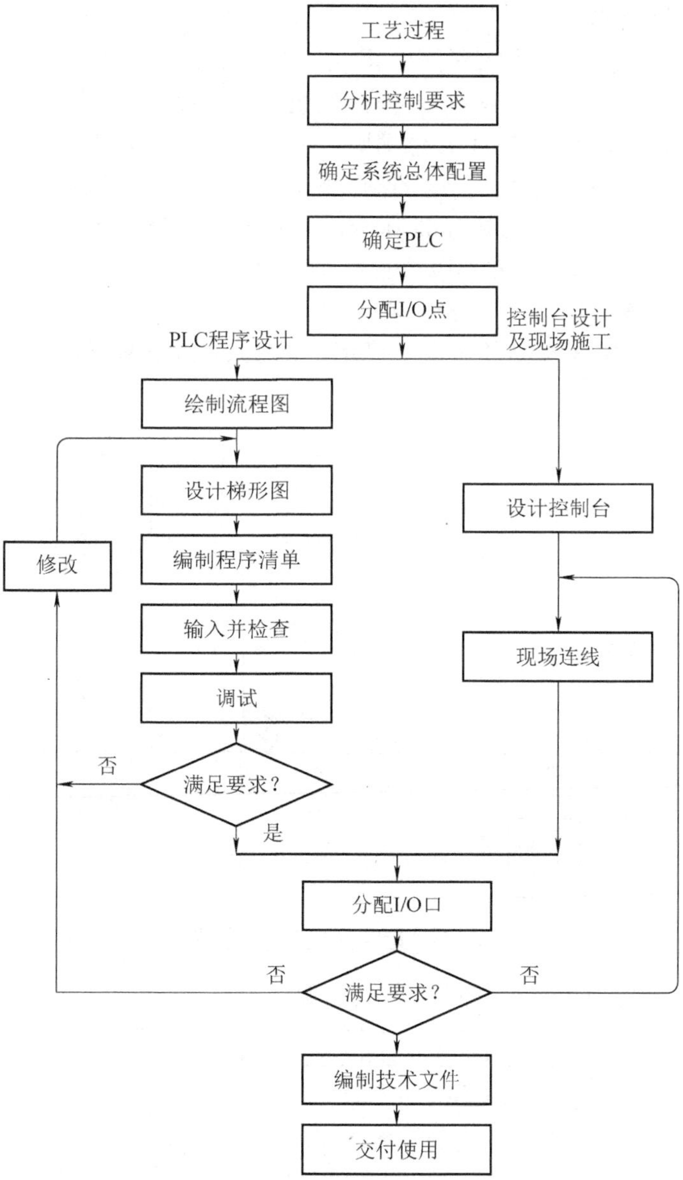

图 7-2　PLC 控制系统设计流程

7.2 运料小车控制

运料小车控制系统是 PLC 在工业领域的重要应用之一，该系统包括了 I/O 分配表和接线电路图等一系列重要内容，学习本节内容对于进一步认识和掌握 PLC 的原理和应用起到积极的作用。

1. 运料小车控制要求

运料小车的控制示意图如图 7-3 所示，其控制要求如下。

启动按钮 SB1 用来开启运料小车，停止按钮 SB2 用来手动停止运料小车。按下启动按钮 SB1，小车从原点启动，KM1 接触器吸合使小车向前运行直到碰到 SQ2 行程开关停止，YV1 电磁阀吸合使甲料斗装料 5s，然后小车继续向前运行直到碰到 SQ3 行程开关停止，此时，KV2 电磁阀吸合使乙料斗装料 3s，随后 KM2 电磁阀吸合小车返回原点直到碰到 SQ1 行程开关停止，YV3 电磁阀吸合使小车卸料 5s，完成一次循环工作过程。小车连续循环与单次循环可按 SA1 进行选择，当 SA1 为“1”时小车单次循环，当 SA1 为“0”时小车连续循环，连续做 3 次循环后自动停止，中途按停止按钮 SB2 则小车完成一次循环后才能停止。

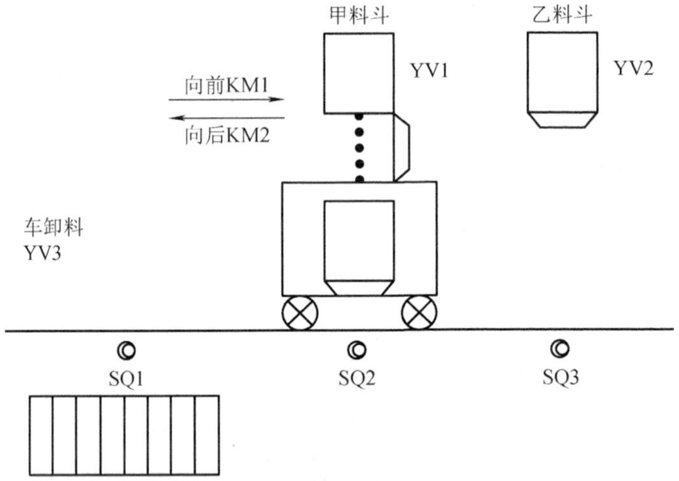

图 7-3 运料小车控制示意图

以上运料小车控制过程可以用图 7-4 的动作顺序表示。

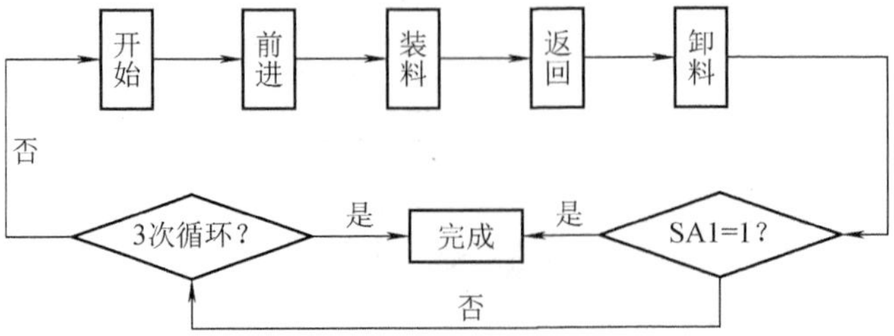

图 7-4 运料小车动作顺序

2. PLC 选型与输入/输出(I/O)分配

通过对运料小车的控制要求分析可知系统有启动、停止按钮，原点限位、甲限位和乙限位，选择开关 6 个输入信号，均为开关量。输出信号有右、左行交流接触器，甲、乙装料电磁阀、卸料电磁阀共 5 个输出信号，根据第 5 章相关知识，可以选用型号为三菱 FX2N-16M 的 PLC，I/O 点数为 8 入/8 出，满足控制要求，而且还有一定的余量。表 7-1 所示为 I/O 分配表。

表 7-1　运料小车 I/O 分配表

	名称	文字符号	地址		名称	文字符号	地址
输入信号	启动按钮	SB1	X0	输出信号	右行交流接触器	KM1	Y1
	停止按钮	SB2	X1		甲装料电磁阀	YV1	Y2
	原点限位开关	SQ1	X2		乙装料电磁阀	YV2	Y3
	甲限位开关	SQ2	X3		左行交流接触器	KM2	Y4
	乙限位开关	SQ3	X4		卸料电磁阀	YV3	Y5
	选择开关	SA1	X5				

3. 运料小车 PLC 输入/输出接线图

根据运料小车控制 I/O 地址分配表，可以画出小车的 PLC 外部接线图，如图 7-5 所示。

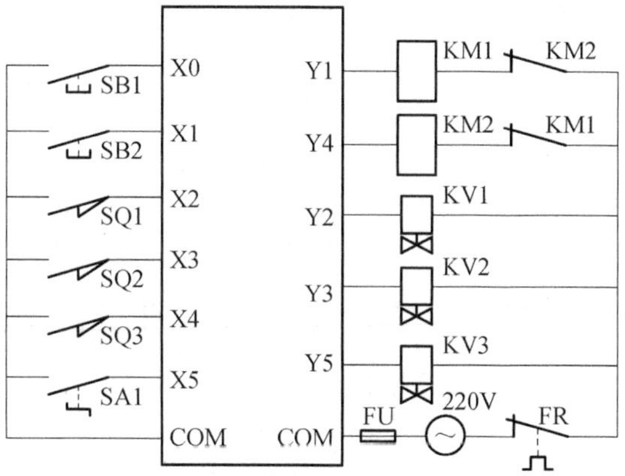

图 7-5　运料小车 I/O 接线图

4. 编制运料小车梯形图

图 7-6 所示为根据运料小车控制过程设计的梯形图，相同的控制要求，可以用不同的控制指令编程来实现，读者可以根据所选型号 PLC 参照程序自行编写。

根据运料小车动作顺序以及第 6 章相关知识，读者可以自行设计西门子 S7-200 系列 PLC 的控制程序。

小思考 7-1

如果将运料小车的控制要求中按下停止按钮后小车完成一次循环后停止，改为按下停止按钮后当前动作暂停，按下启动按钮后小车继续运行。梯形图如何设计？

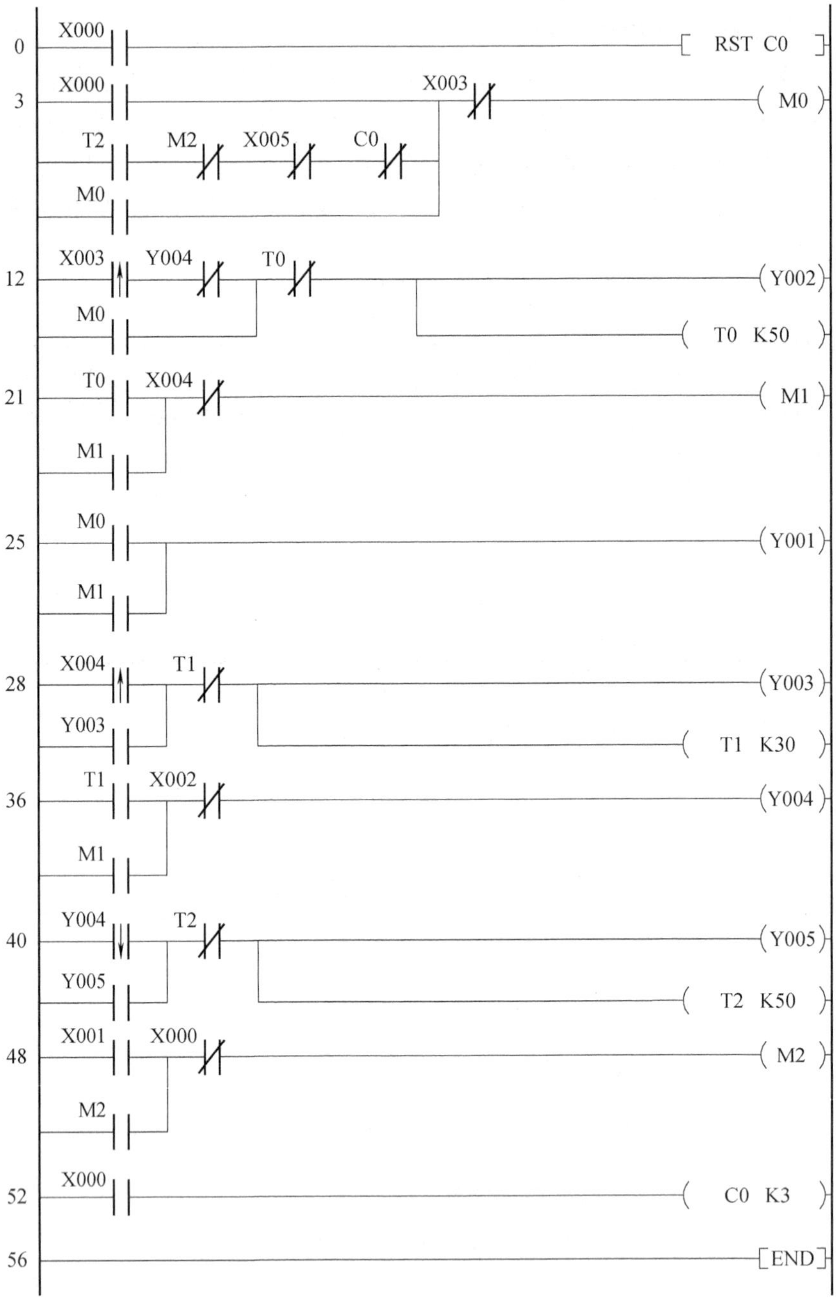

图 7-6 运料小车梯形图

7.3 机械手的 PLC 控制

1. 机械手工作控制要求

机械手的控制在工业生产自动线上被广泛应用，图 7-7 所示为某生产车间中自动搬运机械手，用于将左工作台上的工件搬运到右工作台上。机械手的全部动作由汽缸驱动，汽缸由电磁阀控制。机械手的上升/下降、左移/右移运动由双线圈两位电磁阀控制，即上升电磁阀得电时机械手上升，下降电磁阀得电时机械手下降。机械手的夹紧或放松运动由单线圈两位电磁阀控制，线圈得电时机械手加紧，断电时机械手放松。

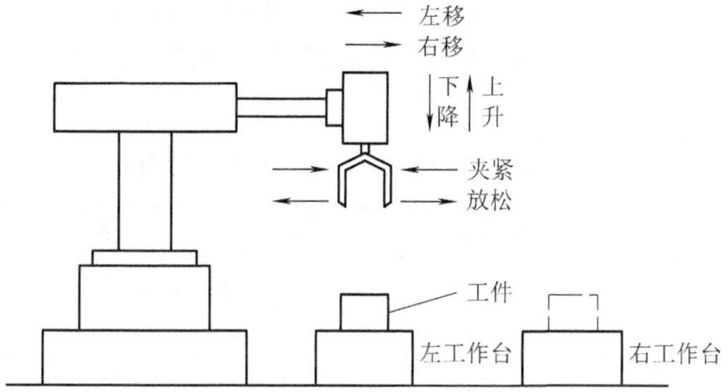

图 7-7　机械手工作示意图

2. **机械手动作过程分析**

机械手的原始状态定为左位、高位、放松状态。在原始状态下，当光电开关检测到左工作台上有工件时，机械手才下降到低位，夹紧工件，然后上升到高位，右移到右位。当检测到右工作台上无工件时，机械手下降到低位，松开工件。最后机械手上升到高位，左移回到原位。当右工作台上有工件时，在右位、高位等待。其动作逻辑关系如图 7-8 所示。

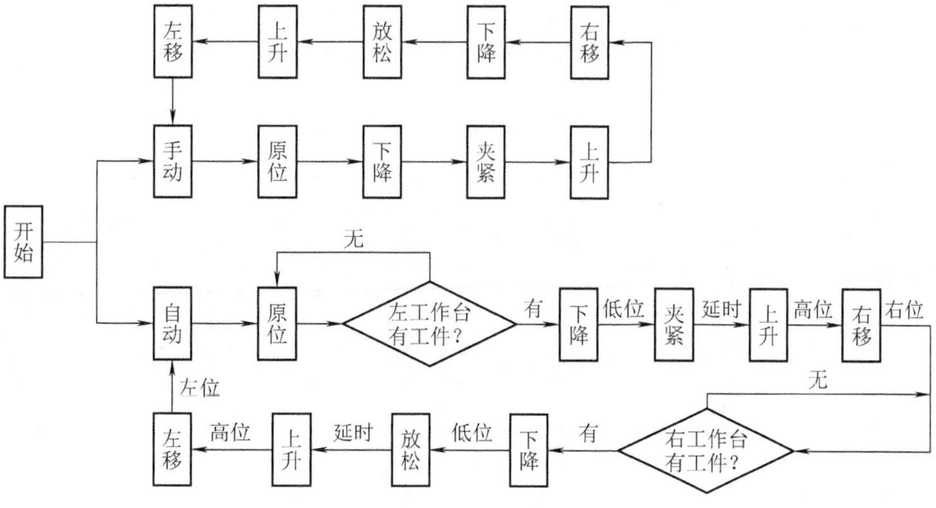

图 7-8　机械手动作逻辑关系图

动作过程中，上升、下降、左移、右移、夹紧及状态指示为输出信号。放松和夹紧共用一个线圈，线圈得电时夹紧、失电时放松，故放松不作为单独的输出信号。机械手的位置检测用行程开关，有无工件检测用光电开关来实现。手动操作按钮、低位、高位、左位、右位及工作台上有无工件信号为输入信号。

3. **控制系统方案设计**

1) 确定输入/输出(I/O)分配表

为便于控制系统调试和维护，本控制系统应有手动功能和自动功能。当手动/自动转换开关置于“手动”位置时，按下相应的手动操作按钮，可实现上升、下降、左移、右移、夹紧、放松的手动控制，同时“手动”指示灯亮。当机械手处于原位时，将手动/自动转换开关置于“自动”位置，“自动”指示灯亮，进入自动工作状态，此时手动按钮无效。

从以上分析可知，该系统有 16 个输入信号，7 个输出信号，输入全部采用动合触点，逻辑关系简单。可分别选用三菱 FX2N-48M 或西门子 S7-200CPU222 型 PLC 来实现，具体输入/输出分配如表 7-2 所示。

表 7-2　三菱/西门子 PLC I/O 地址分配表

	序号	名称	三菱 PLC 地址	西门子 PLC 地址
输入信号	1	启动	X00	I0.0
	2	停止	X01	I0.1
	3	下限位	X02	I0.2
	4	上限位	X03	I0.3
	5	右限位	X04	I0.4
	6	左限位	X05	I0.5
	7	左检测工件	X06	I0.6
	8	右检测工件	X07	I0.7
	9	上升	X10	I1.0
	10	下降	X11	I1.1
	11	夹紧	X12	I1.2
	12	松开	X13	I1.3
	13	右移	X14	I1.4
	14	左移	X15	I1.5
	15	手动	X16	I1.6
	16	自动	X17	I1.7
输出信号	1	上升	Y01	Q0.0
	2	下降	Y02	Q0.1
	3	右移	Y03	Q0.2
	4	左移	Y04	Q0.3
	5	夹紧	Y05	Q0.4
	6	手动指示	Y06	Q0.5
	7	自动指示	Y07	Q0.6

2）机械手 PLC 外部接线图

根据以上机械手控制 I/O 地址分配表，可以画出 PLC 输入/输出接线图如图 7-9 所示，图中为西门子 S7-200CPU222 接线图，改变输入输出编号就可画出对应的三菱 PLC 接线图。

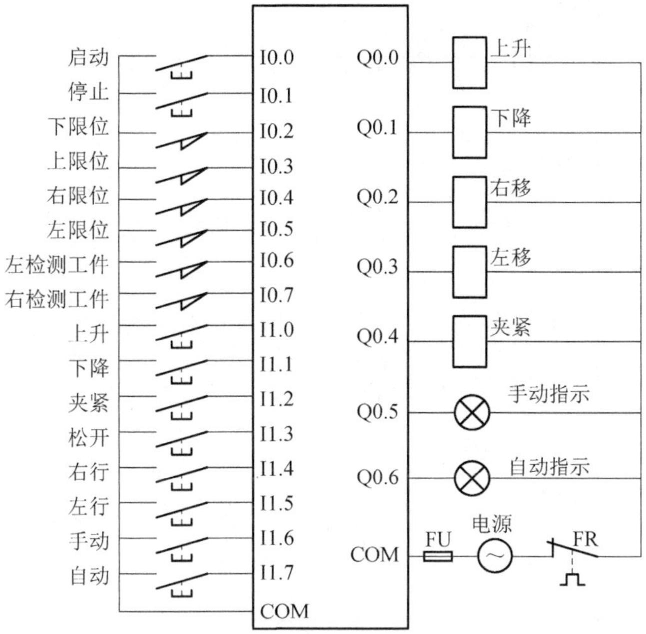

图 7-9 机械手西门子 PLC 输入/输出接线图

3）编制机械手梯形图

根据机械手控制过程画出其控制梯形图，根据工作要求，西门子 PLC 采用调用子程序形式编写，图 7-10 为参考主程序，手动模式的参考子程序为图 7-11，自动模式下的参考子程序为图 7-12。读者可参照编写三菱 PLC 程序。

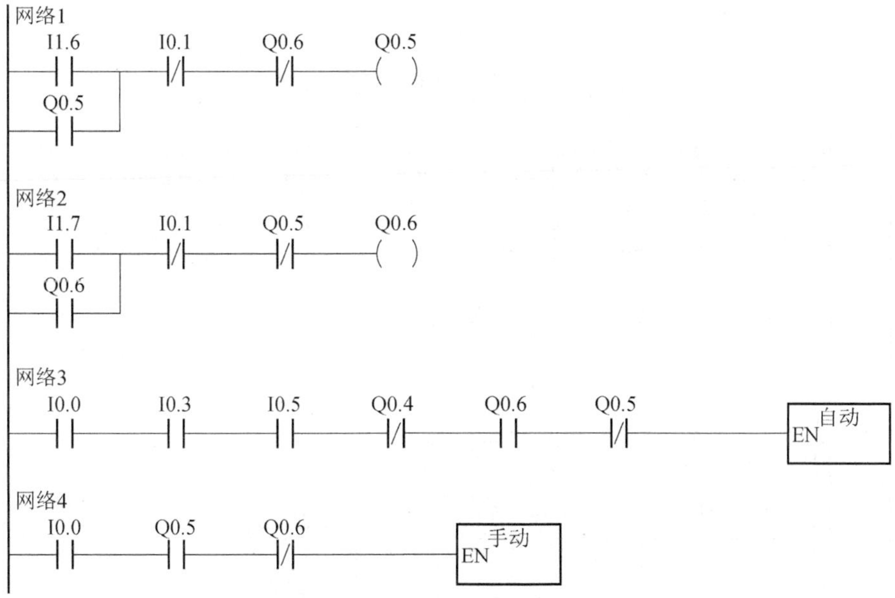

图 7-10 西门子 PLC 主程序梯形图

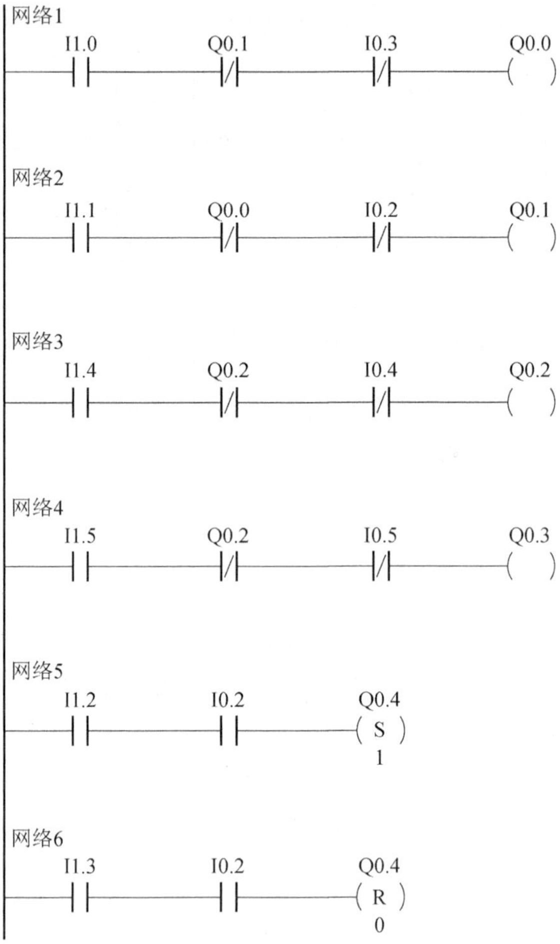

图 7-11　西门子 PLC 手动子程序梯形图

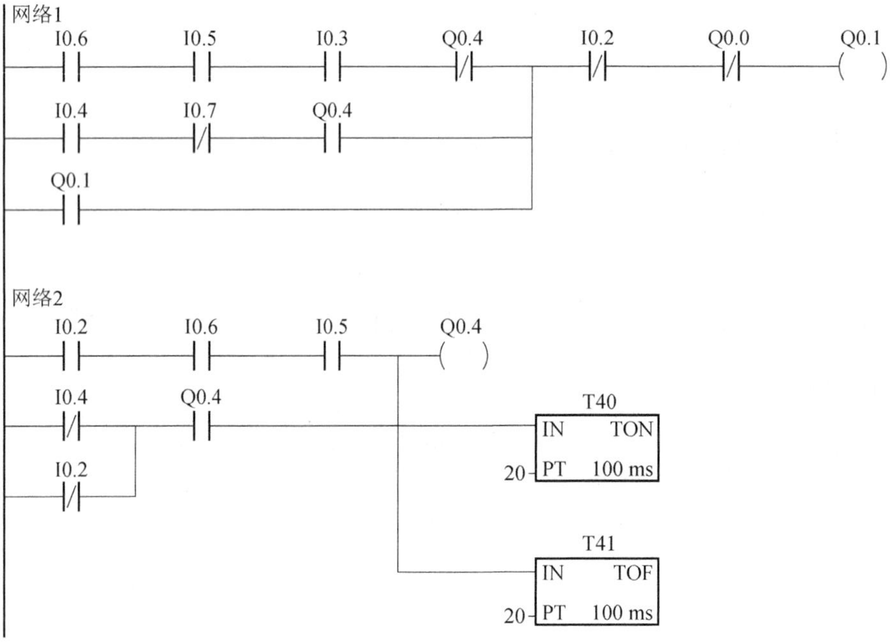

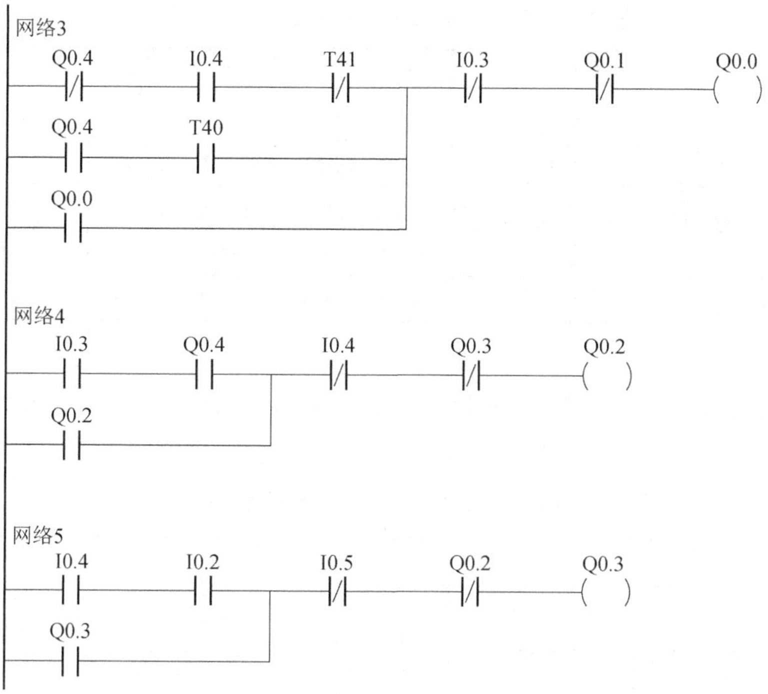

图 7-12　西门子 PLC 自动子程序梯形图

7.4　三相异步电动机变频调速控制

异步电动机的调速方法主要有变极调速、变阻调速和变频调速等。其中，变极调速是通过改变定子绕组的磁极对数来实现调速，变阻调速是通过改变转子电阻来实现调速，变频调速是使用专用变频器来实现异步电动机的调速控制。变频器的功能是将电网提供的恒压恒频交流电变换为变压变频交流电，再通过平滑改变异步电动机的供电频率 f 来调节异步电动机的同步转速 n_0，从而实现异步电动机的无极调速。变频调速方法效率高、调速范围大、精度高，是交流电动机的一种比较理想的调速方法。

1. 三相异步电动机变频调速控制要求

用 PLC 和变频器设计一个三相异步电动机的三速运行控制系统，要求按下启动按钮，电动机以 30Hz 速度运行，5s 后转为 45Hz 速度运行，再过 5s 转为 20Hz 速度运行，按停止按钮，电动机即停止。

2. PLC 的选型

通过对电动机的控制要求的分析可知系统有启动、停止两个输入信号，均为开关量。输出信号有正转启动、低速控制、中速控制、高速控制、复位控制，一共 5 个输出信号，所以控制系统可以选用西门子 PLC S7-200CPU222-AC/DC/RLY，I/O 点数为 8 入/6 出，满足控制要求，而且还有一定的余量。

3. 变频器的参数设定

根据电动机的变频调速控制要求，选用三菱 FR-A500，其相关参数设定如表 7-3 所示。

表 7-3　三菱 FR-A500 参数设定表

参数	参数名称	表示	用户设定值	参数	参数名称	表示	用户设定值
1	上限频率	Pr1	50Hz	6	电子过电流保护	Pr9	电动机的额定电流
2	下限频率	Pr2	0Hz	7	操作模式选择(组合)	Pr79	3
3	基底频率	Pr3	50Hz	8	多段速度设定(1 速)	Pr4	30Hz
4	加速时间	Pr7	2s	9	多段速度设定(2 速)	Pr5	45Hz
5	减速时间	Pr8	2s	10	多段速度设定(3 速)	Pr6	20Hz

4. I/O 口的分配

根据系统的控制要求、设计思路和变频器的设定参数，选用西门子 S7-200PLC，其 I/O 口的分配如表 7-4 所示。

表 7-4　电动机多速控制系统 I/O 分配表

	名称	地址		名称	地址
输入信号	停止(复位)按钮	I0.0	输出信号	运行信号(STF)	Q0.0
				1 速(RL)	Q0.1
				2 速(RM)	Q0.2
	启动按钮	I0.1		3 速(RH)	Q0.3
				复位(RES)	Q0.4

5. 电动机多速运行系统接线图

电动机多速运行系统接线图如图 7-13 所示，SB 为停止按钮，SB1 为启动按钮，Q0.0～Q0.4 分别为控制变频器正转、低速、中速、高速和复位端。

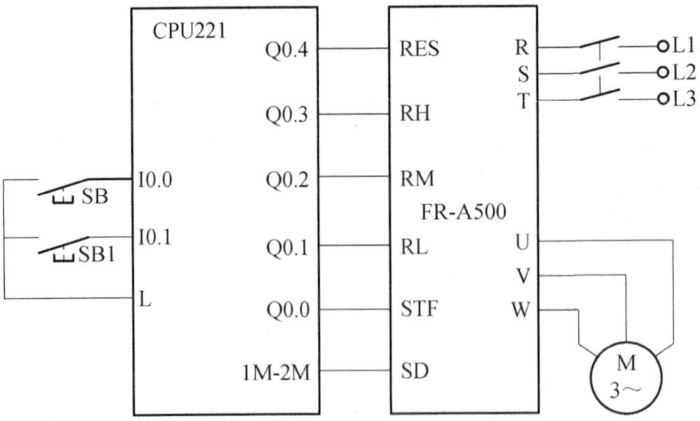

图 7-13　电动机多速运行系统接线图

小思考 7-2

本例如果选用三菱 FX 系列 PLC，选用哪一个型号规格比较合适？输入/输出点数如何分配？请考虑画出 PLC 控制电动机多速运行系统接线图并设计多速运行控制梯形图。

6. 电动机多速运行梯形图

根据外部接线图画出电动机多速运行控制系统梯形图，如图 7-14 所示。

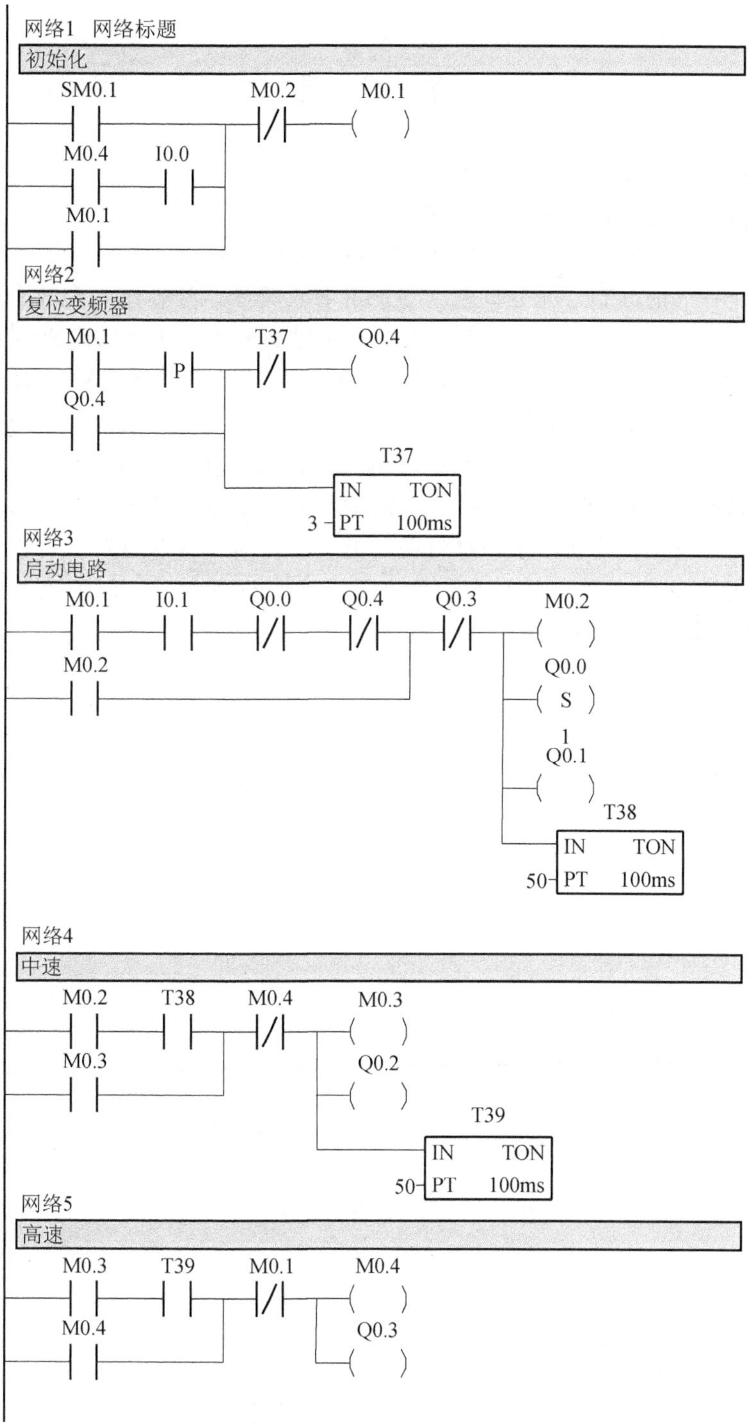

图 7-14　电动机多速运行梯形图

练 习 题

7-1 PLC控制系统设计的基本原则是什么？

7-2 PLC控制系统设计的一般步骤是什么？

7-3 采用顺序功能图法设计7.3节中机械手的控制程序。

7-4 试设计一个抢答器系统并编程，要求用七段码显示抢答组的组号。控制要求：一个三组抢答器，任一组先按下抢答按钮后，能显示该组编号并使蜂鸣器发出响声，同时锁住抢答器，其他两组再按下按钮无效，并设置复位按钮，复位后可重新抢答。(提示：输入信号为三组抢答按钮及复位按钮，输出信号有蜂鸣器，七段码a、b、c、d、e、f、g)

7-5 试设计十字路口交通灯控制系统并编程。控制要求：当启动开关接通时，先南北红灯亮25s，同时东西绿灯亮20s，到20s时，东西绿灯闪亮3s后熄灭；在东西绿灯熄灭后，东西黄灯亮，2s后东西黄灯熄灭，东西红灯亮30s，同时南北红灯熄灭，南北绿灯亮；南北绿灯亮25s，然后闪亮3s后熄灭，同时南北黄灯亮，维持2s后熄灭，这时南北红灯亮，东西绿灯亮，一直循环直至断开启动开关。

附录 1　常用电气图形及文字符号

名称	图形符号	文字符号	名称	图形符号	文字符号
一般三极电源开关	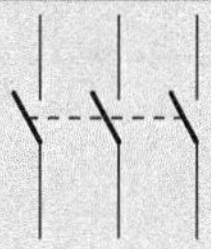	QK	接近开关 常开触点	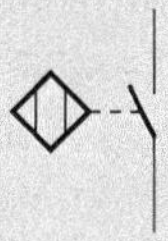	SQ
断路器		QF	接近开关 常闭触点	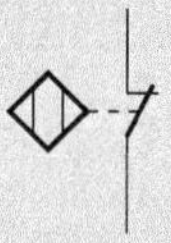	SQ
隔离开关		QS	自动复位的手动按钮开关 启动	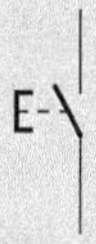	SB
开关一般符号 常开触点		Q	自动复位的手动按钮开关 停止	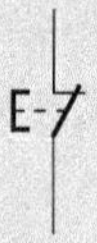	SB
开关一般符号 常闭触点		Q	自动复位的手动按钮开关 组合	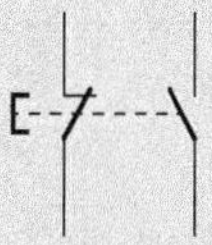	SB
控制开关	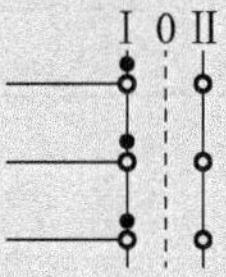 	SA	无自动复位的手动旋转开关	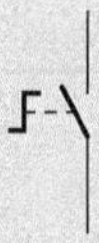	SB
位置开关限制开关 动合触点		SQ	手动操作开关	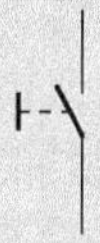	SB
位置开关限制开关 动断触点		SQ	自动复位的手动拉拨开关	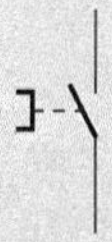	SB
位置开关限制开关 组合	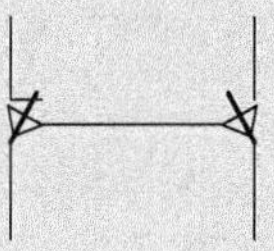	SQ	具有动合触点且自动复位的蘑菇头式应急按钮开关	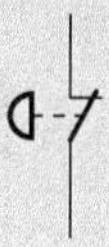	SB

续表

名称		图形符号	文字符号
熔断器			FU
接触器	线圈	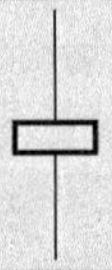	KM
	主动断触点	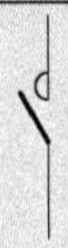	
	主动合触点		
时间继电器	缓慢吸合继电器线圈	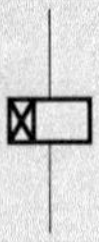	KT
	缓慢释放继电器线圈		
	延时闭合的动合触点	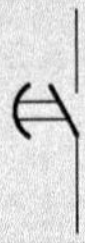	
	延时断开的动合触点	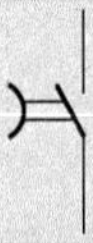	
	延时断开的动断触点		
	延时闭合的动断触点		
三相鼠笼式感应电动机			M
单相鼠笼式感应电动机		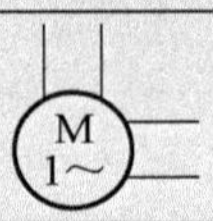	

名称		图形符号	文字符号
速度继电器	常开触点	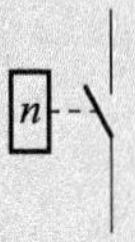	KS
	常闭触点	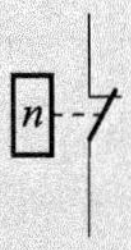	
热继电器	驱动器件	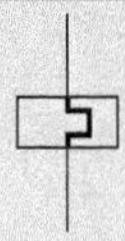	FR
	常闭触点	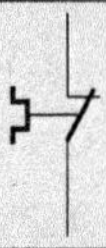	
继电器	中间继电器	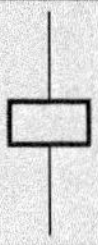	KA
	过压继电器		KV
	欠压继电器		
	过流继电器	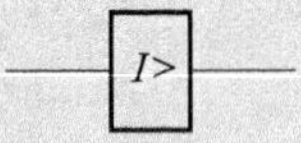	KI
	欠流继电器	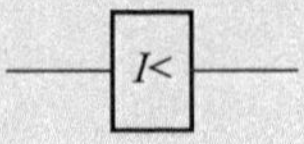	
	常开触点		相应继电器符号
	常闭触点		
电流表			PA

续表

名称	图形符号	文字符号	名称	图形符号	文字符号
交流系统电源第一相	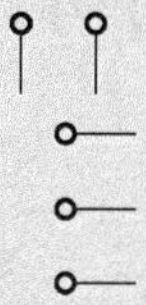	L1	电压表	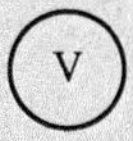	PV
交流系统电源第二相		L2	照明灯		EL
交流系统电源第三相		L3	指示灯		HL
交流系统设备端第一相	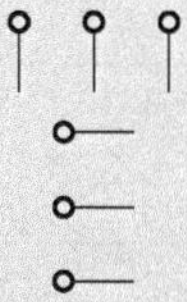	U	保护接地	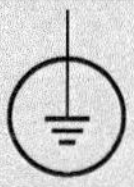	PE
交流系统设备端第二相		V	双绕组变压器	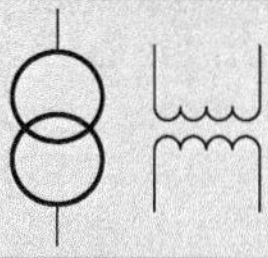	TC
交流系统设备端第三相		W	电流互感器	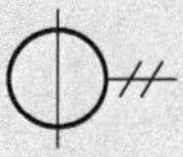	TA
半导体二极管		V	桥式整流电路	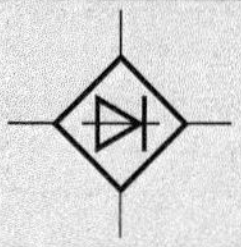	VC
电阻器		R	电容器	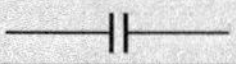	C

注：本表覆盖本教材中电气图形及文字符号，选自国家标准GB/T 4728，GB/T 50786，GB/T 7159(在2005年10月作废，现在还没有新的替代标准)中相关的电气简图用图形符号、符号要素、限定符号和其他常用符号，电能的发生与转换，开关、控制和保护器件，建筑电气制图标准等。

附录 2　FX2N 系列、S7-200 系列 PLC 基本逻辑指令对照表

指令类型	FX 系列	S7-200 系列
取指令	LD	LD
取反指令	LDI	LDN
取上升沿指令	LDP	无
取下降沿指令	LDF	无
线圈驱动指令	OUT	=
与指令	AND	A
与反指令	ANI	AN
与脉冲指令	ANDP	无
与脉冲指令	ANDF	无
或指令	OR	O
或反指令	ORI	ON
或脉冲指令	ORP	无
或脉冲指令	ORF	无
块或指令	ORB	OLD
块与指令	ANB	ALD
置位指令	SET	S
复位指令	RST	R
入栈指令	MPS	LPS
读栈指令	MRD	LRD
出栈指令	MPP	LPP
主控开始指令	MC	SCR（转换指令为 SCRT）
主控返回指令	MCR	SCRE
逻辑取反指令	INV	NOT
空操作指令	NOP	NOP
上升沿微分指令	PLS	EU
下降沿微分指令	PLF	ED
程序结束指令	END	MEND（无条件结束） END（有条件结束）

注：本表列出指令参照 FX2N 系列对应的 S7-200 系列指令，并未列出全部 S7-200 系列指令。

参考文献

陈立定，吴玉香，苏开才. 2001. 电气控制与可编程控制器[M]. 广州：华南理工大学出版社.

邓则名，程良伦，谢光汉. 2010. 电器与可编程控制器应用技术[M]. 北京：机械工业出版社.

胡晓林，廖世海. 2010. 电气控制与 PLC 应用技术[M]. 北京：北京理工大学出版社.

黄永红. 2013. 电气控制与 PLC 应用技术[M]. 北京：机械工业出版社.

黄云龙. 2003. 可编程控制器教程[M]. 北京：科学出版社.

刘涛，江力. 2012. 电气控制与 PLC[M]. 北京：北京理工大学出版社.

路林吉，王坚，江龙康. 2002. 可编程控制器原理及应用[M]. 北京：清华大学出版社.

孙振强. 2005. 可编程控制器原理及应用教程[M]. 北京：清华大学出版社.

汪晓平. 2004. PLC 可编程控制器系统开发实例导航[M]. 北京：人民邮电出版社.

王存旭. 2015. 可编程控制器原理及应用[M]. 北京：高等教育出版社.

王浩，施振金，吴明友. 2006. 数控机床电气控制[M]. 北京：清华大学出版社.

王建，张文凡，张凯. 2012. PLC 实用技术（三菱）[M]. 北京：机械工业出版社.

王文义，宓哲民，陈文轩. 2010. 可编程控制器（PLC）原理与应用[M]. 北京：科学出版社.

王兆明. 2005. 电气控制与 PLC 技术[M]. 北京：清华大学出版社.

夏田，陈婵娟，祁广利. 2008. PLC 电气控制技术[M]. 北京：化学工业出版社.

徐建俊. 2004. 电机与电气控制[M]. 北京：清华大学出版社.

俞国亮. 2005. PLC 原理与应用：三菱 FX 系列[M]. 北京：清华大学出版社.

张晓峰. 2010. 电气控制与可编程控制技术及应用[M]. 北京：国防工业出版社.

张铮. 2008. 机电控制与 PLC[M]. 北京：机械工业出版社.

赵晓明，郑渊，李庆玲. 2014. 三菱 PLC 控制技术应用[M]. 北京：中国电力出版社.

郑凤翼. 2014. PLC 程序设计方法与技巧（三菱系列）[M]. 北京：机械工业出版社.

周万珍，高鸿斌. 2004. PLC 分析与设计应用[M]. 北京：电子工业出版社.

朱文杰. 2013. 三菱 FX 系列 PLC 编程与应用[M]. 北京：中国电力出版社.

GB/T 4728.2—2005/IEC 60617 database 电气简图用图形符号.

GB/T 4728.6—2008/IEC 60617 database 电气简图用图形符号.

GB/T 4728.7—2008/IEC 60617 database 电气简图用图形符号.

GB/T 50786　2012 建筑电气制图标准.

GB/T 7159—1987 电气技术中的文字符号制定通则.